Ute Rampillon

Better in English

Ute Rampillon

Better in English
Unterrichtshilfen für Lehrer und Eltern

Bibliografische Information Der Deutschen Bibliothek
Die Deutsche Bibliothek verzeichnet diese Publikation in der Deutschen
Nationalbibliografie; detaillierte bibliografische Daten sind im Internet
über http://dnb.ddb.de abrufbar.

Impressum
Ute Rampillon. Better in English
Unterrichtshilfen für Lehrer und Eltern
© 2003 Kallmeyersche Verlagsbuchhandlung GmbH
D-30926 Seelze-Velber
1. Auflage 2003
Alle Rechte vorbehalten. Kein Teil dieses Werkes darf
ohne vorherige schriftliche Genehmigung des Verlages
in irgendeiner Weise gespeichert oder reproduziert werden.
Nicht in allen Fällen war es uns möglich, den Rechteinhaber
ausfindig zu machen. Berechtigte Ansprüche werden selbst-
verständlich im Rahmen der üblichen Vereinbarungen ab-
gegolten.
Realisation: Lars Pätsch, Friedrich Medien-Gestaltung
Druck: Hahn Druckerei, Hannover. Printed in Germany
ISBN 3-7800-4936-8

1. Einführung

1.1.	Nachhilfeunterricht heute	9
–	Wer nimmt Nachhilfeunterricht?	9
–	Wer erteilt Nachhilfeunterricht?	10
1.2.	Zur Konzeption dieses Buches	11
–	Die Bestandteile dieses Buches	12
–	Die Arbeit mit den *Unterrichtshilfen*	12

2. Infos, Tipps und Tools zum Nachhilfeunterricht von A–Z 19
– 55 Lerneinheiten zur Gestaltung des Nachhilfeunterrichts Englisch

Arbeitsblatt 20
Aufgabenformen 23
Aussprache 32
Auswendiglernen 37
Autonomes Lernen 41

Behalten und Vergessen 45
Bewegung beim Lernen 50
Bilder 53

Checklisten 57

Didaktischer Dialog 63
Diktate 67

Einstellungen zum Englischlernen 71
Elektronische Medien 74
Erschließen von Sinn und Struktur 77

Fehler 80

INHALTSVERZEICHNIS

Ganzheitliches Englischlernen — 83
Gedächtnis — 87
Grammatik lernen — 90

Handelnd lernen — 95
Hausaufgaben — 101
Hören und Verstehen — 105

Individualisierung — 111

Jokes and more — 115

K
Mit Karteien lernen — 121
Konversation — 125
Konzentriert lernen — 129
Kreatives Lernen — 136

Lehrwerke — 144
Lernertypen — 149
Lernorte — 154
Lerntechniken und Lernstrategien — 157
Lesen und Verstehen — 162

Materialien und Medien — 173
Merkhilfen — 179

Nachhilfeunterricht Englisch — 183
Nachschlagen — 189

Offenes Lernen — 194
Organisieren des Lernens — 200

Projekte im Nachhilfeunterricht — 206

Quiz und andere Rätsel — 208

Regeln zur englischen Sprache 213
Reime und Gedichte 216
Richtlinien und Lehrpläne 222

Schreiben 226
Schülerorientierung 230
Schulfernsehen und andere Programme 234
Sprechen 239

Tonkassetten und andere Tonträger 245

Üben 250
Unterrichtsabläufe 253

Vokabellernen 257

Wörterbücher benutzen 262

Xenophobie – Befremdliches im Englischunterricht 266

Y*owerle* – und andere Eselsbrücken 268

Zeit zum Lernen 270

3. Nützliche Anschriften 275

4. Glossar 277

5. Literatur 284

1. Einführung

1.1. Nachhilfeunterricht heute

Jeder dritte Lernende in Deutschland erhält Nachhilfeunterricht und jährlich werden von den Eltern dafür Unsummen aufgebracht.
Gleichzeitig bestätigt die PISA-Studie von 2002, dass deutsche Schülerinnen und Schüler im Vergleich zu Lernenden aus anderen Ländern am Ende einer Rangskala stehen. Dieses Ergebnis gilt – neben anderen Fachbereichen – auch für das Sprachliche, insbesondere für die Lesekompetenz. Die Gründe dafür sind vielfältig. Ich will hier nicht näher darauf eingehen und mich darauf beschränken, diese Situation zur Kenntnis zu nehmen und daran anschließend Überlegungen zur Verbesserung anzustellen.
Der Nachhilfeunterricht floriert und mit ihm existieren Heerscharen von Nachhilfelehrerinnen und -lehrern, die entweder privat oder an eigens dazu eingerichteten Institutionen tätig sind. Lernende, die Bedarf nach Unterstützung beim Lernen verspüren, wenden sich an einen Studienkreis, an Akademien, an eine Schülerberatung, an die Schülerhilfe, die Hausaufgabenhilfe, an die Volkshochschule oder suchen sich Privatunterricht durch EinzellehrerInnen. Manche nutzen auch das Internet, wo zahlreiche Hilfsangebote zu finden sind, die jedoch eine höchst unterschiedliche Qualität haben. Lernende finden dort bereits fertig ausgearbeitete, jedoch oft fragwürdige Referate, Hausaufgabenbanken und Tipps für den Schulalltag, wie z. B. Ausreden bei nicht gemachten Hausaufgaben. Ob derartige Angebote zur Verbesserung des Lernens und der Leistungen des Einzelnen beitragen ist zweifelhaft. Interessanter scheint für den konkreten Bedarfsfall jedoch das Internetangebot mit einer Datenbank von Personen (z. B. www.young.de) zu sein, die bereit sind, privaten Unterricht zu erteilen. Geht man dort nach Postleitzahlen vor, wird man schnell einen Nachhilfelehrer bzw. eine -lehrerin in der näheren Umgebung finden.

Wer nimmt Nachhilfe?

Die Motive derjenigen, die Nachhilfeunterricht in Anspruch nehmen, sind sehr unterschiedlich. Die folgende Grafik macht deutlich, dass ein solcher Unterricht – will er effektiv sein – niemals „von der Stange" sein kann, sondern stets einer individuellen, schülerbezogenen Gestaltung bedarf.

EINFÜHRUNG

Adressaten von Nachhilfeunterricht sind:

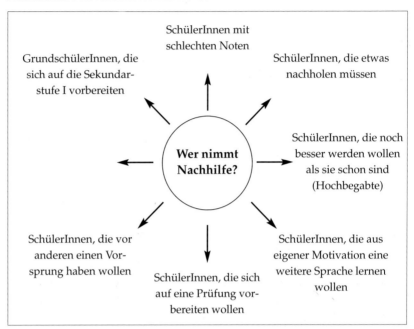

Diese Zusammenstellung macht deutlich, dass es keineswegs nur leistungsschwache Lernende sind, die Nachhilfe bekommen, sondern durchaus auch jene, deren Sprachkompetenz bereits ein bestimmtes Niveau erreicht hat, das aber weiter gehoben werden soll. Fremdsprachenlehrer und -lehrerinnen haben also eine sehr breite Adressatengruppe vor sich. Im Unterricht mit Lernergruppen kann es zu Problemen führen, wenn nicht alle Lernenden zu homogenen Lerngruppen zusammengefasst und in adäquater Weise angesprochen werden. Im Einzelunterricht lässt sich dieses Problem durch angemessene didaktische und methodische Differenzierungen auffangen. Für beide Fälle bietet dieses Buch zahlreiche Hilfen an.

Wer erteilt Nachhilfeunterricht?

Für die Hilfe suchenden Lernenden stellt sich die Frage nach der Kompetenz der infrage kommenden NachhilfelehrerInnen. Wie die Nachhilfeinstitutionen sind auch ihre Lehrkräfte recht unterschiedlich.
In einem Bericht des ZDF über Kinderarbeit hieß es kürzlich, dass Jugendliche unter 15 Jahren leichte Arbeiten ausführen dürfen: „Zeitungen aus-

tragen, Baby sitten, **Nachhilfe geben**". (Hervorhebung U. R.) Wenn der Nachhilfeunterricht auf eine so niedrige Stufe gesetzt wird, muss man mit Recht Zweifel an seiner Wirksamkeit haben. Jedoch sind es gerade Schülerinnen und Schüler wie auch Studenten und Studentinnen, die einen Großteil des Nachhilfeunterrichts erteilen. Daneben gibt es die Gruppe der Väter und Mütter oder anderer Familienmitglieder, die sehr oft, beinahe regelmäßig, diese Aufgabe übernehmen. Auch Muttersprachler aus England, Frankreich oder anderen Ländern bieten sich an, wenn es um den fremdsprachlichen Nachhilfeunterricht geht. Und schließlich stehen – wenn auch zahlenmäßig mit abnehmender Tendenz – ausgebildete Lehrerinnen und Lehrer zur Verfügung.

Die Wirksamkeit des Nachhilfeunterrichts hängt in hohem Maße von der Unterrichtskompetenz der Lehrkräfte ab. Diejenigen, die keine Ausbildung vorweisen können, orientieren sich bei ihren didaktischen und methodischen Entscheidungen oft an dem Unterricht, den sie selbst genossen haben bzw. derzeit noch genießen. Andere gehen stark nach Schulbuch vor und lassen sich durch dieses Medium leiten, denn eine Didaktik des Nachhilfeunterrichts liegt auf dem deutschen Schulbuchmarkt bisher nicht vor. *Better in English* will versuchen, diese Lücke zu schließen und alle jene Nachhilfegebenden unterstützen, die praktische und weiterführende Ideen für ihren Nachhilfeunterricht suchen, die sich aber von der Unterrichtswissenschaft, der Didaktik, der Pädagogik und der Psychologie allein gelassen fühlen oder ohnehin keinen Zugang zu ihnen haben. Besonders diejenigen Nachhilfegebenden, die keine pädagogische oder fachliche Ausbildung haben, sollen in diesem Handbuch angesprochen werden. Die angebotenen Materialien, die Infos, die Tipps und die *Tools* („Werkzeuge"), erfordern keine pädagogische oder fachliche Vorbildung außer Grundkenntnissen des Englischen.

1.2. Zur Konzeption dieses Buches

Die „Infos, Tipps und Tools" in Kapitel 2 sollen den Nachhilfelehrer bzw. die Nachhilfelehrerin in ihrer Unterrichtsvorbereitung entlasten, sie unterstützen und zu einem modernen und effektiven Englischunterricht führen. Die übergeordnete Zielvorstellung ist dabei ein schülerorientierter Unterricht, der motiviert und die Lernenden zunehmend in die Lage versetzt, möglichst vieles selbstständig zu bewältigen, anstatt belehrt zu werden. Selbststeuerung der Lernenden, autonomes Lernen u. ä. Stichworte ziehen sich durch die gesamte Sammlung hindurch und traditionelle Lehrkonzepte treten dabei in den Hintergrund. Bei der Umsetzung der Unterrichtsvorschläge in die Praxis sollten daher vermehrt offene Unterrichtsformen ge-

EINFÜHRUNG

nutzt und entsprechende Materialien zur Verfügung gestellt werden. Beides wird durch dieses Handbuch ermöglicht und gefördert, ohne dabei eine besondere Schulart hervorzuheben.

Da der größte Teil des Nachhilfeunterrichts heute in den Jahrgängen 7–10 angesiedelt ist, wurde diese Altersgruppe der Lernenden und somit der zweite Teil der Sekundarstufe I in den Mittelpunkt gestellt.

Alle konkreten Vorschläge für die Unterrichtspraxis wurden spezifisch für den Nachhilfeunterricht entwickelt. Dabei war der Ausgangspunkt überwiegend der Einzelunterricht und die Einzelarbeit der Lernenden. Das bedeutet jedoch nicht, dass diese Materialien nicht auch im Unterricht mit Schülergruppen benutzt werden können. Bei einigen Vorschlägen findet man zusätzlich auch Aufgabenstellungen für zwei oder mehr Lernpartner. Sie können z. B. auch beim häuslichen Lernen mit Geschwistern eingesetzt werden, da laut PISA-Studie heute die Mehrzahl der Schülern und Schülerinnen aus Mehr-Kind-Familien stammt.

Die Anregungen sind zwar spezifisch auf den Englischunterricht abgestimmt, die meisten der Stichworte können jedoch auch vor dem Hintergrund anderer Schulfremdsprachen gelesen und auf andere fremdsprachliche Fächer übertragen werden. Oft sind bei der unterrichtlichen Umsetzung dann nur kleinere Änderungen an den Unterrichtsvorschlägen nötig.

Die Bestandteile dieses Buches

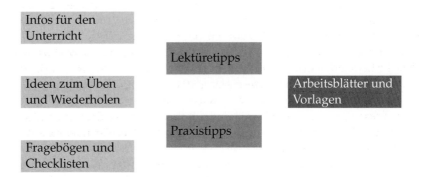

Arbeit mit den *Unterrichtshilfen*
Es handelt sich um ein Nachschlagewerk, das zu konkreten unterrichtlichen Fragen Auskunft geben will. Dazu werden 55 kurze Lerneinheiten angeboten, die in alphabetischer Reihenfolge angeordnet sind und mithilfe

der Kopfleiste jeder Seite schnell aufgefunden werden können. Sie sind alle gleich strukturiert:
- eine Klärung der Bedeutung des jeweiligen Stichwortes,
- eine häufig vertretene Lehrermeinung zum jeweiligen Aspekt,
- der daran anschließende didaktische Kommentar zu der geäußerten Meinung und weiterführende fachliche Überlegungen,
- häufig Aufgabenbeispiele, Checklisten oder Fragebögen, zum Teil als Kopiervorlage,
- Erörterung von unterrichtspraktischen Problemen unter besonderer Berücksichtigung der Nachhilfesituation,
- Praxistipps zur konkreten unterrichtlichen Umsetzung,
- Lektüretipps mit Empfehlungen kurzer Texte zur weiterführenden Reflexion.

Die Informationen und Anregungen sind nicht zur kontinuierlichen Lektüre gedacht, sondern zum Nachschlagen und als eine Art „Steinbruch" zur Auswahl gerade relevanter Aspekte des Nachhilfeunterrichts oder auch einfach nur zum Blättern. Vereinzelte Überschneidungen waren daher nicht vermeidbar. Die Kapitel geben gezielte Erläuterungen zu wichtigen Aspekten des Unterrichtens und sind gleichzeitig eine Art Gebrauchsanweisung für die *Tools*, die Arbeitsblätter, die dieses Buch abrunden.

Bei der Behandlung der Stichworte werden spezifische Merkmale des Nachhilfeunterrichts berücksichtigt, z. B. die knapp bemessene Zeit, die Mehrbelastung der Lernenden und das häufige Fehlen von Lernpartnern. Oftmals stehen die Stichworte in engem Zusammenhang zueinander. In solchen Fällen wird durch ein ↑ ein Querverweis zu anderen relevanten Textstellen gegeben. Auf diese Weise wachsen die Einzelaspekte zu einem fachdidaktischen Gesamtkonzept des Nachhilfeunterrichts Englisch zusammen und verhindern Zufälligkeit oder Willkür von fachlichen Entscheidungen. Diese Gesamtorientierung zielt auf einen Unterricht ab, durch den die Lernenden in den Mittelpunkt gestellt werden, Autonomie im Lernprozess kennen lernen und entwickeln und eine Kompetenz aufbauen, die sie zu mehr Selbstständigkeit und Verantwortung führen kann.

Der „Praxistipp" zu jeder Einheit gibt Hinweise für besonders unterrichtsnahe Vorgehensweisen und mit dem „Lektüretipp" erhält man eine Anregung zum Weiterdenken und Weiterlesen.

Auch das Kapitel „Nützliche Anschriften für den Nachhilfelehrer bzw. die -lehrerin" enthält Lektüretipps. Die Nennung von Verbänden und Fachvereinigungen soll Möglichkeiten zum Gedankenaustausch mit anderen Nachhilfelehrkräften schaffen.

Viele der Fachbegriffe, die im laufenden Text auftreten, aber nicht in einem eigenen Kapitel behandelt werden, findet man als Stichwort im Glossar am Ende des Buches. Hier kann man rasch eventuelle Verständnisprobleme beseitigen. Diejenigen Begriffe, die im Glossar aufgeführt werden, sind im laufenden Text mit ↑ gekennzeichnet.

Die Selbstbefragung

Wer zu *Better in English* greift, tut dies möglicherweise aus fachlicher Neugier oder aus dem Bestreben, sich gezielt zu informieren und den eigenen Unterricht weiterzuentwickeln.

Ehe man sich aber Gedanken über didaktische und methodische Fragen zur Nachhilfe Englisch macht, sollte man sich zunächst selbst einmal über die Schulter schauen und sich fragen: „Bin ich ein guter Nachhilfegebender?" Dies kann man beantworten, indem man sich über einen längeren Zeitraum beobachtet. Auch eine gezielte Selbstbefragung kann ergiebig sein. In der Lerneinheit ↑*Nachhilfeunterricht Englisch* finden Sie auf S. 183 den Vordruck für einen Selbsttest.

Bearbeiten Sie ihn bitte vor der Lektüre von Kapitel 2 und notieren Sie sich danach Antworten zu den folgenden Fragen:
- ❏ Zu welchem Thema möchte ich gerne mehr erfahren?
- ❏ Welche Informationen gibt mir dazu dieses Handbuch?
- ❏ Wie und wann werde ich die gesammelten Einsichten in die Praxis umsetzen?

Klären Sie danach ab, was Sie überhaupt über Ihren Nachhilfeschüler bzw. Ihre Nachhilfeschülerin wissen. Die notwendigen Einsichten erhalten Sie durch Ihre Fremdeinschätzung, aber komplementär auch durch die Selbsteinschätzung der Lernenden.

Fragebogen für NachhilfeschülerInnen

Eine Grundlage für Ihre Erkundungen kann auch der folgende Fragebogen für Schülerinnen und Schüler sein:

Deine persönliche Lerngeschichte

Seit wie viel Monaten/Jahren lernst du bereits Englisch?

_____

Hast du auch schon andere Fremdsprachen gelernt?
Ja [ ], Nein [ ]
Wenn ja, welche? Und wie lange?

_____

Macht dir das Englischlernen Spaß?

_____

Wie hoch schätzt du deine Erfolge/Misserfolge beim Englischlernen ein?
_____

Gibt es für dich Lernprobleme beim Englischlernen?
Ja [ ], Nein [ ]
Wenn ja, welche? _____
_____

Wenn ja: Kannst du dir vorstellen, welches die Ursachen dafür sind?
_____
_____

Hast du Lernprobleme in anderen Schulfächern?
[ ] Nein
[ ] Ja. Welche ? _____
_____

Beantworte diese Frage nur, wenn du Geschwister hast: Können deine Geschwister gut [ ], durchschnittlich [ ] oder schlecht [ ] Englisch lernen?

Können deine Eltern Englisch? [ ] Ja   [ ] Nein
Was halten sie vom Fremdsprachenlernen?
_____

Fühlst du dich in deiner Schulklasse wohl?
[ ] Ja. Warum? _____
[ ] Nein. Warum nicht? _____

Wie gefällt dir dein Englischlehrer bzw. deine Englischlehrerin in der Schule?
_____
_____

Welche Ziele und Erwartungen verknüpfst du mit dem Nachhilfeunterricht?
_____
_____

Wem musst du nach dem Nachhilfeunterricht erzählen, was du gemacht hast?
_____

Welche Themen interessieren dich ganz besonders?
_____

Dieser Fragebogen dient als Vorlage, kann aber bei Bedarf auch ergänzt werden durch andere Aspekte, die das Lernen beeinträchtigen können, z. B.:
- Verstehensprobleme
- Probleme beim Lernen des Lernens (Lerntechniken und -strategien)
- Motivationsprobleme, Schulunlust, Desinteresse am Fach, Langeweile im Unterricht
- Druck durch Stofffülle bzw. Stofflücken
- Beziehungsprobleme   Schüler ⇔ Lehrer oder
  Schüler ⇔ Schüler
- Fehlen von LernpartnerInnen
- Fehlen elterlicher Hilfe
- außerschulische Schwierigkeiten, z. B. gesundheitlicher Art
- problematische Entwicklungen innerhalb der Familie
- ...

Tools: Vorlagen für die praktische Arbeit

Wollen Sie weitergehende spezielle Aspekte des Lernens Ihres Nachhilfeschülers erkunden, so bietet Ihnen dieses Buch eine Fülle fertiger Vorlagen und Arbeitsblätter, *die* Tools, Ihre Werkzeuge. Die folgende Übersicht weist an ausgewählten Beispielen die jeweiligen Themen und Inhalte sowie die Fundstellen nach:

Was ist das Thema?	*Welche Tools bietet das Handbuch?*	*Fundstelle im Handbuch*
Die eigene Befindlichkeit des Lehrers, Maßnahmen bei hoher Fehlerrate, Maßnahmen bei mangelnder Motivation	Lehrerfragebogen: „Nachhilfe geben – aber richtig!"	Lerneinheit (LE): „Checklisten"
Lernertypen	Schülerfragebogen: „Welcher Lernertyp bin ich?"	LE: „Lernertypen"

persönliche Lernstrategien der Schülerinnen Schüler	Schülerfragebogen: „Wie ich englische Vokabeln lerne"	LE: „Lerntechniken und Lernstrategien"
inhaltlich-thematische Lerninteressen der Schülerinnen und Schüler	Schülerfragebogen: „Fragebogen zur Bedarfserhebung"	LE: „Schülerorientierung"
inhaltlich-thematische Lerninteressen der Schülerinnen und Schüler	Schülerfragebogen: „Wie ich Englisch lerne"	LE: „Individualisierung"
Lernplanung der Schülerinnen und Schüler	Vorlage für Lernende: „Offener Lern- und Arbeitsplan"	LE: „Offenes Lernen"
Lernplanung der Schülerinnen und und Schüler	Vorlage für Lernende: „Mein persönlicher Wiederholungsplan"	LE: „Das Lernen organisieren"
Kenntnis der Lernhilfen zum Englischlernen	Vorlage für Lernende: „Hilfen beim Englischlernen"	LE: „Organisieren des Lernens"
Kenntnis der Struktur des Englischbuches	Schülerfragebogen: „Lehrwerk-Rallye"	LE: „Das Lehrwerk"
Einstellungen der Lernenden und ihre Gefühle beim Englischlernen	Schülerfragebogen: „Checkliste zur Registrierung der eigenen Gefühle beim Lernen"	LE: „Konzentriert lernen"
Selbstmanagement der Lernenden (Lernzeiten, Lern-Planung, Stoffauswahl usw.)	Schülerfragebogen: „Fragebogen zum Zeitmanagement und zur Selbstbeobachtung"	LE: „Konzentriert lernen"

EINFÜHRUNG

Rahmenbedingungen für den Nachhilfeunterricht

Die Ausgangssituation überschauen

Neben Informationen über den Nachhilfeschüler bzw. die -schülerin selbst benötigen Sie auch Kenntnisse über die Rahmenbedingungen für das Lernen. Klären Sie dazu, welches Lehrwerk und welche Begleitmaterialien im Schulunterricht benutzt werden. Prüfen Sie auch, welche Lernhilfen der Schüler darüber hinaus besitzt, z. B. Wörterbücher, Grammatiken, Lektüren oder Nachschlagewerke usw.

Besprechen Sie mit Ihrem Nachhilfeschüler bzw. der -schülerin auch den persönlichen Zeitplan mit allen schulischen und außerschulischen Verpflichtungen.

Danach treffen Sie mit den Lernenden auf dieser Grundlage z. B. eine Vereinbarung darüber, ob Sie Hausaufgaben aus dem Nachhilfeunterricht heraus stellen werden oder nicht.

Mit Eltern und Englischlehrern zusammenarbeiten

Zusätzlich zur Reflexion dieser Rahmenbedingungen sollten Sie nach den ersten Nachhilfestunden, in denen Sie sich einen Einblick in die Leistungen Ihres Schülers bzw. Ihrer Schülerin verschaffen konnten, ein Gespräch mit den Eltern führen. Darin kann es u. a. um die folgenden Aspekte gehen:

- Wie schätzen Sie die Leistungen des Schülers bzw. der Schülerin ein?
- Welche Ziele sollen kurzfristig, mittelfristig und langfristig durch den Nachhilfeunterricht erreicht werden?
- Wie viel Zeit soll insgesamt für die Nachhilfe eingeplant werden?
- Welches Konzept von Unterricht wird während der Nachhilfe vertreten werden?
- Wollen/Können die Eltern in den Lernprozess einbezogen werden? Auf welche Weise und wie intensiv?
- Welche Nachweise werden von den Eltern erwartet?

Desgleichen ist eine Kontaktaufnahme und eine Abstimmung mit dem Englischlehrer Ihres Nachhilfeschülers dringend zu empfehlen.

Nach diesen Erkundungen bietet es sich nun an, den Unterricht selbst in den Blick zu nehmen. Das folgende Kapitel 2 „Infos,Tipps und Tools von A–Z" bietet dazu eine Fülle von Anregungen.

2. Infos, Tipps und Tools zum Nachhilfeunterricht von A–Z

55 Lerneinheiten zur Gestaltung des Nachhilfeunterrichts Englisch

INFOS, TIPPS UND TOOLS VON A–Z
ARBEITSBLATT

Arbeitsblatt

Was ist gemeint?
Das Arbeitsblatt ist ein Lehr- und Lernmittel mit langer Tradition. In Ergänzung zur Schulbuchlektion – oder auch in Abhebung davon – kann es in der Vertretungsstunde als Einstieg in ein neues Thema dienen, als Übung des Lernstoffes oder als Kontrolle des Wissens und Könnens der Lernenden.
Es kann englischsprachige Texte, Übungen, Zusammenfassungen, Übersichten, Lerntipps, Regeln, Eselsbrücken und Abbildungen umfassen und ist grundsätzlich lernerfreundlich gestaltet.
Während des Englischunterrichts wird es als *handout*, als *worksheet* oder auch nur schlicht als *paper* bezeichnet.

Eine Meinung zur Diskussion:
„Arbeitsblätter?! Nein, danke! Sie machen viel zu viel Arbeit. Ich halte mich da lieber ans Englischbuch!"

Kommentar:
Auf den ersten Blick möchte man sich dieser Kollegenmeinung anschließen. Arbeitsblätter – sollen sie gut gemacht sein – bedeuten in der Tat einigen Arbeitsaufwand. Entscheidend ist aber, was man mit ihnen alles erreichen kann.

Praxistipp
Geben Sie das Original eines Arbeitsblattes nie aus der Hand! Bewahren Sie es in einem eigenen Ordner oder im PC auf. Es kann später noch einmal nützlich sein!

Vorteile selbst entwickelter Arbeitsblätter:
- Sie unterbrechen die manchmal ermüdende Schulbuchroutine.
- Sie sind motivierend durch Abbildungen, Übersichten und ein ansprechendes Layout.
- Sie gehen inhaltlich und eventuell auch methodisch über eine Schulbuchlektion hinaus.
- Sie dürfen von den Lernenden beschriftet, bemalt, gefaltet, zerschnitten oder beklebt werden.
- Sie sind in Thematik, Niveau und Sprache individuell auf die Lernenden abgestimmt.

Woran erkennt man die Qualität von Arbeitsblättern?

Notwendige Grundvoraussetzungen	■ sprachliche Korrektheit ■ Lesbarkeit der Schrift ■ Übersichtlichkeit ■ Verständlichkeit der Aufgabenstellung ■ abgestimmter Schwierigkeitsgrad der Fremdsprache
Weitere wichtige Eigenschaften	■ aktivierende und abwechslungsreiche Aufgabenstellungen ■ Aufgreifen von Schülerinteressen ■ umgangssprachlicher Stil; kein unangemessener Fachjargon ■ wechselnde Formate, z. B. auch Zettel, Streifen ■ Einsatz von Farbe oder farbigem Papier ■ ansprechende Schrifttypen
Perfektionsmerkmale	■ ↑*ganzheitliche* Aufgabenstellungen ■ Angabe von Lösungen beim Einsatz als Selbstlernmaterial ■ Lerntipps und Eselsbrücken ■ Zusammenfassungen und Übersichten ■ Berücksichtigung unterschiedlicher ↑*Lernertypen*

Probleme beim Einsatz von Arbeitsblättern

Copyright → Die Veröffentlichung geschützter Texte und Abbildungen bedarf grundsätzlich der vorherigen Genehmigung.
Für Abbildungen sind in diesem Zusammenhang Shareware-Programme aus dem Internet nützlich.

Unkosten → Bei Übernahme der Herstellungskosten von Arbeitsblättern, z. B. für das Kopieren, durch die Nachhilfeschüler und -schülerinnen sollte zuvor mit ihnen bzw. mit deren Eltern eine entsprechende Vereinbarung getroffen werden.

Lektüretipp

Der Fremdsprachliche Unterricht Englisch, Heft 44, 2/2000: Themenheft „Worksheets". Friedrich Verlag.

INFOS, TIPPS UND TOOLS VON A–Z
ARBEITSBLATT

Grundschema eines Arbeitsblattes

(Seitenzahl oder Nummer des Blattes)

Foto oder Grafik, z. B. zu einer Kommunikationssituation

....
(Thema oder Lernziel)

Kurze Begründung der Aufgabe.
Arbeitsanweisung mit Hinweisen zu Sozialform, ungefähr benötigte Zeit, nützliche Arbeitsmittel usw.

Rand zum Lochen

Rand für Korrekturen oder andere Notizen

Die Aufgabe inklusive Platz für die Bearbeitung, z. B. Leerstellen, Zeilen.

(hier bei Bedarf abknicken oder abschneiden)

Lösungen:

Die Schrift auf dem Kopf stehend montieren, um ungewolltes Ablesen der Lösungen zu vermeiden.

Aufgabenformen

Was ist gemeint?
Für das Üben der Lernenden kann der Nachhilfelehrer bzw. die -lehrerin je nach Zielsetzung, nach Lernverhalten, gegebenen Rahmenbedingungen usw. solche Aufgabenformen auswählen, die das Lernen fördern, die motivieren und der Lehr-/Lernsituation angemessen sind. Je nach Kreativität des Nachhilfelehrers bzw. der -lehrerin ist die Zahl geeigneter Aufgaben fast unbegrenzt.
Englische Begriffe für eine Aufgabe im Unterricht sind z. B. *a task* oder *an exercise*.

Eine Meinung zur Diskussion
„Aufgabenformen wie Antwort-Ankreuz-Übungen (,*multiple choice*') oder Lückentexte (,*Fill in!*') sind mir am liebsten. Sie können von den Lernenden schnell erledigt und von mir rasch korrigiert werden."

Kommentar
In dieser Ausschließlichkeit kommt derartigen Aufgabenformen eine zu hohe Bedeutung zu. Für den Nachhilfeunterricht sollten zur Wahl geeigneter Aufgabenformen folgende Kategorien unterschieden werden:

1. Aufgaben zur kommunikativen Anwendung des Englischen
Viele dieser Aufgabenformen bringen für den Nachhilfeunterricht oftmals das Problem mit sich, dass die Lernenden einen Lernpartner benötigen, da vieles zu zweit oder in Kleingruppen durchgeführt werden muss. Wenn kein Lernpartner zur Verfügung steht, sollte der Nachhilfelehrer diese Rolle übernehmen. Die Verlagerung dieser Aufgaben in das häusliche Lernen ist daher nur dort angebracht, wo Geschwister, Freunde usw. zur Verfügung stehen.
Trotz dieser Eigenschaft – oder vielleicht gerade wegen dieser! – gehören diese Aufgabenformen zu den wichtigsten.

> **Praxistipp**
> Schneiden Sie aus Englischbüchern und anderen Lehr-/Lernmitteln solche Aufgaben heraus, die ihnen von der Anlage her besonders gut erscheinen. Überkleben sie diese beidseitig mit Klarsichtfolie und sammeln Sie sie in einem Ordner oder in einer Aufgabenkartei.

INFOS, TIPPS UND TOOLS VON A–Z
AUFGABENFORMEN

Ausgewählte Beispiele:

ein Interview durchführen	Der Schüler/Die Schülerin befragt Dritte zu einem ausgewählten Thema, notiert die Antworten und gibt einen abschließenden Bericht.
sich zu Bildern äußern	Der Schüler/Die Schülerin beschreibt oder kommentiert ein Bild (Foto, Skizze, Cartoon, Bildgeschichte usw.)
defekte mündliche Äußerungen	Der Schüler/Die Schülerin erfasst den Sinn eines unvollständigen gehörten oder gelesenen Textes und denkt sich Fragen oder Ergänzungen zu den Lücken aus.
defekte Vorlagen/ *shared information*	Der Schüler/Die Schülerin ergänzt nach Anweisung des Lernpartners zeichnend eine unvollständige Bildvorlage.
Rollenspiel	Der Schüler/Die Schülerin übernimmt eine Rolle, z. B. in einem szenischen Spiel.
Simulation	Der Schüler/Die Schülerin äußert Meinungen, gibt Stellungnahmen in einer fiktiven Rolle ab und diskutiert diese mit anderen.
Briefe u. Ä. schreiben	Der Schüler/Die Schülerin schreibt Briefe, Postkarten und Leserbriefe, verfasst Berichte und Presseartikel, macht Tagebucheintragungen usw.

AUFGABENFORMEN

Telefonieren	Der Schüler/Die Schülerin führt Telefonate.
Anfertigen von Notizen	Der Schüler/Die Schülerin notiert bedeutsame Stichworte zu einem gehörten oder gelesenen Text.
Redebäume/*flow charts*/Flussdiagramme	Der Schüler/Die Schülerin formuliert auf Englisch, was in Form von muttersprachlichen Stichworten oder Impulsen vorgegeben wird.

INFOS, TIPPS UND TOOLS VON A–Z
AUFGABENFORMEN

2. Kreative Aufgaben
Diese Aufgaben dienen bei Einzelarbeit oft zum Sprechen oder Schreiben und einer vorangehenden Ideensammlung.

Ausgewählte Beispiele:

Wortigel/*mind map*/ Assoziogramm	Der Schüler/Die Schülerin sammelt eigene Notizen assoziativ und gleichzeitig ordnend zu einem zentralen Begriff.
Bildcollage	Der Schüler/Die Schülerin unterlegt zwei (oder mehr) auf den ersten Blick disparaten Bildern einen gemeinsamen Sinn.
W-Fragen	Der Schüler/Die Schülerin sammelt zu einem gegebenen Thema Stichworte und benutzt zur gedanklichen Steuerung W-Fragen, *wie z. B. Who? What? Where? When? Why?* usw.
Fantasiereise	Der Schüler/Die Schülerin assoziiert – am besten mit begleitender Entspannungsmusik – zu einem gegebenen Thema Gedanken, ein Bild, einen Traum, eine Fantasie und berichtet später darüber.
Geschichten erzählen	Der Schüler/Die Schülerin entwickelt auf Englisch anhand eines Bildes mit beigefügten oder integrierten Stichwörtern eine Geschichte.
3-Item-Story	Der Schüler/Die Schülerin erfindet zu drei vorgegebenen Stichwörtern oder zu drei Bildelementen eine Fantasiegeschichte.

3. Lernertypenspezifische Aufgaben

Bei dieser Gruppe von Aufgabenformen liegt der Fokus auf den unterschiedlichen ↑*Lernertypen*. Ihre Verwendung setzt voraus, dass der Nachhilfeschüler bzw. die -schülerin das eigene Lernverhalten einem oder mehreren dieser Lernertypen zuordnen kann und auch der Nachhilfelehrer über die entsprechenden Einsichten verfügt.

Ausgewählte Beispiele:

Der Hörtyp	Der Schüler/Die Schülerin spricht aufgrund eines gehörten Textes Äußerungen auf Band. Dieses wird anschließend zur eigenen Kontrolle abgehört.
Der Sehtyp	Der Schüler/Die Schülerin schreibt zu einer Aufgabe Notizen, Einzelsätze oder Abschnitte auf, um sich mit einem Thema auseinander zu setzen.
Der handelnde Typ	Der Schüler/Die Schülerin zeichnet als Lernhilfe einen Lernstern zu einem gegebenen Thema. Der Schüler/Die Schülerin zerschneidet Teile einer Aufgabe/eines ↑*Arbeitsblattes* gemäß Anweisung, um zu einer sprachlichen Leistung zu kommen. Alternativ: Er/Sie bastelt, faltet oder klebt etwas zusammen.
Der Bewegungstyp	Der Schüler/Die Schülerin geht im Raum von Fenster zu Fenster bzw. zur Tür und beschreibt dabei, was er/sie sieht, empfindet, hört, riecht usw.
Der kommunikativ-kooperative Typ	Der Schüler/Die Schülerin sammelt mit einem oder mehreren Lernpartnern in einem Ideenkarussell möglichst viele Stichworte zu einem Thema. Diese werden arbeitsteilig auf einem Zettel notiert.

AUFGABENFORMEN

Der Fühltyp	Der Schüler/Die Schülerin ertastet unterschiedliche Gegenstände, die unter einem Tuch verborgen sind. Er/Sie errät, worum es sich jeweils handelt und beschreibt die einzelnen Objekte.
Der abstrakt-analytische Typ	Der Schüler/Die Schülerin löst mithilfe von bildlichen Vorlagen eine Denkaufgabe. Er/Sie sammelt systematisch Stichworte zu einem Thema unter zwei Gesichtspunkten, z. B.: (+) positiv, (–) negativ.

4. Aufgaben zum selbstständigen Üben
Diese Aufgabenformen sind besonders für Nachhilfesituationen von Bedeutung, da sie die selbstständige Fortsetzung des Lernens und Übens durch die Lernenden ermöglichen.

Ausgewählte Beispiele:

Texte bearbeiten	Der Schüler/Die Schülerin zerschneidet einen Text in Abschnitte der Einzelsätze und hebt sie in einem Briefumschlag auf. Einige Tage später versucht er/sie, den Text erneut zusammenzusetzen. Alternativ: Textstellen mit Tipp-Ex entfernen.
Bilder und Überschriften nutzen	Der Schüler/Die Schülerin trennt Bilder und/oder Überschriften verschiedener Zeitungsartikel von ihren Texten ab. Nach einigen Tagen assoziiert er/sie zu diesen Überschriften und Bildern eigene Geschichten (Fantasiegeschichten, Tatsachenberichte ...). Danach folgt der Vergleich mit dem ursprünglichen Text.
Verwürfelte Wörter/ *scrambled words* kombinieren	Der Schüler/Die Schülerin schreibt auf ca. 10 bis 15 kleine Zettelchen je ein englisches Stichwort zu einem Thema. Nach einigen Tagen versucht er/sie, dazu einen Text zu formulieren.
Handlungsabläufe wiedergeben	Der Schüler/Die Schülerin denkt an eine bestimmte Situation in ihrem Leben, z. B. an den Schulweg. Er/Sie beschreibt detailliert den Weg und alles, was dort zu sehen, zu hören, zu erfahren ist.

Weitere Beispiele zum selbstständigen Üben findet man unter ↑*Diktat*.

5. Aufgaben zum formalen Üben

Diese Aufgabenformen sind weit reichend bekannt und werden hier nicht mehr beschrieben. Zu ihnen gehören z. B. Zuordnungsaufgaben, Antwort-Ankreuz-Aufgaben, Richtig-Falsch-Aufgaben, Lückentexte usw.

Lektüretipp

Bundesarbeitsgemeinschaft Englisch an Gesamtschulen (Hg.) (1996): *Kommunikativer Englischunterricht*. München: Langenscheidt-Longman.

INFOS, TIPPS UND TOOLS VON A–Z
AUFGABENFORMEN

Beispiel 1: Aufgabe zum Aushandeln der richtigen Reihenfolge der Bilder

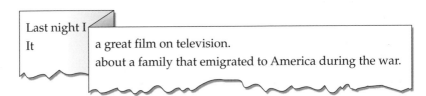

Beispiel 2: Aufgabe zum Auf- und Zufalten

INFOS, TIPPS UND TOOLS VON A–Z
AUFGABENFORMEN

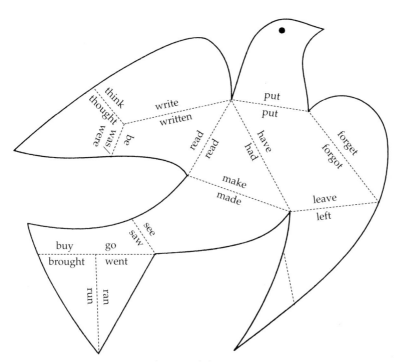

Beispiel 3: Aufgabe zum Zerschneiden und Rekonstruieren

Grammatik lernen
grammatische Strukturen herausfinden
Grammatikregeln formulieren
Grammatikregeln nachschlagen
Grammatikregeln notieren
Grammatikregeln einprägen
Grammatik üben
Grammatikfehler feststellen
Grammatikregeln anwenden

Beispiel 4: Aufgabe zum gemeinsamen Sammeln

Aussprache

Was ist gemeint?
Mit Aussprache ist hier die Artikulation der englischen Sprache gemeint. Ziel ist es, sie im Nachhilfeunterricht zu trainieren, zu automatisieren und zur Geläufigkeit zu führen.
Im Englischunterricht spricht man von *pronunciation*.

Eine Meinung zur Diskussion
„Was soll ich da groß üben? Ich spreche die englischen Formen vor und die Schülerinnen und Schüler wiederholen sie. Das machen sie auch meistens richtig."

Kommentar
Ganz so einfach ist es mit der Aussprache beim Englischlernen nicht! Die Artikulation fremdartiger Laute kann bei manchen Lernenden zu Hemmungen führen. Hörfehler der Schülerinnen und Schüler können das Verstehen und auch das Artikulieren beeinträchtigen; das fehlende Bewusstsein für die Wahrnehmung lautlicher Elemente kann Ursache für eine fehlerhafte Aussprache sein.
Aussprache und deren Verstehen bzw. Anwenden ist eine recht komplexe Angelegenheit. Folgende Lautstrukturen spielen dabei z. B. eine Rolle:
- die Tonlage
- die Lautstärke
- die Betonung
- der Rhythmus
- die Lautverbindungen
- die Flüssigkeit, das Sprechtempo
- die Korrektheit der Lautartikulation

Hinzu kommt die Unterscheidungs- und Differenzierungsfähigkeit der Lernenden bezüglich der zielsprachlichen Normen. Um welche Varietät des Englischen handelt es sich? Ist es australisches, englisches, indisches, neuseeländisches oder schottisches Englisch?
Welche soziale Variante der Zielsprache ist jeweils anzustreben? Die der oberen Bildungsschicht oder der Mittelschicht? Sind regionale und dialektale Varianten zu berücksichtigen?
Der Nachhilfelehrer bzw. die -lehrerin sollte sich hierbei auf die im schulischen Englischunterricht der Schüler gewählte Norm konzentrieren.

Er muss in seinem Englischunterricht auch entscheiden, wie nahe er seinen Nachhilfeschüler bzw. die -schülerin an die zielsprachliche Norm heranführt, d. h. praktisch, wie perfekt die Lernenden werden sollen, und wie viel Zeit er zum Üben investieren möchte. Hierzu werden in der Fachdiskussion kaum feste Maßstäbe gesetzt. Man könnte z. B. die kommunikative Verständlichkeit einer Schüleräußerung als Messlatte anlegen.

Aufgabenvorschläge zum Training der englischen Aussprache

1. Bewusstes Hinhören
Die Lernenden werden durch den Nachhilfelehrer bzw. die -lehrerin angeleitet, beim Hören eines englischen Textes auf ausgewählte lautliche Elemente zu achten, z. B. auf das Heben der Stimme zu Satzbeginn.
Dazu sollte es im Raum relativ ruhig sein, besonders wegen der Konzentration des Nachhilfeschülers bzw. der -schülerin. Die folgende Abfolge der Schritte ist nahe liegend:
1. Der Lehrer/Die Lehrerin liest/spielt den Text vor; die Lernenden hören zu.
2. Die Lernenden beschreiben, was sie wahrgenommen haben.
3. (fakultativ) Besprechung und Kommentar durch den Nachhilfelehrer bzw. die -lehrerin.
4. Die Lernenden versuchen, die gehörte Aussprache zu wiederholen, zuerst mit dem gehörten Wort bzw. Satz, danach übertragen auf andere Wörter/Sätze.

2. Mitlesen
Die Lernenden hören sich einen Text z. B. von der Tonkassette an und lesen ihn gleichzeitig mit dem Sprecher halblaut mit. Dadurch trainieren sie die anzustrebende Flüssigkeit und Geschwindigkeit der Aussprache und kontrollieren sich selbst. Stets um den Bruchteil einer Sekunde verzögert, lehnen sich die Lernenden an das lautliche Vorbild an, vergleichen und imitieren es (vgl. auch das Mitsprechen S. 39 als geeignete Übung).

INFOS, TIPPS UND TOOLS VON A–Z
AUSSPRACHE

3. Nachsprechen
Dieses ist die direkteste und am häufigsten praktizierte Form. Der Lehrer bzw. die Lehrerin spricht ein Wort oder einen Satz vor, die Lernenden wiederholen ihn. Zusätzlich können vorweg, währenddessen bzw. im Anschluss folgende Hilfen gegeben werden:
- Vorab beschreiben, wie der betreffende Laut klingt und worauf zu achten ist,
- Demonstration der eigenen Mundbewegungen, ggf. etwas übertrieben,
- Einsatz von Handzeichen, etwa Anheben der Hand beim Anheben der Stimme,
- Klopfen mit der Hand oder Klatschen, z. B. zur Betonung oder zum Markieren von Rhythmus und Takt,
- Vorlage einer Zeichnung der Artikulationsorgane (Zunge, Zähne, Gaumen ...),
- Zeichnung von Linien, z. B. als Intonationsbögen oder eine Punkt-Strich-Abfolge.

Lautes Lesen
Dieses kann mit dem Aufzeichnen der Lernenden auf Tonband kombiniert werden. Diese Art des Lesens ist nicht sinndarstellend oder vortragend, sondern trainiert die Aussprache von Lauten.

Zungenbrecher
Schnellsprechverse und Zungenbrecher sind amüsant und lernerfreundlich und darüber hinaus ideal zum Aussprachetraining geeignet.
Hier zwei „Klassiker" unter den *tongue twisters*:

> How much wood would a woodchuck chuck
> If a woodchuck could chuck wood?
> He would chuck, he would, as much as he could,
> And chuck as much wood as a woodchuck would
> If a woodchuck could chuck wood.

> Peter Pipeter picked a peck of pickled peppers.
> Did Peter Piper pick a peck of pickled peppers?
> If Peter Piper picked a peck of pickled peppers,
> where's the peck of pickled peppers Peter Piper picked?

AUSSPRACHE

Und hier noch ein Zungenbrecher für Wagemutige:

> A tree toad loved a she-toad
> Who lived up in a tree.
> He was a two-toed trees toad
> But a three-toed toad was she.
> The two-toed tree toad tried to win
> The three-toed she-toad's heart,
> For the two-toed tree toad loved the ground
> That the three-toed tree toad trod.
> But the two-toed tree toad in vain.
> He couldn't please her whim.
> From her tree toad bower
> With her three-toed power
> The she-toad vetoed him.

Reime und Gedichte

Das halblaute Aufsagen von Reimen und Gedichten kann helfen, die Aussprache zu verbessern. Limericks sind wegen ihrer Reimwörter von besonderer Bedeutung. Hier ein Beispiel:

> *There was a young man called Dale*
> *Who wanted to eat a whale.*
> *He mashed it with cheese,*
> *And served it with peas,*
> *But couldn't quite manage the tail.*

4. Unterscheidungsübungen

I. Underline the word you hear:
0. <u>food</u> – foot
1. pear – peer
2. patrol – petrol
3. soap – soup
4. to wander – to wonder

Nach Häussermann/Piepho (1996): Aufgabenbuch. Deutsch als Fremdsprache. Abriss einer Aufgaben- und Übungstypologie. München: iudicium Verlag, S. 53.

INFOS, TIPPS UND TOOLS VON A–Z
AUSSPRACHE

II. Do you hear „tsch" [tʃ]?

	yes	no
child	○	○
shine	○	○
shall	○	○
chest	○	○
gin	○	○

Nach Häussermann/Piepho (1996): Aufgabenhandbuch. Deutsch als Fremdsprache. Abriss einer Aufgaben- und Übungstypologie. München: iudicium Verlag, S. 53.

III. Listen and repeat:

Ted and head
said and red,
Pete and feet,
sweet and meat,
arm and farm,
eggs and legs.

Nach Häussermann/Piepho (1996): Aufgabenhandbuch. Deutsch als Fremdsprache. Abriss einer Aufgaben- und Übungstypologie. München: iudicium Verlag, S. 53.

Probleme

Die Aussprache gehört zu den Grundlagen des fremdsprachlichen Anfangsunterrichts. Falls die Lernenden Probleme mit der Aussprache haben und bereits am fortgeschrittenen Englischunterricht teilnehmen, müssen die in der Regel einfachen Aufgaben von ihrem inhaltlichen Niveau an die Lernenden angepasst werden.

Lektüretipp

Börner, Wolfgang (1995): „Ausspracheübungen." In: Bausch/Christ/Krumm (1995): *Handbuch Fremdsprachenunterricht*. Tübingen/Basel: Francke. 226–228.

Auswendiglernen

Was ist damit gemeint?
Auswendiglernen ist das wortwörtliche Einprägen eines Textes. Es handelt sich um ein altbekanntes Lernverfahren. Während es früher vor allem dazu benutzt wurde, um Inhalte zu memorieren, versteht man heute darunter eine Lernstrategie, mit deren Hilfe die sprachlichen Fertigkeiten der Lernenden vorbereitet werden. Es ist daher besonders für Nachhilfeschüler bzw. -schülerinnen mit sprachlichen Unsicherheiten von Bedeutung. Der didaktische Ort des Auswendiglernens ist weniger der Nachhilfeunterricht selbst, als vielmehr das nachbereitende Lernen, z. B. in der ↑*Hausaufgabe*. Im Englischunterricht spricht man von *learning by heart*.

Eine Meinung zur Diskussion
„Gehört das Auswendiglernen nicht eigentlich zur alten Paukschule? Heute haben wir doch ganz andere Lernmethoden!"

Kommentar
Je nachdem, was man unter dem Begriff versteht, kann diese Meinung richtig sein. Nach dem heutigen Verständnis von Auswendiglernen wird dessen Bedeutung für den modernen Englischunterricht jedoch nicht geschmälert, denn es steht nun der Lernprozess und nicht der Lerninhalt im Vordergrund. Das Auswendiglernen ist eine Strategie, um ganze Sprachmuster statt isolierter Vokabeln zu speichern. Selbst wenn ein Schüler oder eine Schülerin den gesamten Text, den er/sie auswendig gelernt hat, nicht mehr vollständig aufsagen kann, so bleiben doch im ↑*Gedächtnis* sprachliche Versatzstücke erhalten, z. B. eine Wendung oder auch ein ganzer Satz. Solche Elemente sind dann eine ideale Grundlage für die Entwicklung der produktiven Fertigkeiten ↑*Schreiben* und ↑*Sprechen*, denn die Lernenden brauchen das, was sie sagen wollen, nicht mehr mühsam zu konstruieren, sondern haben es als fertige Spracheinheiten für die Kommunikation parat. Haben Lernende also den Songtext *If I were a carpenter, and your were a lady …* auswendig gelernt,

> **Praxistipp**
>
> In der Nachhilfestunde sollte der Lernende abgehört werden, sobald er etwas auswendig gelernt hat. Ziel dabei ist weniger die Kontrolle des Lernergebnisses als vielmehr die Würdigung der Lernanstrengung und die Ermunterung zum Weiterlernen.

INFOS, TIPPS UND TOOLS VON A–Z
AUSWENDIGLERNEN

brauchen sie bei ähnlichen Satzanfängen nicht mehr darüber nachzudenken, welche Verbform beim *If*-Satz gebraucht wird, sondern benutzen das Modell zur eigenen Sprachproduktion – sei diese mündlich oder schriftlich.

Dass der Wiedererkennungseffekt durch dieses Verfahren beim Hören und Lesen des Englischen natürlich sehr hoch ist, liegt nahe, schließlich dient das Auswendiglernen auch zur Förderung der flüssigen Aussprache und wirkt gestammelten Äußerungen entgegen.

Im Vordergrund des Auswendiglernens steht somit heute als Lernziel weniger der Inhalt eines Textes, als vielmehr die englische Sprache.

Hilfsstrategien zum Auswendiglernen

Die Lernstrategie des Auswendiglernens ist grundsätzlich allen Schülerinnen und Schülern bekannt. Wie sie dabei vorgehen können, um ihrem individuellen ↑*Lernertypus* entsprechend gezielt und effektvoll zu lernen, wissen jedoch nur die wenigsten. Die Übersicht im nächsten Kasten enthält eine Auswahl der dem Auswendiglernen untergeordneten Lernstrategien, mit denen man das Behalten unterstützen kann.

Texte strukturieren	Das Markieren wichtiger Textstellen durch Unterstreichen, Überstreichen (*highlighting*), Einkreisen, Ankreuzen, Nummerieren usw. ist besonders für visuell-orientierte Lernende von Bedeutung.
Read-and-look-up-Methode	Der Schüler/Die Schülerin liest einen Teil des zu lernenden Textes, z. B. einen Satz, blickt dann hoch und wiederholt ihn einmal oder mehrmals halblaut. Dieser Wechsel von Lesen und Hochblicken wird so lange durchgeführt, bis der Text behalten wird.
Backward-build-up-technique	Ein auswendig zu lernender Satz/Text wird in kurze Einheiten unterteilt, die man sich, vom Satz-/Textende beginnend, einprägt und halblaut vor sich hin spricht.

AUSWENDIGLERNEN

Beispiel:
... near our school.
... a fantastic disco near our school.
There is a fantastic disco near our school.

Nachsprechen/ Vorsprechen	Dieses Verfahren ist besonders geeignet, wenn akustische Vorlagen, z. B. eine Tonkassette, zur Verfügung stehen. Der Lernende hört sich einen Teil des Textes, z. B. einen Satz, an und spricht ihn halblaut einmal oder mehrmals nach (Nachsprechen). Ist er sich seiner sicher, geht er zum nächsten Textteil über usw. Sobald er den Textabschnitt einigermaßen beherrscht, spricht er ihn halblaut vor sich hin und hört ihn sich danach zur eigenen Kontrolle an. (Vorsprechen)
Mitsprechen	Bei Anwendung dieser Technik spricht der Lernende zur Wiederholung den schon etwas angelernten Text halblaut zusammen mit dem Tonband mit. Bei Unsicherheiten lehnt er sich an die Tonbandstimme an. Durch dieses Verfahren trainiert er gleichzeit besonders die Flüssigkeit seines Sprechens.
Stiller Monolog	Damit ist das mentale Wiederholen eines schon angelernten Textes gemeint. Es geschieht, indem der Schüler oder die Schülerin den Text „im Kopf" aufsagt, und zwar ohne Textvorlage – so lange, wie das Gedächtnis mitspielt.
Lokalisierungsmethode	Darunter versteht man die assoziative Verknüpfung des Lernstoffes mit Eindrücken aus der Umgebung des Schülers bzw. der Schülerin zum Zeitpunkt des Lernens. Während er/sie sich einen englischen Text einprägt, nimmt er/sie optische Reize, Gerüche oder Geräusche auf und verbindet sie assoziativ mit dem Lernstoff. So kann z. B. der Duft von Kaffee oder auch nur die Erinnerung an ihn den Lerngegenstand wieder wachrufen.

AUSWENDIGLERNEN

Was sollte auswendig gelernt werden?

Geeignet sind englische Prosatexte, Gedichte und Reime, Lieder, Witze, Wendungen usw. Weniger sinnvoll erscheint die noch recht verbreitete Unsitte, Grammatikregeln auswendig aufsagen oder die englischen Vokabeln aus dem Vokabelverzeichnis des Englischbuches in chronologischer Reihenfolge herunterrasseln zu wollen. In beiden Fällen ist kein Gewinn für die Anwendung der Sprache zu erwarten, denn es handelt sich um einen überflüssigen Lernaufwand.

Probleme beim Auswendiglernen

Auswendiglernen ist beschwerlich. Es verlangt von den Lernenden Ausdauer und Willenskraft und erfordert die Fähigkeit zum ↑*konzentrierten Lernen* – Bedingungen, die nicht bei allen Nachhilfeschülerinnen und -schülern gewährleistet sind. Daher müssen sie, um erfolgreich lernen zu können, ggf. auch in der Nachhilfestunde an diesen Grundvoraussetzungen arbeiten.

Lektüretipp

Rampillon, Ute (^{3}1996): *Lerntechniken im Fremdsprachenunterricht*. Handbuch. Ismaning: Max Hueber Verlag, S. 95–99.

Autonomes Lernen

Was ist gemeint?
Beim autonomen Lernen stehen der Lernende und seine Lernprozesse im Mittelpunkt. Er selbst ist es, der das eigene Lernen plant, steuert, vorantreibt und kontrolliert.
Begriffe, die eng mit dem autonomen Lernen verbunden sind, sind z. B.: Selbstlernen, Selbststeuerung, Selbstorganisation.

Eine Meinung zur Diskussion
„Meine Schülerinnen und Schüler brauchen klare Anweisungen. Wenn ich sie machen ließe, was sie wollten, dann käme nichts beim Unterricht heraus!"

Kommentar
Die Beliebigkeit, die aus dieser Kollegenmeinung herausklingt, ist beim autonomen Lernen nicht gegeben. Insofern ist der Begriff der Autonomie eingeschränkt zu verstehen. Die Schülerinnen und Schüler lernen auch weiterhin im Kontext schulischen Unterrichts und nach vorgegebenen, übergeordneten Lernzielen. Dies gilt auch für den Nachhilfeunterricht.
Innerhalb dieser Grenzen haben die Lernenden jedoch die Möglichkeit, je nach vorhandener Lernkompetenz über folgende Unterrichtselemente weitgehend selbst bzw. mitzubestimmen:
- Teillernziele einer Unterrichtseinheit, eines Projektes, einer Unterrichtsstunde, einer Aufgabe
- Sozialformen
- ↑*Aufgabenformen*
- ↑*Lernzeit* (Zeit zum Lernen)
- ↑*Lernort* und Arbeitsplatzgestaltung
- LernpartnerInnen
- Lernmittel und Lernhilfen
- ↑*Lerntechniken* und Lernstrategien

INFOS, TIPPS UND TOOLS VON A–Z
AUTONOMES LERNEN

Trotz dieser Freiheit sind die Lernenden nicht davon entbunden, über ihr Lernen und die erreichten Lernerfolge Rechenschaft abzulegen.

Eine wichtige Voraussetzung für das autonome Lernen sind die Kenntnisse der Schülerinnen und Schüler von ↑*Lerntechniken* und Lernstrategien und die Fähigkeit, diese selbstständig einzusetzen.

Eine weitere Bedingung ist die Veränderung der Lehrer-/Schülerrolle. Auch im Nachhilfeunterricht, der in der Regel ohnehin recht partnerschaftlich verläuft, bedeutet das, dass sich der Nachhilfelehrer bzw. die -lehrerin zunächst soweit wie möglich zurückhält, und zwar besonders bei folgenden Lehr-/Lernanlässen:

- Informieren über Sachverhalte
- Erläutern und Erklären von Sachzusammenhängen
- Verbinden von Bekanntem mit Unbekanntem
- Sammeln und Organisieren von Wissen
- Nachschlagen und Erkunden
- Planen und Vorantreiben der Lerntätigkeit
- Überprüfen und Evaluieren

Alle genannten Bereiche können von autonom lernenden Schülerinnen und Schülern selbstständig übernommen werden. Der Lehrer hat vor allem die Aufgabe eines Experten, den man befragen kann oder die des Lernberaters.

Sind die Lernenden dazu nicht (vollständig) in der Lage, so muss der Nachhilfelehrer bzw. die -lehrerin steuernd und helfend eingreifen, jedoch immer mit dem Ziel, die Lernenden zu befähigen, eigenständige Entscheidungen zu fällen und sie in die Tat umzusetzen. Damit wird deutlich, dass es sich beim autonomen Lernen um eine veränderte Lernkultur handelt, in der der Lernprozess und die Bewusstmachung des Lernens zentrale Bedeutung haben.

Folgende unterrichtsbezogene Merkmale spielen für das autonome Lernen eine Rolle:

Praxistipp

Der Nachhilfeschüler sollte schrittweise an das autonome Lernen herangeführt werden. Folgende Bewusstmachungen können dabei nützlich sein:
- Was will ich lernen?
- Wie möchte ich vorgehen?
- Was habe ich erreicht?
- Wie will ich weiterlernen?

Das Lerntagebuch ist hierbei eine gute Hilfe. Manchmal genügt auch ein Arbeitsblatt.

INFOS, TIPPS UND TOOLS VON A–Z
AUTONOMES LERNEN

Einsatz von Lerntechniken und Lernstrategien	siehe oben
andere Lehrer- und Schülerrolle	siehe oben
↑ *offene Lernformen*	Hierzu gehören das Lernen mit dem Wochenplan, das Lernen an Lernstationen, das Lernen in Projekten, Freiarbeit usw.
Veränderte Lernumwelt	Die Lernenden haben folgende Möglichkeiten: – Ankleben, Aufhängen, Anpinnen von Merkzetteln und sonstigen selbst gemachten Lernhilfen – Aufheben und Organisieren ihrer Lernmittel – freies Aufstehen und Herumgehen, je nach eigenem Lernbedarf – Anhören und evtl. Ansehen englischer Ton- oder Videokassetten – die Benutzung eines Computers (↑ *elektronische Medien*) (im Idealfall) Ihnen stehen folgende Lernhilfen zur Verfügung: – englischsprachige Nachschlagewerke: ein oder mehrere Wörterbücher, eine englische Grammatik usw. – Übungsmaterialien (Workbooks, Lektüren, Kassetten, authentische Materialien) – Selbstlernmaterialien, Lernhilfen
Einsatz von Arbeitsplan, Lerntagebuch usw.	Die Lernenden planen und evaluieren ihre Lernprozesse selbst und machen sich die notwendigen Notizen dazu.
Lernertypenbezug	Die Lernenden sind in der Lage, ihr individuelles Lernverhalten lernertypenbezogen zu überschauen und dem entsprechend geeignete Lernverfahren auszuwählen.
Partnerschaftliche Sozialformen	Diese stehen – im Gegensatz zum Frontalunterricht – im Vordergrund. Die Schülerinnen und Schüler lernen miteinander und voneinander. Im Nachhilfeunterricht trifft dies nur bei Schülergruppen zu.

AUTONOMES LERNEN

Probleme beim autonomen Lernen

Die Lernenden wie auch deren Eltern sind autonomes Lernen nicht gewohnt und erachten dieses leicht als *„Laisser-faire*-Stil". Auch für den (Nachhilfe-)Lehrer ist diese andersartige Weise des Lehrens und Lernens meist neu. Es gilt daher, sich ihr von beiden Seiten in kleinen Schritten zu nähern und nicht von heute auf morgen die „große Autonomie" zu versprechen. Die verstärkte Einbeziehung der Lernenden in die Planung des Lernprozesses sowie das Ernstnehmen ihrer Entscheidungen bezüglich der Lernziele, der Lernmethoden, der Inhalte usw. können ein erster Schritt in diese Richtung sein, insbesondere wenn sich gleichzeitig der Unterrichtende in diesen Bereichen zurücknimmt.

Gleichermaßen ist die Entwicklung der Metakognition der Lernenden, d. h. ihres Bewusstseins für die ablaufenden Prozesse, und ihre Beurteilung des Lernprozesses sowie des Lernerfolges für die Weiterarbeit von Bedeutung.

> **Lektüretipp**
>
> Legenhausen, Lienhard (1998): „Wege zur Lernerautonomie." In: Johannes-P. Timm (Hg.) (1998): *Englisch lernen und lehren. Didaktik des Englisch-Unterrichts.* Berlin: Cornelsen, S. 78–85.

Behalten und Vergessen

Was ist gemeint?
Unter Behalten verstehen wir in der Lernsituation das Speichern von Einsichten, Erkenntnissen und Wissen im Langzeitgedächtnis, sodass es jederzeit abrufbar ist. Dabei handelt es sich beim Englischlernen meist um die Bedeutung von Vokabeln, die Aussprache, die Schreibweise und die Grammatik. Vergessen bedeutet die nicht mehr vorhandene Verfügbarkeit dieses Wissens.
Im Englischunterricht sprechen wir von *memory*.

Meinung
„Schülerinnen oder Schüler, die keine Begabung für das Fremdsprachenlernen haben, können eben kein Englisch lernen!"

Kommentar
Glücklicherweise gibt es die unterschiedlichsten Verfahren, sich etwas so einzuprägen, dass man es auch behält, selbst ohne über eine ausgeprägte fremdsprachliche Begabung zu verfügen. Die folgenden Prinzipien geben Hinweise auf fördernde Rahmenbedingungen und Verfahren (vgl. folgenden Kasten auf der nächsten Seite).

BEHALTEN UND VERGESSEN

Prinzipien für das Behalten

1. Wenn man sich etwas merken will, sollte man dieses bewusst, konzentriert und aufmerksam tun. Versucht man aber, es nebenbei zu erledigen, ist es oft nicht von Dauer.

2. Um etwas zu behalten, muss man innerlich bereit und motiviert dafür sein, die geistige Anstrengung auf sich zu nehmen. Ist man das nicht, bleibt der Erfolg leicht aus.

3. Behalten ist dann leicht, wenn man ohne Druck, ohne Stress und ohne irgendwelche Ängste darangeht.

4. Es ist günstiger, sich das zu Lernende im Zusammenhang einzuprägen. Das Behalten isolierter Elemente ist noch schwieriger, also keine Einzelvokabel, sondern z. B. das Wort im Wortfeld lernen.

5. Je persönlicher und näher mir der Lerngegenstand ist, desto besser kann ich ihn behalten. Daher ist es gut, durch szenisches Spiel, durch Nachahmen, durch Nachsprechen usw. zu lernen.

6. Je enger ich die verbalen und die visuellen Komponenten beim Einprägen miteinander verbinde, desto besser kann ich mir den Lernstoff merken. Daher ist es günstig, wenn ich den Lerngegenstand grafisch bearbeite und gestalte, wenn ich auch Pantomimen aufführe und mir Bilder herstelle.

7. Wiederholtes Einprägen unter Nutzung unterschiedlicher Eingangskanäle fördert die Bearbeitungstiefe und somit das Behalten.

Zu beachten ist, dass mit Sicherheit keines dieser Prinzipien allein greift, sondern dass sie sich im Zusammenspiel gegenseitig stützen und ergänzen müssen.

Vorschläge für die Lernpraxis

Lernen mit Bildern
Da die meisten Lernenden eher visuelle Lernertypen sind, erhalten Bilder im Lernprozess eine hohe Bedeutung. Dabei handelt es sich oft nur um mentale Bilder, die die Lernenden selbstständig und individuell „im Kopf" entwickeln. Aber auch handgefertigte Skizzen gehören hierher.

Die folgenden Eigenschaften dieser Bilder können für manche Lernenden hilfreich sein:
- Bizarrheit und Ausgefallenheit eines Bildes prägen sich besser ein.
- Emotional geladene Bilder – sei dies positiv oder negativ – berühren die Lernenden und verankern sich leichter.
- Der Einsatz von Farbe spricht die Lernenden an, insbesondere wenn sie funktional eingesetzt wird, wenn also z. B. Wichtiges hervorgehoben wird.
- Wiederholungen und mehrkanaliges Einprägen über die verschiedenen Sinne fördern das Behalten.
- Ist das Bild vom Schüler oder der Schülerin selbst entwickelt, prägt es sich besser ein als ein vom Nachhilfelehrer vorgesetztes Bild.
- Die Bildelemente einer Zeichnung sind, um wirksam zu sein, von der Linienführung her alle miteinander verbunden.

Lernen mit Hörbildern
Darunter werden alle diejenigen Verfahren verstanden, mit deren Hilfe der Schüler bzw. die Schülerin sich selbst akustische Vorlagen erstellt, z. B. durch halblautes Vor-sich-hin-Sprechen oder Nachsprechen. Besonders für auditive Lernertypen kann etwa das konzentrierte Anhören einer Tonkassette sehr nützlich sein.

Mehrkanaliges Lernen
Es bedeutet, dass man sich den Lerngegenstand auf unterschiedlichste Art und Weise vergegenwärtigt, z. B. bei einer neuen Vokabel einmal als geschriebenes Wort, einmal gehört, ein anderes Mal (mental) verbunden mit Gerüchen oder Geräuschen, ein weiteres Mal durch Basteln zu einem greifbaren Objekt verwandelt.

Assoziatives Einprägen
Durch dieses Verfahren wird die Isolation des Lerngegenstandes vermieden. Englische Vokabeln könnten also wie folgt eingebettet werden:
cake: flour, butter, sugar, eggs, milk, raisins, ...

Eine andere Folge könnte ein Handlungsablauf sein:
eating: biting, chewing, swallowing, digesting

Mechanisches Einprägen
Damit ist das ↑*Auswendiglernen* gemeint. Es ist für das Behalten nicht so nachhaltig wie andere Verfahren, hat dafür aber andere Vorteile, z. B. als Übungsform bei der ↑*Aussprache*.

BEHALTEN UND VERGESSEN

Lernhilfen
Sie können das ↑*Gedächtnis* langfristig unterstützen. Zu den Merkhilfen gehören Merkzettel, Lernkarteien, Lernposter, Lernmobile, Lernblumen, Lernwürfel usw. Die Gestalt der Lernhilfen ist abhängig von der Fantasie der Lernenden. Sie sind es in der Regel, die sich individuell ihre Lernhilfen selbst erstellen.

Probleme
Die Vielfalt der Verfahren zum Behalten sprachlichen Wissens ist den meisten Lernenden nicht bekannt. Es ist daher notwendig, ihnen die unterschiedlichen Möglichkeiten zu zeigen, zu erklären und sie anzuhalten, diese zu erproben bzw. anzuwenden.

Praxistipp

Damit die NachhilfeschülerInnen herausfinden, wie sie sich etwas am besten einprägen, kann der Selbsttest auf S. 49 durchgeführt werden.

Lektüretipp

Sperber, Horst G. (1989): *Mnemotechniken im Fremdsprachenunterricht mit Schwerpunkt Deutsch als Fremdsprache.* München: iudicium Verlag.

INFOS, TIPPS UND TOOLS VON A–Z
BEHALTEN UND VERGESSEN

Selbsttest zum Behalten und Vergessen

Kreuze bitte an, was auf dich zutrifft:

Ich behalte besonders gut, wenn ich …

❏ etwas auf meine Weise auf Englisch umschreibe

❏ das zu Lernende selber aufschreibe

❏ mir zum Lernstoff ein Bild ausdenke

❏ den Lernstoff mit etwas verbinde, was ich schon wusste

❏ dabei Musik höre

❏ den Lernstoff auswendig lerne

❏ den Lernstoff anderen vortrage oder erkläre bzw. darüber berichte

❏ mit dem Lernstoff Angenehmes, Schönes oder Lustiges verbinde

❏ durch den Lernstoff an Unangenehmes oder Aufregendes erinnert werde

❏ mich anstrengen und konzentrieren muss

❏ mir einen Merkzettel oder etwas Ähnliches gebastelt habe

❏ den Lernstoff in verschiedenen Situationen ausprobiert habe

❏ mich gerne mit dem Thema befasse, weil es Spaß macht

❏ mir den Lernstoff immer wieder anhöre

❏ dabei etwas essen oder trinken kann

❏ den Lernstoff anfassen und damit spielen kann

❏ mir anhöre, wie der Lernstoff klingt

❏ eine Lernkartei benutze

nach Vester, Frederic (⁹1982): *Denken, Lernen, Vergessen. Was geht in unseren Köpfen vor, wie lernt das Gehirn, und wann lasst es uns im Stich?* München: dtv Verlag

INFOS, TIPPS UND TOOLS VON A–Z
BEWEGUNG BEIM LERNEN

Bewegung beim Lernen

Was ist gemeint?
Bewegungsorientiertes Lernen zielt auf Veränderungen der Befindlichkeit der Lernenden ab, sowohl in psychischer als auch in physischer Hinsicht. Es ist, in Abgrenzung zum handlungsorientierten Lernen, dabei nicht zwingend notwendig, dass ein sichtbares Lernergebnis festgestellt werden kann.

Eine Meinung zur Diskussion
„In meiner Nachhilfestunde habe ich keine Zeit für solche Mätzchen! Hier geht es um das richtige Lernen!"

Kommentar
Was ist aber, so möchte man diesen Kollegen fragen, wenn der Nachhilfeschüler oder die -schülerin gerade nicht lernen kann? Gründe dafür gibt es genügend:
- Die Lernenden sind hyperaktiv und leiden unter Konzentrationsmangel (Wahrnehmen eigener Körpererfahrungen).
- Sie sind als Lernertypen eher diejenigen, die motorisch orientiert sind und benötigen zum Lernen ein Mindestmaß an Bewegungsspielraum (Auffangen von Bewegungsdrang).
- Sie sind nicht zum Lernen motiviert, sondern eher zum Handeln und praktischem Tun (Lernmotivation).
- Sie sind durch vorangegangene Erlebnisse erregt, nervös oder irritiert usw. (geistige, seelische Beruhigung).
- Sie sind ermüdet und abgespannt (geistige und körperliche Entspannung).

Diese und ähnliche Merkmale sind unter Nachhilfeschülern und Schülerinnen in besonderem Maße anzutreffen. Daher ist es sinnvoll, in bestimmten Lernsituationen geeignete Lernformen zur Hand zu haben, um kompensatorisch wirken zu können.

> **Praxistipp**
> Hier geht es um rein körperliche Entspannungs- und Auflockerungsübungen, die aber auch im Englischunterricht ihren Sinn haben können. Weitere Aufgaben sind aus der Sportpädagogik bekannt. Also: Sportlehrer fragen!

INFOS, TIPPS UND TOOLS VON A–Z
BEWEGUNG BEIM LERNEN

Vorschläge für die Unterrichtspraxis

Die Aktivitäten zum bewegungsorientierten Lernen lassen sich auf unterschiedliche Weise voneinander unterscheiden. Eine nützliche Differenzierung, z. B. zur Anlage einer persönlichen Aufgabensammlung, ist die folgende:

- beruhigende Aufgaben,
- beruhigte Aufgaben,
- anregende Aufgaben,
- aufregende Aufgaben.

Die Vorschläge auf der nächsten Seite sollen jedoch nach inhaltlich-didaktischen Gesichtspunkten aufgeführt werden:

Illustration: Andi Wolff, Lemgo

INFOS, TIPPS UND TOOLS VON A–Z
BEWEGUNG BEIM LERNEN

Action songs	Die Lernenden singen ein Lied, wobei sie je nach Text mit den Fingern schnipsen, in die Hände klatschen, sich auf die Schenkel schlagen usw. Alternative: Falls im Einzelunterricht nicht gerne gesungen wird, sprechen und tanzen sie einen Rap vor.
Szenisches Spiel	▪ Die Lernenden zeigen eine Pantomime, der Nachhilfelehrer rät, was gemeint ist. ▪ Sie machen ein Standbild und geben dabei Erklärungen über ihre Positur ab. ▪ In einem Stegreifspiel, ggf. zusammen mit dem Nachhilfelehrer bzw. der -lehrerin, übernehmen sie eine Rolle.
Basteln	Die Lernenden stellen zum Unterrichtsthema eine Collage her. Sie basteln Lernhilfen, z. B. Lernkarteien, Lernmobiles, Lernposter, Lernwürfel, Lernflaggen, Lernblumen usw.
Hören und handeln	Die Lernenden führen englische Anweisungen des Nachhilfelehrers bzw. der -lehrerin im Raum aus. *Open the door* usw. oder *lift your right arm, step to the left* usw.
Lesen und handeln	Die Lernenden machen – am besten zusammen mit einem oder mehreren Lernpartnern – ein stummes Schreibgespräch: Sie stehen vor einem großen Bogen Papier, der in der Mitte ein Stichwort als Thema enthält. Mit einem dicken Filzstift tragen sie nun im Kreis herumgehend ihre Ideen ein, lesen die Notizen des anderen, kommentieren diese schweigend, aber zeichnend (Fragezeichen, Ausrufezeichen, Herzchen, Sternchen usw.).
Sprechen und handeln	„Speaker's Corner": Der Schüler steht auf dem Stuhl und spricht zu einem Thema und versucht dabei, die/den Zuhörer (z. B. Nachhilfelehrer) von seinem Anliegen zu überzeugen.
Stilleübungen	Die Lernenden unternehmen eine Fantasiereise, über die sie anschließend berichten.

Lektüretipp

Der fremdsprachliche Unterricht Englisch: Themenheft „Bewegung" (in Vorbereitung). Friedrich Verlag.

Probleme

Viele Aufgaben lassen sich besonders gut zu zweit oder zu mehreren durchführen. Sobald es sich um Einzelunterricht handelt, muss der/die Nachhilfegebende einspringen.

Bilder

Was ist gemeint?
Bilder unterschiedlichster Art können Anlass für das Lernen sein, sie können Hilfen beim Lernen geben und können auch als Steuerungselement im Lernprozess genutzt werden.

Meinung
„Im Englischbuch sind schon so viele und gute Bilder! Wie kann ich dann mit anderen Bildern überhaupt vor den Schülern und Schülerinnen bestehen?"

Kommentar
Nachhilfelehrerinnen und -lehrer sollten angesichts schon vorhandener visueller Materialien, die im schulischen Englischunterricht eingesetzt werden, nicht resignieren. Es ist nicht die Schönheit oder die Perfektion eines Bildes, auf die es im Lernprozess ankommt. Manchmal reicht eine kleine, unvollständige Skizze völlig aus.
Wichtig ist aber, dass auch in der Nachhilfestunde möglichst häufig Bilder eingesetzt werden. Sie können die unterschiedlichsten Funktionen übernehmen.

- Sie geben die individuelle Sichtweise, das persönliche Verständnis eines Bildes wieder und liefern damit einen Schonraum für die Lernenden. Ein „Richtig" oder „Falsch" gibt es dann nicht mehr – eine erholsame Erfahrung gerade für Nachhilfeschüler und -schülerinnen. Das beste Beispiele hierfür sind Kippbilder.
- Die Sprachkreativität der Lernenden wächst. Selbst diejenigen Schüler und Schülerinnen, die in der Regel leicht verstummen, haben bei ansprechenden Bildern immer etwas zu sagen.

Abb.: Hilger, Sabine: *Lernen mit Bildern*, In: *Der fremdsprachliche Unterricht Englisch*, Heft 38, 3/1999, Seelze: Friedrich Verlag, S. 6.

INFOS, TIPPS UND TOOLS VON A–Z
BILDER

- Sie ermöglichen eine hohe Beteiligung der Schülerin bzw. des Schülers am Lernprozess, indem sie/er eigene Ideen, Erfahrungen, Meinungen usw. zum Bild artikuliert.
- Sie sind auf unterschiedlichste Weise einsetzbar, angefangen vom Stundeneinstieg, über die Erarbeitungsphase bis hin zum Abschluss und der Zusammenfassung des Gelernten.
- Sie dienen als ideale Lern- und Merkhilfen, insbesondere bei visuell orientierten Lernenden.
- Sie fördern im oft sehr verschriftlichten Englischunterricht den Zugang zum Lernen über andere Eingangskanäle und bieten so wiederum eine Chance zum ganzheitlichen Lernen.
- Sie sind vor allem motivierend. Oft enthalten Sie Humorvolles, Unglaubliches, Überraschendes usw. und sprechen so Neugier und Interesse der Lernenden an.

Welche Bilder kann ich in meinem Nachhilfeunterricht einsetzen?

Einige der für das Englischlernen wichtigsten Bildertypen sind die folgenden:

unvollständige Bilder*	Man erkennt nur noch einzelne Bildelemente *(information gaps)* und der Schüler ergänzt das Bild zeichnend nach gehörter Anweisung/Beschreibung durch den Nachhilfelehrer bzw. Lernpartner.
Skizzen, grafische Darstellungen*	Sie werden gerne für Zusammenfassungen und Überblicke genutzt.
Collagen*	Sie entstehen am besten in der Zusammenarbeit mehrerer Lernender, z. B. beim Erstellen einer Lernlandschaft.
Lernposter*	Sie stellen meist Übersichten und Lernergebnisse dar.
mentale Bilder*	Sie entstehen im Kopf, d. h. in der Vorstellung der Lernenden und dienen besonders dem Assoziieren, etwa bei einer Fantasiereise oder fördern das Behalten des Lerngegenstandes.

BILDER

Cartoons, Bildgeschichten, Fotoromane	Sie enthalten zumeist eine Handlung, die sich in Form einer Geschichte oder eines Berichtes versprachlichen lässt.
Wimmelbilder	Ein übervolles Bild mit einer Unmenge an gleichzeitigen Handlungen und Ereignissen – ideal zum Üben der mündlichen oder schriftlichen Ausdrucksfähigkeit.
Bilder/Fotos aus Zeitschriften	Besonders geeignet sind Witze oder auch Werbung.
Postkarten	Sie sind – manchmal sogar jahreszeitlich angepasst – gute Lernanlässe, die der Welt der Lernenden nahe kommen oder gar aus dieser entstammen.
Piktogramme	Man findet sie zu den unterschiedlichsten Themenbereichen in Telefonbüchern, Prospekten und Katalogen usw.
Schnappschüsse und andere skurrile Bilder	Sie sprechen die Lernenden leicht an und motivieren sie zur Sprachproduktion.
Abbildungen von Gemälden	Vorgefertigte Interpretationen sollten hier zugunsten individueller Wahrnehmung und persönlichem Verständnis vermieden werden.
Videoaufzeichnungen	Ihre Präsentation ohne Ton soll die Lernenden veranlassen, eigene Texte zum laufenden Film zu entwickeln und zu sprechen.

Abb.: Beispiel für ein Wimmelbild

INFOS, TIPPS UND TOOLS VON A–Z
BILDER

Die mit * gekennzeichneten Bildertypen sind diejenigen, die nicht vom Nachhilfelehrer oder der Nachhilfelehrerin vorgegeben werden müssen, sondern die von den Lernenden selbst entwickelt werden (können). Sie fördern das Lernen und Behalten, werden jedoch im Unterricht leider allzu leicht außer Acht gelassen.

Die obige Zusammenstellung gibt keine Gewähr für Vollständigkeit, sondern will lediglich Beispiele geben und damit auch die große Bandbreite für den Einsatz von Bildern in der Nachhilfestunde aufzeigen.

Die Aufbereitung von Bildern für den Nachhilfeunterricht

- Alle verfügbaren Bilder werden thematisch sortiert.
- Sie werden z. B. mit einem Klebezettel versehen, der einen stichwortartigen Kommentar enthält. Folgende Gesichtspunkte können dabei berücksichtigt werden: das Thema, der Schülerbezug zum spezifischen Nachhilfeschüler, Klassenstufe/Lernjahr, Methode, ggf. gelungene Arbeitsanweisung und Aufgabenstellung. Die gestalterische Aufbereitung geschieht durch Ausschneiden, Löschen mit Tipp-Ex, Überkleben, Abwandeln der Darstellung usw.

Praxistipp

Neben der Anlage einer eigenen Sammlung von Bildern ist ein Blick auf das Angebot an CD-ROMs lohnenswert. Hier findet man eine Fülle fertiger Vorlagen, die dann über den PC auch leicht bearbeitet werden können.

Probleme

Die Einbeziehung von Bildern und deren vorangehende Aufbereitung sind oft arbeitsaufwändig. Sie sind jedoch langfristig immer wieder einsetzbar und somit letzlich doch eine Erleichterung für den Nachhilfelehrer bzw. die -lehrerin. Und für den Unterricht sind sie allemal ein Gewinn.

Lektüretipp

Der Fremdsprachliche Unterricht Englisch, Heft 38, 2/1999. Themenheft „Mit Bildern lernen." Friedrich Verlag.

Checklisten

Was ist gemeint?
Bei Checklisten im Lehr-/Lernprozess handelt es sich um vorgegebene oder selbst angefertigte Instrumente zur gezielten Selbstkontrolle. Es gibt sie für Lehrende und für Lernende. Sie sind entweder in Stichworten oder als Fragenkatalog formuliert.
Ihre Funktion besteht darin, Nachdenken über das eigene Lehren/Lernen zu initiieren mit der Absicht, Änderungen herbeizuführen oder Bewährtes zu bestätigen.

Meinung
„Checklisten sind derzeit ein Modetrend. Ich mache lieber meinen Unterricht, dabei kommt mehr heraus!"

Kommentar
Ab und zu ist es ganz heilsam, sich selbst beim Lehren bzw. beim Lernen über die Schulter zu schauen und gegebenenfalls eigene Einsichten, Haltungen oder Vorgehensweisen zu korrigieren.
Im Folgenden (vgl. Kästen von S. 57–61) finden sich zwei Beispiele für Checklisten für die Lernenden und zwei weitere für die Lehrenden.

Praxistipp

Es ist sowohl bei den Checklisten für Lernende als auch für Lehrende oft hilfreich, sie gemeinsam auszuwerten. Es ergeben sich dabei optimale Ansatzpunkte für einen Konsens bezüglich neu zu setzender Schwerpunkte im Lehr-/Lernprozess.

I. Meine Fehlerstatistik

Fehlerquelle	richtige Form	Fehlerhäufigkeit
tomatos	tomatoes	⊪
she sing	she sings	⊪ II

INFOS, TIPPS UND TOOLS VON A–Z
CHECKLISTEN

Diese Checkliste (folgender Kasten) wird von den Lernenden selber entwickelt und nach Bedarf ergänzt. Sie ist Grundlage für anschließende Wiederholungen.

II. Selbstlernkontrolle (Schüler)

1. Was wollte ich lernen?

_____

_____

2. Wie bin ich vorgegangen?

_____

_____

3. Was habe ich gelernt? Wo gibt es noch Unsicherheiten?

_____

_____

4. Wie will ich weiterlernen?

_____

_____

Sie kann z. B. auch am Ende einer Nachhilfestunde eingesetzt werden, vor allem aber beim selbstständigen Üben durch die Lernenden.

INFOS, TIPPS UND TOOLS VON A–Z
CHECKLISTEN

III. Checkliste für NachhilfelehrerInnen

Nachhilfe geben – aber richtig!

Lesen Sie diesen Fragebogen durch und ergänzen Sie ihn eventuell. Beantworten Sie sich danach die Fragen selbst und machen Sie sich dazu Notizen.

1. Wenn ich meine Nachhilfestunden plane, fühle ich mich unsicher hinsichtlich

2. Was kann ich gegen die hohe Zahl der Fehler tun, die mein Nachhilfeschüler bzw. meine -schülerin immer wieder macht?
   ( ) Wie bin ich bisher vorgegangen?

   ( ) Was sagen die Kapitel ↑*Fehler* und ↑*Merkhilfen* dazu?

   ( ) Was möchte ich künftig wie ändern?

3. Meine Nachhilfeschülerin bzw. mein -schüler ist wenig motiviert zum Englischlernen. Wie kann ich diese Haltung ändern?
   ( ) Wie bin ich bisher vorgegangen?

   ( ) Was sagen die Kapitel ↑*Jokes* und ↑*Lerntechniken* dazu?

   ( ) Was möchte ich künftig wie ändern?

INFOS, TIPPS UND TOOLS VON A–Z
CHECKLISTEN

4. Wie baue ich meine Nachhilfestunde am besten auf? Welche Abfolge von Lernschritten ist sinnvoll?

   ( ) Wie bin ich bisher vorgegangen?

   ( ) Was sagen mir die Kapitel ↑*Unterrichtsabläufe*, ↑*Ganzheitlichkeit* und ↑*Autonomes Lernen* dazu?

   ( ) Was möchte ich künftig wie ändern?

   ---

5. Welche Materialien und Medien kann ich sinnvoll im Nachhilfeunterricht einsetzen?
   ( ) Was habe ich bisher benutzt?

   ( ) Was sagt mir das Kapitel ↑*Materialien* und *Medien* dazu?

   ( ) Was möchte ich künftig wie ändern?

   ---

6. Welche Aufgabenformen sollte ich zum Üben und Kontrollieren einsetzen?
   ( ) Welche habe ich bisher überwiegend benutzt?

   ( ) Was sagen mir die Kapitel ↑*Aufgabenformen* dazu?

   ( ) Was möchte ich künftig wie ändern?

IV. Checkliste zur Unterrichtssteuerung

Lehrer- oder lernergesteuert?

Erinnern Sie sich bitte an die letzte Lektion des Englischbuches oder an die letzten Nachhilfestunden. Beantworten Sie sich selbst die folgenden Fragen.

1. Waren meine NachhilfeschülerInnen an der Auswahl der Lerninhalte beteiligt?
   ( ) Ja   ( ) Nein. Warum nicht?

2. Wer hat den Ablauf der einzelnen Lernschritte im Rahmen des Unterrichts bestimmt?
   ( ) eher LehrerIn   ( ) eher SchülerIn

3. Gab es Phasen in der Nachhilfestunde, in denen gezielt selbstständig gelernt wurde?
   ( ) Ja.   ( ) Nein. Wie hätte das erreicht werden können?

4. Wurden ↑*offene* Formen des Unterrichts benutzt, wie z. B. die Arbeit mit einem Wochenplan?
   ( ) Ja.   ( ) Nein. An welcher Stelle hätte ich die Nachhilfestunde mehr öffnen können?

5. Wie schätzen Sie das Lernen Ihres Nachhilfeschülers bzw. Ihrer Nachhilfeschülerin in Ihrem Unterricht ein?

   Eher   oder eher
   ( ) lehrergesteuert   ( ) schülergesteuert
   ( ) fremdbestimmt   ( ) selbstbestimmt
   ( ) geschlossen   ( ) offen

   Bei Schülergruppen:
   ( ) frontal – gleich behandelnd   ( ) individualisierend

CHECKLISTEN

Probleme
Will man eine Checkliste zur Grundlage der gemeinsamen Arbeit von Lernenden und Nachhilfelehrer bzw. -lehrerin machen, bedarf dies des gegenseitigen Vertrauens. Checklisten, die zu Beginn des Unterrichts eingesetzt werden, müssen daher mit Feingefühl ausgewertet und besprochen werden.

Didaktischer Dialog

Was ist gemeint?
Der didaktische Dialog ist eine Gesprächsform, die dem Sprachtraining dient und als Sprechschablone funktioniert, um dadurch die Sprechfertigkeit der Lernenden zu fördern. Der didaktische Dialog findet ausschließlich in Lehr-/Lernsituationen statt. Im Englischunterricht spricht man von *dialogue*.
Es besteht ein enger Zusammenhang zu den Kapiteln ↑*Sprechen* und ↑*Konversation*.

Meinung
„Ich halte echte Dialoge für viel effektiver. Da bekommen die Schüler und Schülerinnen wenigstens sofort authentische Sprachmuster."

Kommentar
Bei sehr leistungsstarken Schülerinnen und Schülern kann man sicherlich so vorgehen. Ist jedoch vorangehendes Üben erforderlich, kommt man ohne didaktisch aufbereitete Dialoge nicht aus.
Am häufigsten findet man sie im Englischbuch, aber auch in anderen Materialien, die zu Lehr-/Lernzwecken entwickelt wurden. Den gleichen Stellenwert nimmt auch der vom Nachhilfelehrer bzw. der -lehrerin entwickelte Dialog ein.
Wird der Dialog zum Sprechtraining eingesetzt, enthält er u. a. die folgenden Merkmale:
- Die sprachlichen Elemente sind den Lernenden bekannt.
- Die Zahl der agierenden Personen ist überschaubar.
- Die Handlung ist einfach, gradlinig und leicht nachspielbar.
- Der Dialog enthält typische Redemittel für Gespräche in vergleichbaren Realsituationen.
- Er ist von seiner Anlage her flexibel nachspielbar.

Praxistipp
Schneiden Sie interessante und motivierende Dialoge (ggf. als Kopie) aus Ihren Englischbüchern aus. Sammeln Sie sie nach Themen/Situationen geordnet. So haben Sie rasch einen reichen Fundus, auf den Sie immer wieder zurückgreifen können.

INFOS, TIPPS UND TOOLS VON A–Z
DIALOGE

Übungen mit einem didaktischen Dialog

Auswendiglernen	Die Lernenden sprechen den Dialog in verteilten Rollen auswendig vor.
Szenisches Spiel	Die Lernenden spielen die Dialogsituation auswendig sprechend und rollenverteilt vor.
Hören/Lesen	Die Lernenden hören/lesen einen Dialog und sprechen ihn ein- oder zweimal und spielen ihn dann nach.
Sehen und Sprechen (1)	Die Lernenden erhalten eine Bildgeschichte, einen Fotoroman o. Ä., in der die Sprechblasen mit Tipp-Ex entfernt sind. Sie ergänzen die Lücken und spielen den Dialog vor.
Sehen und Sprechen (2)	Die Lernenden spielen die Rollen eines Dialoges aus einer Videoaufzeichnung nach, die sie zuvor zwei- bis dreimal angeschaut haben.
Dialog mit Abzweigungen	Die Lernenden erhalten alternative sprachliche Versatzstücke des Dialoges, die sie beliebig einsetzen.
Dialog mit offenem Ende	Die Lernenden spielen einen Dialog, dessen Ende sie nicht kennen. Sie führen ihn im Spiel selbstständig zu Ende.
Dialog als Flussdiagramm	Die Lernenden erhalten ein Diagramm, in dem auf Deutsch dargestellt wird, was ausgedrückt werden soll. Sie formulieren dies auf Englisch und spielen den Dialog vor. (vgl. S. 66)
Rollenspiel/Simulation	Die Lernenden übernehmen Rollen zu einer vorgegebenen und zuvor besprochenen Situation und spielen diese vor.
Stehgreifspiel	Die Lernenden spielen die verschiedenen Rollen eines Dialoges aus dem Stehgreif, d. h. unvorbereitet, vor.

INFOS, TIPPS UND TOOLS VON A–Z
DIALOGE

Die genannten Übungsmöglichkeiten dieser Übersicht sind mit zunehmendem Schwierigkeitsgrad aufgeführt. Das bedeutet aber nicht, dass nur Schüler und Schülerinnen höherer Klassenstufen die letztgenannten Übungsformen präsentiert bekommen. Stattdessen sollten alle Übungsformen so früh wie möglich eingesetzt werden. Wichtig ist dabei, dass die Lernenden den Dialogtext so flexibel wie möglich handhaben und ihn variabel formulieren.

Probleme

In der Nachhilfestunde als Einzelunterricht sind die genannten Aufgaben schwierig zu realisieren, da in allen Fällen Lernpartner benötigt werden. Hier muss der Nachhilfelehrer bzw. die -lehrerin einspringen und die jeweils andere Rolle übernehmen. Danach werden die Rollen getauscht und der Dialog wiederholt.

Lektüretipp

Speight, Stephen (³1995): „Konversationsübungen." In: Bausch/ Christ/Krumm (³1995) (Hg.): *Handbuch Fremdsprachenunterricht*. Tübingen/Basel: Francke.

Illustration: Andi Wolff, Lemgo

INFOS, TIPPS UND TOOLS VON A–Z
DIALOGE

At the Hotel Reception (Dialog als Flussdiagramm)

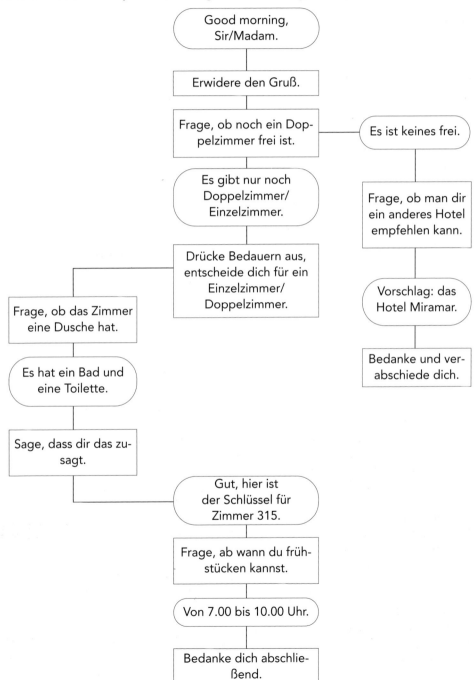

Diktate

Was ist gemeint?
Das Diktat im Nachhilfeunterricht ist ein Übungs- und Kontrollverfahren. Es besteht darin, dass die Lernenden einen gehörten Text – vorgelesen oder vom Tonband vorgespielt – in schriftlicher Form wiedergeben. Sein didaktischer Ort kann die Nachhilfestunde sein, wobei offen bleibt, wann und durch wen die Kontrolle und die Korrektur durchgeführt werden.
In der englischen Sprache wird der Begriff *dictation* benutzt.

Eine Meinung zur Diskussion
„Ich mache gerne Diktate mit meinen Nachhilfeschülern und -schülerinnen! Sie sind rasch durchzuführen und bequem zu korrigieren."

Kommentar
So ideal, wie diese Kollegenmeinung suggeriert, sind Diktate zumindest als *Testform* nicht! Lernende, die einen vorgelesenen Text niederschreiben, müssen fast gleichzeitig sehr viele verschiedene Leistungen erbringen:
- die Lautsequenz segmentieren, Worteinheiten erkennen und diese orthographisch richtig zu Papier bringen,
- das Gehörte in grammatischer Hinsicht interpretieren, die richtige Form erkennen und in geschriebene Sprache umsetzen,
- Unklarheiten im Hörprozess deuten und einen Sinn finden,
- in kurzer Zeit das Hören, das Umsetzen der Lautfolge in Schriftsprache und das manuelle Tun (gemeint ist das Schreiben) miteinander koordinieren usw.

Es handelt sich also um einen recht komplexen und verzahnten Vorgang, sodass eine saubere Messung einer ganz präzise zu beschreibenden Leistung nur schwer möglich ist. Als *Übungsform* hat das Diktat einen deutlich höheren Stellenwert im Lernprozess. Es dient primär dazu, die orthographischen Kenntnisse der Lernenden zu trainieren. Bei der traditionellen Form des Diktates liest jemand, z. B. der Nachhilfelehrer bzw. die -lehrerin, den Lernenden einen englischen Text Abschnitt für Abschnitt vor, den diese

> **Praxistipp**
>
> Rechtschreibeschwäche kann insbesondere im Fremdsprachenunterricht auch durch Hörprobleme verursacht werden. Versuchen Sie festzustellen, ob Ihr Nachhilfeschüler darunter leidet.

DIKTATE

niederschreiben. Es schließt sich die Fehlerkontrolle durch den Lernenden selbst oder durch den Lehrer bzw. die Lehrerin an. Die danach erfolgende Berichtigung *(correction)*, die früher aus dem dreimaligen korrekten Schreiben des falsch geschriebenen Wortes bestand, ist unsinnig, wenn der Lernende dies mechanisch erledigt. Andere Formen des Einprägens, z. B. ein Merkzettel oder die Fehlerkartei, sind effektiver.

Lektüretipp

Doyé, Peter (1986): *Typologie der Testaufgaben für den Englischunterricht*. München: Langenscheidt-Longman, insbesondere S. 259–268. Nachdruck aus FUE 2/2002 (Heft 44, „Work-Sheets") S. 14.

Alternative Formen des Diktates

Selbstdiktat
: Die Lernenden sprechen einen Text auf Tonkassette, die sie sich am nachfolgenden Tag in Abschnitten vorspielen und den Text niederschreiben.

Partnerdiktat
: Zwei Lernpartner diktieren einander je einen Text oder einen längeren Text in zwei Hälften. Die Fehlerkontrolle geschieht zunächst durch den jeweiligen Partner, danach gemeinsam.

Lückendiktat
: **A.** In einem Text wird jedes n-te Wort, z. B. jedes siebte Wort, mit Tipp-Ex entfernt. Der Lernende muss danach den Text rekonstruieren und ergänzen. (Cloze test)
B. In einem Text werden gezielt ausgewählte Wörter ausgelassen. Beim Anhören des vollständigen Textes muss der Lernende sie in den Text eintragen.

Lückenrätsel
: Die Lernenden erhalten lückenhafte schriftliche Sätze mit Buchstabengruppen zur Auswahl. Nach dem Hören (fakultativ!) kreuzen sie die korrekte Buchstabengruppe, d. h. die richtige Schreibweise an. Beispiel:
*Texas is the biggest st*_____ *([ ] ait, [ ] aate, [ ] ate) in the U.S.*

Dosendiktat
: Die Lernenden erhalten einen Text, dessen kurze Sätze untereinander angeordnet und durch eine Linie voneinander getrennt sind. Sie schneiden jeden einzelnen Satz heraus, werfen ihn in eine vorbereitete Schachtel und schreiben ihn dann aus dem Kopf auf. Sobald alle Sätze auf diese Weise notiert worden sind, wird die Dose geöffnet und die Streifen werden zur Kontrolle des Geschriebenen benutzt. (vgl. S. 70)

Andere, dem Diktat verwandte Formen zum Orthographietraining sind die folgenden:

Spot the mistakes
: Die Lernenden erhalten einen Text, in den absichtlich Fehler eingebaut wurden. Sie müssen diese Fehler entdecken. Hierbei ist es günstig, wenn sie zuvor die Anzahl der Fehlerquellen genannt bekommen.

Correct the mistakes
: Die Lernenden erhalten einen fehlerhaften englischen Text. Die Fehlerstellen sind unterstrichen und die Aufgabe ist, die richtigen Formen am Ende aufzuschreiben.

INFOS, TIPPS UND TOOLS VON A–Z
DIKTATE

Box dictation – Dosendiktat

Schneide die Sätze entlang der gestrichelten Linie aus. Lies zuerst Satz Nr. 1, stecke ihn durch den Schlitz deiner Dose und schreibe ihn dann in dein Übungsheft. Verfahre ebenso mit Satz 2, 3 usw. Wenn du alle Sätze geschrieben hast, öffne die Dose und kontrolliere deine Rechtschreibung mithilfe der gedruckten Sätze und berichtige sie. Wenn du dann noch Zeit hast, bearbeite Aufgabe 12.

Read about a pet. What is it?

1. This is a small pet.
2. You can keep it in a flat.
3. It needs a cage.
4. It must have fresh water every day.
5. It must have food three times a week.
6. You must clean its cage
7. and put in fresh sand every week.
8. You can let it fly around your room.
9. But please shut all the windows.
10. Your pet is a very clean animal.
11. Your pet can learn to speak.
12. That was easy, wasn't it? Now over to you! Write about a pet or your favourite animal. But don't say what it is. Can your friend guess it?

Einstellungen zum Englischlernen

Was ist gemeint?
Hierunter verstehen wir die Haltung von Lernenden und/oder ihnen nahe stehenden Personen zur englischen Sprache, zum Englischlernen im Besonderen und zum Fremdsprachenlernen im Allgemeinen und ihre Offenheit gegenüber Fremdem. Lernerfolg oder Lernmisserfolg stehen in engem Zusammenhang mit den Einstellungen von Lernenden.

Eine Meinung zur Diskussion
„Ich kann mich als Nachhilfelehrerin nicht auch noch darum kümmern! Sobald meine Nachhilfeschüler das lernen, was ansteht, gebe ich mich zufrieden."

Kommentar
So leicht wie diese Nachhilfelehrerin sollte man es sich dann doch nicht machen. Gerade bei Nachhilfeschülern und -schülerinnen ist die Einstellung außerordentlich wichtig. So können Misserfolgserwartungen eines Schülers oder einer Schülerin den Lernprozess so blockieren, dass es tatsächlich zu Lernproblemen kommt. Andererseits kann eine positive Sicht des Unterrichtsfaches die Lernenden beflügeln und sie sogar langfristig zu außergewöhnlichen Leistungen veranlassen.

Zehn unterschiedliche Schülermeinungen zum Englischlernen

- „Englisch ist so leicht zu lernen. Das macht richtigen Spaß."
  Freude am Erfolg ist der beste Motor, den man sich vorstellen kann. Eine ähnliche Einschätzung kann jedoch bei einem anderen Schüler auch ganz anders klingen:
- „Ich finde Englisch sehr leicht zu lernen. Da brauche ich mich dann in der Schule oder bei den Hausaufgaben gar nicht besonders anzustrengen."
  Nachlässiges Lernen oder sogar die Ablehnung des Lernens können hier die Folge sein.

INFOS, TIPPS UND TOOLS VON A–Z
EINSTELLUNG

- „Ich lerne gerne Englisch. Ich kann dann hoffentlich bald meine Popsongs besser verstehen."
  Das persönliche Interesse an der Sprache fördert die Lernbereitschaft und den Lernerfolg.
- „Ich finde, Englisch ist eine klangvolle Sprache. Es macht mir Spaß, sie zu sprechen oder anzuhören."
  Eine echte Motivation für die Sache ist bei Nachhilfeschülern und -schülerinnen seltener anzutreffen. Vielleicht brauchen sie aber nur einmal einen entsprechenden Hinweis.
- „Wenn ich Englisch lerne, kann ich mich damit in der ganzen Welt zurechtfinden."
  Der Nützlichkeitswert der Sprache ist für viele Lernenden ein überzeugendes Argument.
- „Wenn ich jetzt gut Englisch lerne, habe ich später keine Schwierigkeiten, eine weitere Fremdsprache zu lernen."
  Hier wird das Englischlernen als Grundlage zum Fremdsprachenlernen verstanden.
- „Meine Eltern sprechen beide kein Englisch und finden auch, dass man das überhaupt nicht braucht."
  Eine positive Einstellung des Elternhauses kann jedoch auch die Lernenden positiv beeinflussen.
- „Mein Englischunterricht ödet mich richtig an!"
  Die Erkundung der Ursachen und ihre Besprechung könnten hier vonnöten sein.
- „Wenn ich Spaß haben will, muss ich unbedingt Englisch können. Das brauche ich für meine Computerspiele und für die Disco."
- „Ich habe Latein als erste Fremdsprache gehabt und fand es furchtbar."

Auch Lernerlebnisse aus anderen, nichtsprachlichen Fächer können Einstellungen von Lernenden negativ – aber auch positiv – prägen.

Alle genannten Schüleräußerungen stehen für unterschiedliche Einstellungen, die natürlich auch gegenteilig formuliert werden können.

> **Praxistipp**
>
> Legen Sie Ihrem Nachhilfeschüler einen Fragebogen (gegenüberliegende Seite) zu seinen Einstellungen vor. Er ist ein guter Einstieg, um mit ihm über das Thema ins Gespräch zu kommen.

English is fun – isn't it?

– Schülerfragebogen zur Bedeutung des Englischlernens –

1. Findest du es gut, Englisch lernen zu müssen?
   [ ] Ja, weil _____
   [ ] Nein, weil _____

2. Erscheint dir persönlich das Englische als eine leicht oder schwer zu lernende Sprache? Begründe deine Meinung.
   _____
   _____

   Hat deine Einschätzung Konsequenzen für dein Lernen?
   [ ] Nein.
   [ ] Ja, nämlich _____

3. Ist es für dich persönlich wichtig, Englisch zu lernen?
   [ ] Ja, weil _____
   [ ] Nein, weil _____

4. Hältst du dich selbst für gut geeignet zum Englischlernen?
   [ ] Ja, weil _____
   [ ] Nein, weil _____

5. Kennst du Strategien, die dir helfen können, deine Einstellungen bezüglich des Englischlernens (noch stärker) zum Positiven zu wenden? Gib Beispiele:
   _____

6. Was halten Menschen aus deiner Umwelt (z. B. Eltern, Geschwister, Freunde) davon, dass du Englisch lernst? Welches sind deren Begründungen?
   _____

7. Gibt es etwas, das dich am Englischunterricht stört? (Mehrfachnennungen sind möglich.) Gib auch Erklärungen zu deinen Antworten.
   _____

8. Glaubst du, dass deine Einstellungen zum Englischen und zum Englischunterricht dein Lernen fördern oder beeinträchtigen können? Erläutere deine Meinung.
   _____

Elektronische Medien

Was ist gemeint?
Unter dem Einsatz elektronischer Medien beim Nachhilfeunterricht verstehen wir die Nutzung des Computers mit seinen diversen Peripherien, wie sie weiter unten aufgeführt werden, für das Englischlernen des Nachhilfeschülers bzw. -schülerin. Zwar liegt der didaktische Ort elektronischer Medien zumeist außerhalb der Nachhilfestunde, jedoch werden sie mit ihr eng verzahnt, indem sie vorbereitend oder nachbereitend eingesetzt werden. Lernende können sie aber auch nur zum Spaß ergänzend hinzuziehen. Beim aktuellen Stand der Technik fördern neue Medien beim Englischlernen vor allem das Leseverstehen und das Schreiben.

Eine Meinung zur Diskussion
„Dieser moderne Schnickschnack ist viel zu aufwändig für den Nachhilfeunterricht. Schließlich haben wir ja das Englischbuch als Medium; das reicht völlig aus!"

Kommentar
Ein Kollege, der diese Meinung vertritt, verbaut sich und den Lernenden Chancen zum effektiveren Lehren bzw. Lernen. Er übersieht nämlich die Fülle von Vorteilen, die der Einsatz neuer Medien auch im Zusammenhang mit der Nachhilfestunde bietet. Einige sollen hier aufgeführt werden:
- Sie lassen zusätzlich zur Nachhilfestunde und zum Englischbuch weiteres Üben und Wiederholen zu und wirken so vertiefend oder auch weiterführend.
- Sie bieten authentische Kommunikationssituationen, in denen die Lernenden ihr Wissen und Können anwenden. Sie gehen daher qualitativ über den schulischen Englischunterricht und den Nachhilfeunterricht hinaus.
- Sie enthalten Chancen zur echten Interaktion mit *native speakers* und verhindern so die Isolation der Lernenden.
- Sie ermöglichen den Zugang zu unterschiedlichen kulturellen Lernkontexten.
- Sie fördern das selbstständige Lernen der Nachhilfeschüler und -schülerinnen.

ELEKTRONISCHE MEDIEN

Besonders geeignet ist der Einsatz neuer Medien bei der Vorbereitung, der Durchführung und der Nachbereitung von Projekten, die auch im Nachhilfeunterricht initiiert werden können.

Wie elektronische Medien einbezogen werden können

1. CD-ROMs
Sie bieten sich ganz besonders zum Recherchieren und Nachschlagen an. So ist z. B. der Duden recht nützlich. Auch Wörterbücher jeglicher Art stehen den Lernenden zur Verfügung. Gleiches gilt für Lexika und Enzyklopädien.

2. CALL
Bei *Computer Assisted Language Learning* (CALL) setzt man Wiederholungs- und Trainingsprogramme ein, die als CD-ROMs zur Verfügung stehen und den Nachhilfeunterricht ergänzen können.

3. Fax
Die Nutzung des Faxgerätes kann für manche SchülerInnen motivierend sein und sie zum weiteren Lernen animieren. Der Vorteil liegt darin, dass sie einen Lernpartner einbeziehen, mit dem sie sich austauschen können. So können sie z. B. einander Rätsel aufgeben oder auch miteinander Fortsetzungsgeschichten entwickeln.

4. E-Mail
Dabei handelt es sich um die elegantere Lösung im Vergleich zum Fax. Eine E-Mail hat die gleichen Vorzüge wie ein Fax und kann – ebenso wie Letzteres – grenzüberschreitend eingesetzt werden und so etwa für Brieffreundschaften genutzt werden.

5. Internet
Es bietet sich an, zu allen möglichen Themen im Internet zu recherchieren, z. B. zu landeskundlichen Themen oder anderen Sachgebieten. Besonders geeignet ist es zur Vorbereitung einer Lerneinheit oder eines Projektes.

6. Chats
Damit ist der Meinungsaustausch von Teilnehmenden einer Chatrunde gemeint. Die Themen können von den Lernenden selbst ausgesucht werden und sich ganz an den persönlichen Interessen orientieren. Der Vorteil für das Lernen liegt darin, dass in echten Gesprächssituationen kommuniziert und dabei die Kommunikationsfähigkeit der Lernenden trainiert wird.

INFOS, TIPPS UND TOOLS VON A–Z
ELEKTRONISCHE MEDIEN

7. Lernstrategien – elektronisch

Manche der Lernstrategien können auch mithilfe des Computers angewandt werden, so z. B. die elektronische Vokabelkartei, in die Lernende neue Vokabeln eintragen, sie zum Lernen und Üben immer wieder umwälzen und schließlich Gelerntes wieder entfernen.

Wissen allgemein:	www.wissen.de
Duden:	www.duden.bifab.de
Encyclopedia Britannica online:	www.eb.com
Encarta-Lexikon:	www.encarta.msn.com
Brockhaus:	www.brockhaus.de
Wörterbuch:	www.bucknell.edu/rbeard/diction.html
	www.dictionary.com
	www.wordexplorations.com
Internet-Wörterbuch:	www.networds.de

Praxistipp

Um den Lernenden die Suche im Netz zu erleichtern, finden Sie im nebenstehenden Kasten eine Auswahl an Internetadressen aus dem Bereich Wissen und Bildung bzw. Englischlernen

Spezielle einschlägige Netzadressen für Lernsoftware/Englisch:

Learnetix:	www.learnetix.de
Cornelsen Verlag:	www.cornelsen.de
Langenscheidt Verlag:	www.langenscheidt.aol.de
Ernst-Klett-Verlag	www.klett.de

Lektüretipp

Der Fremdsprachliche Unterricht Englisch, Heft 49, 1/2001. Themenheft „Lernwelt Klassenzimmer – Neue Medien." Friedrich Verlag.

Erschließen von Sinn und Struktur

Was ist gemeint?
Unter „Erschließen" versteht man ein mentales Verfahren, eine ↑*Lerntechnik*, die dazu beitragen kann, den Sinn oder die Struktur unbekannter Sprachelemente zu verstehen. Der Lernende bildet Hypothesen und versucht durch Analogiebildung eine Einsicht zu erlangen. Das ist für den Bereich des Wortschatzes, der Grammatik und auch des Hörens und Lesens von besonderer Bedeutung.
Im Englischunterricht spricht man von *intelligent guessing*.

Meinung
„Ich halte es für effektiver, meine Schüler und Schülerinnen nicht herumraten zu lassen, sondern gebe ihnen lieber sofort die notwendigen Erklärungen."

Kommentar
Es ist eine alte Weisheit: Was man selbst entdeckt oder erarbeitet hat, gewinnt an Wert. So ist es auch mit selbst entdecktem Wissen über die Fremdsprache. Man versteht und behält besser, wenn man selbst eine Regel oder den Sinn eines Wortes herausgefunden hat.

Als Grundstruktur für Übungen zum Erschließen bietet sich das folgende Schema an:

- Sammeln mehrerer Beispiele
    → Vergleich: Bekanntes – Unbekanntes
        → Ableiten einer „Wenn-dann-Gleichung" (Hypothese)
            → Erproben der Hypothese
                → Formulieren einer Regel
                    → Anwenden des Wissens

INFOS, TIPPS UND TOOLS VON A–Z
ERSCHLIESSEN

So kann man beim Erschließen vorgehen:

Erschließen des Sinns unbekannter englischer Vokabeln	Die Lernenden sammeln Beispiele für bekannte Wortelemente der unbekannten Vokabel. Beispiel: *to underlie under + to lie* *undertake* *understand* Die Lernenden vergleichen die neue Vokabel mit Fremdwörtern oder Wörtern aus anderen Sprachen, hier: das deutsche Wort *unterliegen*.
Erschließen der Aussprache	Die Lernenden suchen bekannte Wörter mit ähnlicher Schreibweise wie die unbekannte Vokabel. Durch die sich ergebende Analogie finden sie die richtige Aussprache. *Beispiel: beak – teak, leak, heap, ...*
Erschließen der Orthographie	Ähnlich wie bei der Aussprache gehen die Lernenden auch beim Erschließen der Rechtschreibung vor.
Erschließen einer englischen Grammatikstruktur	Die Lernenden sammeln mehrere Sätze, die gleich gebaut werden. Sie vergleichen die Ähnlichkeiten und leiten daraus eine Regel ab.
Erschließen des Sinnes eines Textes beim Hören oder Lesen	Die Lernenden suchen im gesamten Text nach Hinweisen, die sie zu einem gleichen Gedanken führen. Daraus leiten sie den Sinn ab. Solche Hinweise können sich aus der grafischen Gestaltung eines Lesetextes ergeben, aus den beigefügten Abbildungen bzw. aus Hintergrundgeräuschen bei Hörtexten, aus der Überschrift, aus Schlüsselwörtern usw.

Problem

Das Erschließen ist nicht zwingend jedermanns Sache. Beliebt ist es bei analytisch orientierten ↑*Lernertypen*. Andere lehnen dieses Vorgehen eher ab. Es ist daher zu empfehlen, die Reaktionen des Nachhilfeschülers bzw. der -schülerin zu beobachten und eventuell alternative ↑*Lerntechniken* zu vermitteln.

INFOS, TIPPS UND TOOLS VON A–Z
ERSCHLIESSEN

Beispiel:

Rampillon, Ute (1985): *Englisch lernen, Mit Tips und Tricks zu besseren Noten. Schülerarbeitsbuch.* Ismaning: Max Hueber Verlag, S. 103.

Praxistipp

Um den Sinn eines Textes zu erschließen, ist es nicht immer notwendig, jedes einzelne Wort zu verstehen. Man kann stattdessen den Gesamtzusammenhang, den Kontext, nutzen. Dieses sollte den Lernenden zur Verdeutlichung auch einmal sichtbar gemacht werden. Dazu kann man einen unbekannten Text nehmen, in dem man eine Menge von Wörtern mit Tipp-Ex entfernt und die Lernenden bittet, dennoch herauszufinden, worum es geht.

Fehler

Was ist gemeint?
Unter Fehlern verstehen wir unkorrekte Sprachleistungen, die als Indikator für Unsicherheit bzw. fehlendes Wissen oder Können angesehen werden können. Sie zeigen einerseits Leistungsprobleme an, sind andererseits jedoch positiv als Hinweise auf Lernanlässe zu verstehen. Im Englischunterricht sprechen wir von *mistakes*.

Eine Meinung zur Diskussion
„Unter gutem Nachhilfeunterricht verstehe ich, dass alle Schülerfehler ausnahmslos besprochen werden."

Kommentar
Es ist sinnvoll, hier weniger gründlich vorzugehen. Nicht immer sind Fehler Ausdruck von Nichtwissen oder von Nichtkönnen. Fehler entstehen auch aus Nervosität und mangelnder Konzentrationsfähigkeit, aus körperlicher oder geistiger Überforderung oder aus Nachlässigkeit und Flüchtigkeit. Auch die mangelnde Bereitschaft oder das Unvermögen, etwas nachzuschlagen, können eine Ursache sein. In allen diesen Fällen ist es sinnvoller, eher das Grundübel zu bearbeiten als den Fehler selbst.

Von allen Schülerfehlern sollten vor allen Dingen diejenigen in der Nachhilfestunde aufgegriffen und besprochen werden, die einer Erklärung bedürfen. Die Einsicht und das Verständnis der Lernenden ist eine der wichtigen Grundlagen zur Fehlervermeidung. Fehler, die durch konsequentes Üben ausgemerzt werden sollen, können bei Zeitmangel im Nachhilfeunterricht auch durch die Lernenden mithilfe von Selbstlernmaterialien bearbeitet werden.

Fehler und Unsicherheiten gibt es auf allen Ebenen: beim sprachlichen Wissen (Grammatik, Wortschatz, Aussprache, Rechtschreibung), beim sprachlichen Können (Hören, Sprechen, Lesen, Schreiben), bei den integrierten Fertigkeiten (z. B. *conversing* oder *corresponding*) oder auch beim Einsatz von Lernstrategien.

> **Praxistipp**
> Stellen Sie Ihren NachhilfeschülerInnen unterschiedlichste ↑*Checklisten* vor und erklären Sie, wie sie als Lernstrategie eingesetzt werden können. Geben Sie außerdem Tipps, was man beim Auftreten von Lernproblemen tun kann.

FEHLER

Aus Untersuchungen wissen wir, wo die meisten Schülerfehler und damit Ansatzpunkte für Nachhilfeunterricht liegen. Für eine 7. Klasse ergibt sich das folgende Bild:

falsche Verbformen	20 %
fehlende Wörter	32 %
Artikel	9 %
Präpositionen	9 %
Wortstellung	9 %
Pluralfehler	9 %

Auch für den Nachhilfeunterricht sollte die anzustrebende Norm nicht die absolute Fehlerfreiheit sein. Dieses Ziel wäre viel zu hoch gesteckt und würde den Lernenden Maßstäbe aufzwingen, die auch von Muttersprachlern selbst kaum gewährleistet werden können. Vielmehr ist Fehlertoleranz angesagt, um die Nachhilfeschülerin bzw. den -schüler zu ermuntern, die vielleicht aufkommende Resignation zu verhindern und ein positives Selbstverständnis aufzubauen.

In diesem Zusammenhang ist die Fähigkeit der Lernenden zur Selbstkontrolle anzusprechen. Sie stellt eine wesentliche Voraussetzung zum erfolgreichen selbstständigen Lernen dar und befähigt die Lernenden außerdem, ihr bereits erworbenes Wissen und Können sowie das Gewicht eines Fehlers selbst einschätzen zu können.

FEHLER

Tipps zum Abbau von Lernproblemen

- Sammle Eselsbrücken und Merksätze zu den sprachlichen Themen, die du nicht gut behalten kannst. (Vergleiche den Lektüretipp!)
- Wende die Strategie des lauten Denkens an, wenn du vor schwierigen sprachlichen Problemen stehst.
- Knüpfe an dein Vorwissen an und errate die richtige Form oder die korrekte Anwendung.
- Benutze Vermeidungsstrategien (wenn möglich) und formuliere deinen Satz anders.
- Stelle beim Lernen den Zusammenhang zu einem Bezugssystem her, zu dem der Lerngegenstand passt, also z. B. eine alphabetische Folge, eine inhaltliche Gruppierung, eine Steigerung usw.
- Schaffe innere Bilder von dem, was du dir merken willst.
- Verpacke den Lerngegenstand in eine ansprechende Form, z. B. in ein Lernmobile.
- Vermeide, Ähnliches hintereinander zu lernen, sondern achte auf Abwechslung.
- Sorge für systematisches Wiederholen, jedoch nicht als „Lesewiederholung", sondern als „Gedächtniswiederholung".

Lektüretipp

Bosewitz, Rene/Kleinschroth, Robert (1989): *Joke Your Way Through English Grammar*. Reinbek bei Hamburg: Rowohlt Taschenbuch Verlag.

Ganzheitliches Englischlernen

Was ist gemeint?
Nach ganzheitlichem Verständnis der Lern-/Lehrprozesse gehen wir davon aus, dass die Lernenden eine Einheit darstellen von Körper(-erfahrungen), Geist, Sinneswahrnehmungen, Gefühlen, Träumen und Hoffnungen, Denken und Tun.
Die Aufgabenstellungen und Methoden des Nachhilfeunterrichts orientieren sich an diesem Prinzip.

Eine Meinung zur Diskussion
„Wenn der reguläre Englischunterricht meines Nachhilfeschülers aber sehr einseitig ist, schaffe ich mit ganzheitlichem Nachhilfeunterricht vielleicht eher Lernprobleme als dass ich ihn unterstütze."

Kommentar
Wenn tatsächlich ein solcher Gegensatz entsteht, ist es notwendig, mit dem Nachhilfeschüler bzw. der -schülerin darüber zu sprechen, warum hier anders gelernt wird und wozu es dient. Dabei ist zu beachten, dass ein Unterricht, der zeitweise formal und rational durchgeführt wird, nicht schlecht sein muss, sofern er bei anderen Gelegenheiten auch Abwechslung einbringt und sich stärker am Individuum des Lernenden orientiert.
Steht einmal der Lernende im Mittelpunkt, wird sich der Lehrer bewusst machen, dass es verschiedene Lernertypen gibt, die unterschiedlich angesprochen werden müssen. Anschaulichkeit, musische Elemente oder die Berücksichtigung motorischer Bedürfnisse werden dann nicht mehr zu kurz kommen. Mehrkanaligkeit bei der Darbietung neuen Wissens, d. h. die Nutzung der verschiedenen Sinne, wird ein wichtiger Grundsatz, um einseitig kopflastiges Lernen abzubauen. Der Nachhilfeunterricht ist dann nicht mehr nur logisch-rational, sondern wird zunehmend intuitiv-kreativ. Humor, Spiele (↑*Bewegung* und Rhythmik), Reime, Lieder sowie Kreativität, z. B. durch Märchen, *open-ended stories* und Fantasiereisen finden ihren Platz im Lernprozess.

> **Praxistipp**
>
> Die Ermittlung des ↑*Lernertyps* des Nachhilfeschülers bzw. der Schülerin und seine/ihre strategischen Vorlieben beim Lernen geben Hinweise darauf, welche Eingangskanäle besonders wichtig für ihn/sie sind und stellen eine Orientierung für die Auswahl geeigneter Aufgaben dar.

GANZHEITLICHKEIT

Daneben stehen auch Aufgaben, die besonders für Nachhilfeschüler und -schülerinnen von Bedeutung sind, nämlich jene, in denen es nach humanistischen Vorstellungen darum geht, dass die Lernenden ihre eigenen, individuellen Stärken erkennen und artikulieren, dass sie persönliche Gefühle und Meinungen ausdrücken, dass sie sich anderen mitteilen. Ganz besonders wichtig ist die Schaffung eines angstfreien Lernraumes, in dem sie ohne Druck lernen, nicht bedrängt werden und sich darin üben, eigene Leistungen wahrzunehmen und einzuschätzen und mit ↑*Fehlern* und Misserfolgen positiv umzugehen.

Auch von der fachlich-inhaltlichen Seite des Unterrichts können veränderte Schwerpunktsetzungen hilfreich sein. Zwei Beispiele:

Beim Lesen englischer Texte sollen die Lernenden Leseerlebnisse sammeln können, indem sie nicht dazu gedrängt werden, den Text analytisch und detailliert zu untersuchen und sich auf das Verstehen einzelner Vokabeln zu konzentrieren, sondern indem sie ihn eher kursorisch und extensiv lesen.

Beim Sprechen sollten sie die Chance haben, sich in einem Schonraum äußern zu können, in dem „Richtig" und „Falsch" weniger wichtig sind und in dem es um Aussagen geht, die individuelle Sichtweisen, Fantasien, Träume und ähnliche Inhalte wiedergeben, die objektiv nicht greifbar sind.

Beispiele für konkrete Aufgabenstellungen

Klecksmännchen/*Ink Blots*	Die Lernenden erhalten auf einem Arbeitsblatt ein „Klecksmännchen" (oder stellen es erst selbst her) und beschreiben, was sie darin sehen.
Mein persönliches Wappen	Die Lernenden erhalten als Vorlage ein leeres Wappen mit dazugehörigen Arbeitsanweisungen zum Ausfüllen der verschiedenen Wappenfelder:

INFOS, TIPPS UND TOOLS VON A–Z
GANZHEITLICHKEIT

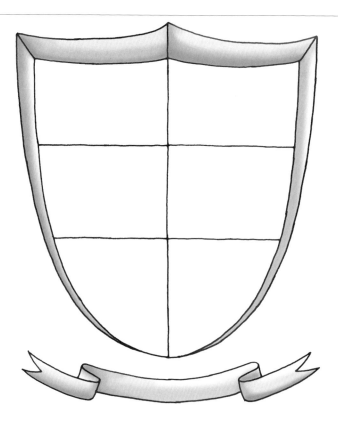

Task:
1. Draw symbols in the fields 1 to 6 that represent your answers to the following questions.
   1. What has been the most important event in your life from birth to now?
   2. Draw a picture of something you would like to become better at.
   3. What has been your greatest success in this school?
   4. What was your happiest moment in the past year?
   5. If you were guaranteed success in whatever you did, what would you do?
   6. Draw something you are good at.
   7. Which three words should come to people's minds when they think of you? Write down the words. (No drawings here!)
2. Take your personal coat of arms, choose a partner and tell him/her all about it. Explain the symbols, give descriptions.

Rampillon, Ute (1990): English Beyond the classroom. Bochum: Kamp Verlag, S. 26 A.

INFOS, TIPPS UND TOOLS VON A–Z
GANZHEITLICHKEIT

What I was good at	Die Lernenden beschreiben ihre Erfolge, die sie im letzten Monat/Jahr hatten; sie geben dazu Begründungen und Erklärungen
How I feel right now	Die Lernenden erhalten auf einem Arbeitsblatt einen leeren Kreis, der in vier Viertel eingeteilt ist. In jedes Viertel tragen sie ein englisches Stichwort ein, das ihre aktuelle Befindlichkeit ausdrückt. Danach erklären und begründen sie diese.
The day after leaving school	Die Lernenden machen Notizen darüber, wie sie sich am Tag nach der Schulentlassung fühlen werden, was sie denken, hoffen oder beobachten werden usw. Danach berichten sie über diesen Tag und geben Erklärungen und Begründungen ab.
The best product: Me!	Die Lernenden stellen eine Kollage als Werbeposter über ihre eigene Person her. Danach präsentieren, kommentieren und erklären sie ihr Werk.

Lektüretipp

Timm, Johannes-Peter (Hg.): (1995): *Ganzheitlicher Fremdsprachenunterricht.* Weinheim: Deutscher Studien Verlag.

Gedächtnis

Was ist gemeint?
Im weiten Sinne unterstützt das Gedächtnis die Fähigkeit, Informationen wahrzunehmen, zu erkennen, zu verstehen und zu behalten (Rohrer 1987: 8). Die Informationen sind dabei externer Art und werden von außen an die Lernenden herangetragen oder sie sind interner Art, d. h. sie sind mentalen Ursprungs. Beide Arten werden überwiegend außersprachlich transportiert. Ihre fremdsprachliche Realisierung stellt somit eine weitere Schwierigkeit für die Lernenden dar.

Eine Meinung zur Diskussion
„Wer kein gutes Gedächtnis hat, ist zum Fremdsprachenlernen ungeeignet!"

Kommentar
Es gibt auch für Nachhilfeschüler und -schülerinnen eine Fülle von Möglichkeiten, das Gedächtnis zu trainieren und durch geeignete Strategien zu unterstützen. Dabei geht es immer darum, den zu lernenden Stoff ins Langzeitgedächtnis zu befördern, damit er von dort stets abrufbar ist. Dies ist in der Regel jedoch erst dann der Fall, wenn eine einmal aufgenommene und verstandene Information zu einem späteren Zeitpunkt reaktiviert und sprachlich formuliert werden kann (nicht unmittelbar nach der Informationsaufnahme). Daher ist es notwendig, dass der Lernstoff immer wieder geübt und wiederholt wird und die Lernenden es nicht beim einmaligen Zur-Kenntnis-Nehmen belassen. In der fremdsprachlichen Forschung wird ein ganz bestimmter Rhythmus hierfür vorgeschlagen. Beispiel:
1. Wiederholung am Tag 2
2. Wiederholung am Tag 4
3. Wiederholung am Tag 16
4. Wiederholung am Tag 32 usw.

Inwieweit dieser Rhythmus realisierbar ist, muss durch den Lernenden von Fall zu Fall geprüft werden. Lernkarteien können hierbei eine gute Unterstützung sein.
Nicht nur die Häufigkeit, sondern auch die Art des Übens und Wiederholens sind ausschlaggebend für den Behaltenserfolg. So ist ein rein schema-

INFOS, TIPPS UND TOOLS VON A–Z
GEDÄCHTNIS

tisches Einprägen nicht sehr sinnvoll, denn wir wissen, dass das Einordnen in größere Sinnzusammenhänge erst dann möglich ist, wenn wir dem Lernstoff einen Sinn entnehmen können. Wir versuchen *cluster* zu bilden, in denen wir das neu Hinzugelernte verankern können.

Darüber hinaus ist es wichtig, dass der Lernstoff subjektiv bedeutsam ist. Erst an das, was ich verstanden habe, was ich in das Netz meines Vorwissens einbringe, kann ich mich auch wieder erinnern.

Das Gedächtnis erbringt größere Behaltensleistungen, wenn beide Gehirnhälften beim Lernen einbezogen werden und sich gegenseitig unterstützen. Die Lernenden sollten daher bei all ihren Lernanstrengungen nicht nur rein sprachlich, sondern auch sensorisch (visuell, auditiv, taktil, olfaktorisch) vorgehen, die Sprache nicht nur analytisch durchschauen, sondern auch nichtlogisch und fantasievoll lernen, sollten nicht nur rational den Lerngegenstand betrachten, sondern auch Emotionen einbeziehen usw.

Vor diesem Hintergrund ist ↑*ganzheitliches Lernen* von besonderer Bedeutung, bei dem die Lernenden unterschiedliche Eingangskanäle nutzen, wenn sie sich etwas einprägen oder indem sie die Begleitumstände speichern, die sie beim Lernen registrieren, z. B. den Duft von Kaffee. Schließlich ist das Herstellen innerer Bilder eine Strategie, die visuell, aber auch akustisch eingesetzt werden kann und die das Behalten auch langfristig fördert.

> **Praxistipp**
>
> Gerade bei NachhilfeschülerInnen sind psychische Belastungen hinderlich für erfolgreiches Lernen. Dazu zählen: Misserfolgserwartungen, falsche Selbsteinschätzungen, nervliche Anforderungen, Einstellungen zum Fach usw. Neben der sprachlichen Arbeit ist es oft ratsam, zunächst diese Erscheinungen zu bearbeiten.

> **Lektüretipp**
>
> Rohrer, Josef ([2]1984): *Zur Rolle des Gedächtnisses beim Fremdsprachenlernen*. Bochum: Kamp.

GEDÄCHTNIS

Wie sich Lernende etwas einprägen können

Verstehen	▪ Bedeutungserschließung mithilfe der Muttersprache, anderer Fremdsprachen, Internationalismen, Fremdwörtern usw. ▪ Verständnisbildung durch Vergleich akustischer, struktureller, orthographischer Elemente
Memorieren	▪ Imitation eines Sprachmodells auf Kassette o. Ä.; Nachsprechen, Vorsprechen, Mitsprechen ▪ Mündliches und/oder schriftliches Wiederholen mittels einer Lernkartei ▪ Verfassen eigener Übungen ▪ sich selbst abfragen (lassen)
Organisieren	▪ Visualisieren und Strukturieren durch (farbiges) Hervorheben von Textstellen oder sprachlichen Erscheinungsformen ▪ Zusammenstellung von Wortschatz-*clusters*, z. B. nach Wortfamilien, nach Wortfeldern, nach Hierarchien, nach Abläufen
Informationen reduzieren	▪ eigene Regeln zur Grammatik, zur Rechtschreibung, zur Aussprache formulieren ▪ Notizen anfertigen ▪ Zusammenfassungen machen
Elaborieren	▪ Assoziieren z. B. durch *mind-maps* oder Wortigel ▪ bildhafte, akustische, kinästhetische Vorstellungen hervorbringen ▪ lautes Sprechen bzw. Lesen ▪ Wiedergabe von Lernstoff in eigenen Worten ▪ Verbinden neuer Informationen mit persönlichen Erfahrungen, mit dem eigenen Vorwissen

INFOS, TIPPS UND TOOLS VON A–Z
GRAMMATIK

Grammatik lernen

Was ist gemeint?
Mit dem Lernen von Grammatik ist das Erkennen, Verstehen, Erproben und kommunikative Anwenden englischsprachiger Strukturen gemeint. Das grammatische Wissen der Lernenden dient insbesondere der mündlichen und schriftlichen Ausdrucksfähigkeit.
Im Englischen wird der Begriff *grammar* benutzt.

Eine Meinung zur Diskussion
„Wenn ich dafür sorge, dass meine Nachhilfeschüler möglichst viel von der englischen Grammatik mitbekommen, dann habe ich mein Ziel erreicht."

Kommentar
Diese Zielsetzung würde leider zu kurz greifen, denn es kann nicht darum gehen, möglichst viel grammatisches Wissen in unsere Nachhilfeschüler und -schülerinnen „hineinzupumpen", sondern eher sie zu befähigen, grammatische Strukturen zu begreifen und zu verwenden.
Viele Lernende – und auch manche Lehrerkräfte – sind jedoch der Meinung, dass die Sprachkompetenz durch die Zahl der ↑*Fehler* ausgedrückt wird. Nicht selten sind Fehler im Bereich von Grammatik und Wortschatz die Hauptkriterien bei der Leistungsfeststellung und Notengebung im schulischen Unterricht. Der Grammatik wird damit leicht ein zu hoher Stellenwert zugesprochen und Nachhilfeschüler und -schülerinnen werden nicht gerade zum Englischlernen motiviert.

Textverständlichkeit
Hinzu kommt, dass Lernende Grammatik zumeist als langweilig, trocken und schwer verständlich ansehen. Das hat viel mit der Verständlichkeit von grammatischen Texten zu tun. Als Maßstab für gute Grammatikregeln, Arbeitsanweisungen und Grammatikübungen sollten daher folgende Kriterien angelegt werden:
- Die Grammatik sollte anschaulich erklärt sein.
- Sie sollte übersichtlich und gut aufgebaut sein.

- Die Grammatikregel sollte gut zu lernen und zu behalten sein.
- Sie sollte nicht zu lang, aber dennoch ausführlich sein.
- Sie sollte ansprechend, lustig oder motivierend sein.

Texte, die trocken, unpersönlich, langweilig oder kompliziert sind, behindern eher den Lernprozess als dass sie ihn fördern.

Grammatische Terminologie

Die grammatischen Begriffe zu verstehen und benutzen zu können, ist für viele Lernende bereits in der Muttersprache nicht einfach. Die Beherrschung der englischen Fachtermini muss wohl bei den meisten Nachhilfeschülern und -schülerinnen angebahnt werden. Aber es sind nicht nur die Termini selber, sondern auch ihre jeweiligen Funktionen in der Sprache, die verstanden werden müssen. Um ein schematisches Pauken zu vermeiden, ist es weniger empfehlenswert, ihnen eine vorfabrizierte Liste zu präsentieren, sondern eher, diese gemeinsam mit den Lernenden zu entwickeln. Diese Übersicht enthält in einer Rubrik die englischen Begriffe, daneben stehend die deutschen bzw. lateinischen Ausdrücke und in einer dritten Rubrik ein englisches Beispiel. Sie kann als Lernposter oder Merkzettel gestaltet sein, kann aber auch Bestandteil des Grammatikheftes sein, das die Lernenden führen.

Das Grammatikheft

Diejenigen Lernenden, die ein Grammatikheft führen, haben die Chance, „ihre" persönliche Grammatik zu schreiben, in der sie sich auskennen, die sie verstanden haben und in der sie immer wieder einmal nachschlagen können. Ein solches Grammatikheft sollte in seiner Gestaltung (Inhaltsverzeichnis, Überschriften, Nutzung von farbiger Schrift usw.) mit den Nachhilfeschülern und -schülerinnen besprochen und auch gemeinsam begonnen werden. Ab und zu sollte es dann auch in die Nachhilfestunde einbezogen werden.

Die Grammatikkartei

Eine andere Form, Grammatikregeln, ihre Ausnahmen und passende Beispiele zu speichern, ist eine Grammatikkartei. Hier werden auf jeder Karteikarte Grammatikregeln zu je einem Gebiet ausgewählt. Zusammengehörige, benachbarte Themen werden einander zugeordnet.
Die einzelne Karteikarte enthält eine Überschrift in englischer oder in deutscher Sprache, Beispielsätze zu dem jeweiligen grammatischen Phänomen, in hervorgehobener Schrift die Grammatikregel und ggf. die Ausnahmen. Auch ein Hinweis auf die Seite(n) im Englischbuch und/oder im Workbook sind besonders für das Wiederholen und Üben nützlich.

GRAMMATIK

Ein Vorteil der Grammatikkartei gegenüber dem Grammatikheft liegt in ihrer Offenheit: Karteikarten können immer leicht ergänzt werden. Darüber hinaus kann die Kartei nicht nur als Sammlung und als externer Speicher grammatischen Wissens, sondern auch als Lernkartei benutzt werden, indem nach einem rollenden System die Karten, die man nicht beherrscht, wiederholt werden und die übrigen im Aufbewahrungsteil aufgehoben werden.

Grammatik nachschlagen

Das Nachschlagen und Wiederholen von Grammatikregeln kann also mithilfe von Grammatikheft oder Grammatikkartei vollzogen werden. Die Nachhilfeschüler und -schülerinnen sollten aber auch befähigt werden, im grammatischen Anhang des Schulbuches, im dazu gehörigen grammatischen Beiheft, im Wörterbuch und/oder in einer schulbuchunabhängigen Grammatik nachzuschlagen. Die Strategien des Nachschlagens setzen einiges Grundwissen voraus, z. B. das Beherrschen des Alphabets, das Verständnis der Zeichen und Symbole in Grammatiken, das Verständnis von grammatikalischen Abkürzungen usw. Dies alles muss schrittweise behandelt werden.

Grammatikregeln entdecken

Neben dem Nachschlagen besteht für die Lernenden natürlich auch die Möglichkeit, Grammatikregeln selbstständig zu entdecken. Dies ist der ideale Weg, um sie dann auch zu verstehen und zu behalten. Dazu sollte ihnen bewusst gemacht werden, wie sie dabei vorgehen können:

- Vergleich verschiedener Beispielsätze zu einer bestimmten Struktur
- Herausfiltern von Ähnlichem oder Gleichem
- Beschreibung dieser Regelmäßigkeit, evtl. in Form einer Regel
- Feststellen der Ausnahmen zur Regel
- Notieren der Regel
- Anwenden der Regel an Beispielen

Grammatikregeln formulieren

Die Formulierung von Grammatikregeln spielt besonders bei Nachhilfeschülern und -schülerinnen für den Lernerfolg eine große Rolle. Für sie ist oftmals eine unvollständige und möglicherweise fachlich nicht 100%ig richtige Regel wirksamer als ihr Gegenteil. Langatmige, terminologisch überfrachtete und umständliche Regeln – mögen sie wissenschaftlich gesehen auch noch so korrekt sein – behindern eher das Verstehen. Der beste Weg ist es, die Lernenden schrittweise anzuleiten, die Grammatikregeln

selbstständig zu formulieren. Das werden sie nicht von heute auf morgen leisten können, aber sobald sie merken, dass die selbst gemachte Regel auch diejenige ist, die man am besten behält, werden sie auch selbst den Wunsch haben, die für sie günstigste Form zu finden.
Folgende Schritte können die Fertigkeit zum selbstständigen Formulieren einer Grammatikregel fördern:
- Vergleich verschiedener Grammatikregeln zum gleichen Phänomen und Auswahl der individuell geeigneten; Begründung für die Entscheidung
- Vorgabe einer unvollständigen Grammatikregel; Ergänzung durch den Nachhilfeschüler bzw. die -schülerin
- Ausdruck einer Grammatikregel als Formel, z. B. : *Verb + -ed = past tense*
- Ausdruck einer Grammatikregel als Zeichnung oder Skizze
- Ausdruck einer Grammatikregel in einem Beispielsatz, evtl. mit Signalwort
- Ausdruck einer Grammatikregel als Merkvers oder als Eselsbrücke

Diese verschiedenen Formen von Grammatikregeln machen gewiss mehr Spaß beim Lernen. Sie nehmen den Nachhilfeschülern und -schülerinnen evtl. auch die Angst vor der Grammatik. Die Lernenden können sich mit selbst gemachten Grammatikregeln besser identifizieren und sie sich somit auch besser einprägen.

Üben und Wiederholen

Weitaus wichtiger als die Grammatikregeln sind das ↑*Üben* und Wiederholen der Grammatik, bei dem die Lernenden mit ihrem Wissen experimentieren und die Grammatik probeweise benutzen. Dabei ist es wichtig, dass sie sich bewusst sind, dass sich dabei auch Fehler einstellen können und sie sich darüber klar werden müssen, ob ihre Art des Übens und Wiederholens für sie die richtige ist.

Unter der Vielzahl der Übungen, die das Englischbuch und das dazu gehörige Workbook normalerweise anbieten, kann man solche finden, die das Ziel haben, die Geläufigkeit bei der Anwendung einer Struktur zu trainieren. Andere Übungen setzen sich das Ziel, die Lernenden zu veranlassen, eine bestimmte Struktur möglichst selbstständig übend zu benutzen. Wieder andere zielen auf die kommunikative Verwendung einer Struktur in (beinahe) echten Gesprächssituationen ab und gehen dann von der Übung zur pragmatischen Anwendung über. Alle Übungsarten sollten in der Nachhilfestunde gleichermaßen zum Zuge kommen.

> **Praxistipp**
>
> Verhindern Sie schematisches „Pauken" und fördern Sie einsichtiges Lernen. Daher Vorsicht mit vorgefertigten schematischen Tabellen und Übersichten!

INFOS, TIPPS UND TOOLS VON A–Z
GRAMMATIK

Arbeitsanweisungen

Sollte sich die Notwendigkeit ergeben, weitere Übungen selbst zu entwickeln, sollten Sie als Nachhilfelehrer/-in besonders darauf achten, dass die Arbeitsanweisungen und Aufgabenstellungen eindeutig und verständlich sind, denn oftmals müssen schwächere Schüler schon an dieser Stelle einer Übung kapitulieren. Günstig ist es auch, wenn eine Zielangabe für die Übung gegeben wird sowie ein Hinweis auf mögliche Lernprobleme. Die Angabe der voraussichtlichen Zeitdauer zur Bearbeitung der Übung nimmt schließlich unnötigen Druck von den Lernenden.

> **Lektüretipp**
>
> Eine Sammlung von Eselsbrücken findet man in: Rampillon, Ute (1985): *Englisch lernen. Mit Tips und Tricks zu besseren Noten.* Ismaning: Max Hueber Verlag, S. 47 f.

Handelnd lernen

Was ist gemeint?
Ausgehend von einem ganzheitlichen Verständnis des Lernens, in dem Sinneswahrnehmungen, Körpererfahrungen, Gefühle, Denken und Handeln zusammenwirken, verstehen wir unter handelndem Lernen ein *learning by doing*. Das Lernen vollzieht sich nicht mehr nur durch den Intellekt, sondern auch durch praktisches Tun; Körperlichkeit und Emotionalität spielen dabei auch eine große Rolle. Die Lernenden handeln dabei fremdsprachlich oder auch außersprachlich, indem sie z. B. etwas imitieren, etwas darstellen, etwas gestalten, etwas sortieren oder ein Problem lösen.

Eine Meinung zur Diskussion
„Ich halte das für Hokuspokus. Im Nachhilfeunterricht ist dafür kein Platz. Die Schülerinnen und Schüler sollen ihre Schulbuchlektionen beherrschen. Mehr erwarte ich gar nicht."

Kommentar
Gerade für Nachhilfeschülerinnen und -schüler muss es darum gehen, Vertrauen in die fremde Sprache aufzubauen, um sich mit ihr identifizieren zu können und sie auch innerlich anzunehmen. Das Lernen über den Kopf allein ist dafür zu wenig. Desgleichen benötigen gerade diese Lernenden Gelegenheiten, sich auch beim Lernen zu entspannen, um überhaupt die Motivation zum Lernen zu erhalten bzw. diese erst aufzubauen. Die Verbindung der beiden Welten, nämlich „Schule" und „Leben", ist in diesem Zusammenhang besonders wichtig, damit sie sehen, dass ihr Lernen auch einen Bezug zu ihrem Leben hat. Erst so werden sie von sich aus die Bereitschaft aufbringen, sich in den Lernprozess einzubringen. Sie werden verstehen, dass ihre sprachlichen Handlungen wichtig sind, da sie etwas mit ihnen bewirken können, denn sie erfahren sie in authentischen Situationen. Handelndes Lernen bedeutet mehr als das Lernen von Grammatik oder Vokabeln, es bedeutet, dass die Lernenden bei einer gegebenen Aufgabe ein sachliches Ziel haben, das ihnen wichtig ist und das sie anstreben. Nicht das sprachliche Ziel steht also im Vordergrund, sondern ebenso das inhaltlich-thematische. Lernformen, in denen die Schüler und Schülerin-

INFOS, TIPPS UND TOOLS VON A–Z
HANDELND LERNEN

nen etwas herstellen oder etwas entwickeln, sind daher besonders geeignet. Handelndes Lernen ist darüber hinaus auch deshalb von Bedeutung, weil wir unterschiedliche Lernertypen unter unseren Nachhilfeschülern und -schülerinnen finden. Gewiss gibt es die kognitiv und intellektuell Ausgerichteten; was machen wir aber mit denjenigen, die sich bewegen oder etwas tun müssen, um sich beim Denken (und Lernen) zu konzentrieren? Sie benötigen Aufgaben, die ihrem Lernstil entsprechen, und das sind solche, die sie zu Handlungen veranlassen.

> **Praxistipp**
>
> Viele Lernspiele können auch von den Lernenden selbst hergestellt werden. Darüber hinaus lassen sich oft deutsche Spiele durch leichtes Umfunktionieren als Vorlage nehmen.

Vorschläge für Aufgabenstellungen zum handelnden Lernen

1. Imitieren	Spielen von Dialogtexten	Die Lernenden übernehmen vorgegebene Rollentexte z. B. aus Lektionen und spielen sie gemäß Schulbuchvorlage in der Klasse vor (*read and look up*). Der Einsatz einer Videokamera kann motivierend wirken, da das Produkt zum Schluss anderen Lernenden oder den Eltern vorgestellt werden kann. Es ist auch denkbar, dass die Lernenden den Dialogtext zunächst selbstständig entwickeln. Vorlage kann eine Lektüre, eine Kurzgeschichte, ein Gedicht, ein Witz usw. sein.
2. Darstellen	Pantomime	Diese Aufgaben sind für die/den Darstellende/n selbst außersprachlich. Sie stellen eine bekannte Figur, eine typische Handlung oder Verhaltensweise, spezifische Gefühle usw. dar. Die Zuschauer haben die Aufgabe, das Dargestellte zu erraten, es zu benennen, zu beschreiben usw.
	Standbilder	Kleine Gruppen von Lernenden (ca. 2–5 Personen) lassen Handlungen, Gefühle oder Situationen zu Standbildern gefrieren, indem sie sie als Statue zum Ausdruck bringen. Die Übrigen erraten, worum es sich handelt.

INFOS, TIPPS UND TOOLS VON A–Z
HANDELND LERNEN

	Puppenspiele	Die Lernenden entwerfen eine Handlung für verschiedene Rollen, gestalten sie sprachlich und spielen sie vor.
	Action Songs	Die Lernenden singen Lieder oder sprechen z. B. zu einem Rap-Rhythmus und bewegen sich dabei. Entweder tanzen sie oder sie machen – je nach Lied – sich immer wiederholende Bewegungen, etwa in die Hände klatschen, mit den Fingern schnipsen usw. Besonders gut geeignet dafür sind „Jazz Chants", Sprechgesänge zu unterschiedlichsten Alltagssituationen. (vgl. das nebenstehenden Beispiel)

Where does John live? He lives near the bank.
Where does he work? He works at the bank.
When does he work? He works all day and he works all night,
At the bank, at the bank, at the great big bank.

	Rollenspiele	Die Lernenden übernehmen vorgegebene Rollen, die sie sprachlich selbstständig ausgestalten und zusammen mit anderen darstellen. Für derartige Aufgaben erhalten sie Rollenkarten zur Wahl, die sie sprachlich selbst gestalten müssen. Außerdem bekommen sie eine Situationsbeschreibung sowie eine Zielangabe für das Rollengespräch.
	Simulationen	Hier übernehmen die Lernenden Rollen zu komplexen gesellschaftlichen Fragestellungen, in denen sie Positionen vertreten, argumentieren, diskutieren, hinterfragen usw. Themenbeispiele: „Einrichtung eines Naturschutzgeländes in einer Stadt", „Bau einer Autobahn in Stadtnähe", „Gründung eines Jugendzentrums in einer Gemeinde" o. Ä. Für die inhaltliche und sprachliche Ausgestaltung der Rolle erhalten die Lernenden nur sehr knappe Hinweise und füllen sie nach eigenem Ermessen.
3. Gestalten	Basteln	Die Lernenden stellen Gegenstände aus Papier und anderen Materialien her, die in engem Zusammenhang mit dem Englischunterricht und dem jeweiligen Lernstoff stehen. Dieser Bezug kann thematisch-inhaltlich sein (z. B. eine Weihnachtsbastelei), er kann aber auch mit dem Lernen des Lernens zu tun haben (z. B. ein Lernmobile basteln).

INFOS, TIPPS UND TOOLS VON A–Z
HANDELND LERNEN

	Kollagen herstellen	Die Lernenden erarbeiten ein Klebebild, in dem sie eine Meinung, Gefühle, Situationen usw. zum Ausdruck bringen. Nach der Präsentation der Kollage beginnt der Gedankenaustausch über das Gemeinte.
	Lernposter gestalten	Die Lernenden erarbeiten ein Lernposter, in dem z. B. eine Grammatikregel, eine Übersicht über landeskundliche Inhalte oder über die Personen in einer Lektüre dargestellt wird. Das Lernposter dient dem langfristigen Einprägen oder auch als Grundlage für Gespräche.
4. Sortieren	Kartenabfrage	Die Lernenden erstellen im Team Karten mit Stichworten zu einem gegebenen Thema. Nach der Phase des Notierens werden alle Karten aller Mitspielenden in abwechselnder Reihenfolge auf den Boden gelegt und dabei Ähnliches oder Gleiches in räumliche Nähe zueinander geschoben, sich Widersprechendes weit auseinander gelegt. Zum Schluss werden Überschriften für die entstandenen „Päckchen" gesucht und eine Reihenfolge der Überschriften festgelegt.
	Systematisieren	Hierbei arrangieren die Lernenden den Lernstoff nach einem vorgegebenen oder selbst gefundenen System. Dabei ordnen sie auch gleichzeitig ihre Gedanken, durchdringen den Lerngegenstand und bereiten ihn zum längerfristigen Behalten auf. Das geschieht beim Führen von Merkheften, z. B. dem Grammatikheft, beim Arbeiten mit Merkzetteln oder auch mit Lernkarteien. Die Vokabellernkartei ist ein besonders gutes Beispiel dafür.
5. Entwickeln		In diese Rubrik gehören die unterschiedlichsten Kreativitätsspiele, z. B.:
	mind mapping	Die Lernenden entwickeln assoziativ Gedanken zu einem bestimmten Thema und notieren sie in Form eines Assoziogramms oder eines Wortigels.

INFOS, TIPPS UND TOOLS VON A–Z
HANDELND LERNEN

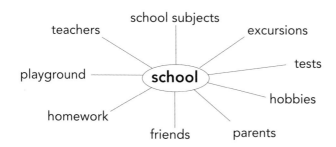

	Catch the ball	Die Lernenden werfen einander in einer kleinen Gruppe einen weichen kleinen Ball zu und sagen dabei – je nach Arbeitsauftrag – ein englisches Wort, einen Satz, einen Befehl o. Ä. Dieses Verfahren ist besonders gut zum Wortschatztraining geeignet.
6. Problem lösen	Exkursionen	Die Lernenden erkunden z. B. in ihrem Wohnort dort vorhandene Angebote zu einem bestimmten Thema, wie etwa zu *Foreigners in our town* oder *Pollution*. Sie erarbeiten dazu eine Bildreportage, eine Videoshow, eine Kollage, ein Interview usw.
	Projekte	Besonders beliebt sind *survival tasks*, in denen die Lernenden all ihre Kreativität aufbringen müssen, um Überlebensmöglichkeiten zu finden, etwa in der Situation *shipwrecked*. Aber auch gemeinsames Tun, z. B. nach einem englischen Rezept kochen, bringt Freude und Motivation und eine Reihe sprachlicher und landeskundlicher Einsichten.
7. Spielen	Quartettspiele	Viel unaufwändiger sind Lernspiele. Das Quartett eignet sich besonders zur Wortschatzwiederholung. Dazu können die Lernenden ggf. auch eigene Quartette herstellen.
	Brettspiele	Hier geht es oft um Wettspiele mit Hindernissen, die durch Fragekarten oder Ereigniskarten aufgebaut werden. Auch diese Spiele kann man selbst herstellen und sie dadurch ausgezeichnet in den Unterricht einpassen.

INFOS, TIPPS UND TOOLS VON A–Z
HANDELND LERNEN

Probleme

In der Nachhilfesituation mit Einzelschülern und -schülerinnen gibt es oft nicht die notwendigen Handlungspartner. Hier muss der Nachhilfelehrer bzw. die -lehrerin die Rolle des Mitspielers übernehmen.

Beim handlungsorientierten Lernen, bei dem die Sache im Vordergrund steht, ist eine erhöhte Fehlertoleranz des Nachhilfelehrers notwendig, da die Lernenden im Eifer der Handlung weniger auf die Sprache achten und auch viel risikofreudiger mit ihr umgehen. Derartige Sprechsituationen, die dann beinahe authentische Situationen sind, sollten nicht durch Korrekturen gestört werden.

> **Lektüretipp**
>
> Graham, Carolyn (1978): *Jazz Chants*. New York: Oxford University Press.
> Bach, Gerhard/Timm, Johannes-Peter (1989): Was ist „handlungsorientierter Englischunterricht?" In: Bach, Gerhard/Timm, Johannes-Peter (Hg.): *Englischunterricht*. Tübingen: Francke, S. 1–21.

Hausaufgaben

Was ist gemeint?
Hausaufgaben stehen in engem Zusammenhang mit vorausgegangenem oder künftigem Englisch- bzw. Nachhilfeunterricht. Sie sind keine Erledigungsroutinen, sondern dienen der Nachbereitung, der Vorbereitung oder der Kontrolle.
Im Englischen sprechen wir von *homework*.

Eine Meinung zur Diskussion
„Ich stelle die Hausaufgaben aus dem Englischunterricht in den Mittelpunkt meines Nachhilfeunterichts. Damit kann ich die Stunden gut füllen."

Kommentar
Die Gefahr bei diesem Vorgehen besteht darin, dass der Nachhilfeschüler bzw. die -schülerin keine große Förderung erfährt, außer die Pflichtaufgaben richtig zu erfüllen. Hausaufgaben kommen jedoch viel weit reichendere Funktionen zu:
1. Sie dienen primär – so denkt man allgemein – dem Verstehen und Üben des im Unterricht behandelten Stoffes. Offene Fragen werden geklärt, der Lerngegenstand wird systematisiert, indem er in bekannte Zusammenhänge eingebettet und ordnend in Übersichten oder Regeln zusammengefasst wird. Schließlich werden Übungen durchgearbeitet, die bestätigen, dass der Stoff verstanden wurde und dass die Lernenden in der Lage sind, ihr Wissen und Können anzuwenden.
2. Genauso wichtig sind aber auch Hausaufgaben, die die nächste(n) Stunde(n) vorbereiten. Durch gezielte Aufträge werden die Lernenden vermehrt in die Verantwortung für den anstehenden Unterricht gebracht und fühlen sich ernst genommen, denn das, was sie vorbereiten, wird Grundlage der kommenden Englischstunde sein. Dadurch werden vorbereitende Hausaufgaben zu einem Mittel, die Eigenverantwortlichkeit der Lernenden zu fördern.
3. Der Nachhilfeunterricht hat im Vergleich mit dem Schulunterricht den großen Vorteil, (weitgehend) individualisierend zu sein. Die Auswahl und die Menge der Hausaufgaben, die auch im Zusammenhang mit Nachhilfeunterricht gestellt werden können, richten sich nach dem je-

INFOS, TIPPS UND TOOLS VON A–Z
HAUSAUFGABEN

weiligen Schüler und seinen Lernbedürfnisse und wirken gezielt auf die Erweiterung seines Wissens und Könnens ein.

4. Hausaufgaben zum Nachhilfeunterricht befinden sich in einem Schonraum, in dem es keine Zensuren, keinen Vergleich mit anderen Lernenden und keinen Druck durch den Englischlehrer gibt. Das eher partnerschaftliche Verhältnis zum Nachhilfelehrer gibt den Lernenden die notwendige Gelassenheit, sich störungsfrei und unbelastet mit dem Lerngegenstand zu befassen.

Prinzipien für das Stellen von Hausaufgaben

- Im Sinne der Lernerorientierung und der Selbstständigkeit der Lernenden empfiehlt es sich, den Inhalt und Umfang der Hausaufgaben zusammen mit den Lernenden festzulegen. So werden sie zunehmend befähigt, das Üben selbst in die Hand zu nehmen.

- Die Schülerinnen und Schüler erhalten verschiedene Aufgaben zur Wahl. Dabei kann man den unterschiedlichen Schwierigkeitsgrad, die Verschiedenartigkeit der Lernertypen oder auch unterschiedliche Arten der Motivierung als Auswahlkriterium heranziehen. Neben diesen alternativen Übungsmöglichkeiten kann auch zwischen obligatorischen Aufgaben und additiven, ergänzenden Zusatzaufgaben unterschieden werden. Hier entscheiden die Lernenden selbst über den Umfang ihres Übens.

- Schwierige Hausaufgaben werden bereits im Unterricht begonnen bzw. vorbereitend durch Beispiele durchgespielt. Eventuell werden auch Lösungen bereitgestellt.

- Die Aufgabe enthält Angaben über das Übungsziel, über die voraussichtlich benötigte Zeit und – je nach Lernkompetenz der Lernenden – Angaben über den Übungs- und Lernweg und geeignete Strategien.

- Hausaufgaben sollen möglichst keine stupiden Routineaufgaben sein, sondern so angelegt werden, dass sie die Lernenden motivieren, sich mit dem Lerngegenstand zu befassen.

Beispiele:
- Die Lernenden erhalten drei Zettel mit je einer Frage zu einem Thema.
- Die Lernenden werten eine Tageszeitung o. Ä. aus und bringen die Ergebnisse mit in den Unterricht.
- Die Lernenden berichten über persönliche Erlebnisse im Zusammenhang mit dem gegebenen Thema.
- Die Lernenden notieren fünf Punkte, warum sie ein gegebenes Thema interessant finden.
- Die Lernenden sammeln Spiele oder erfinden selbst welche und präsentieren sie.
- Bei Nachhilfeunterricht mit mehreren Schülerinnen und Schülern: Die Lernenden erstellen Aufgaben, die sie ihren Mitschülern und Mitschülerinnen stellen möchten.

Lernhilfen zur Erledigung der Hausaufgaben

Je nach vorhandener Lernkompetenz der Schülerinnen und Schüler sollte ihr Wissen um den Einsatz von Lernhilfen sichergestellt werden. Dazu gehört der Umgang mit den folgenden Instrumenten:
- Führen eines Hausheftes bzw. Übungsheftes
- Führen eines Ringbuches
- Führen und Nutzen eines Merkheftes oder einer Lernkartei
- Handhabung des Englischbuches und der dazu verfügbaren Begleitmaterialien
- Führen einer Vokabelsammlung (als Vokabelheft oder als Vokabelkartei) und das Lernen damit
- Benutzung eines Wörterbuches
- Evtl.: Benutzung einer englischen Grammatik
- Benutzung eines Kassettenrekorders zum Lernen
- Benutzung eines Videorekorders zum Lernen
- Herstellen und Benutzen von selbst gebastelten Lernhilfen wie z. B. Lernposter, Lernwürfel, Merkzettel, Lernmobile

Praxistipp

Wenn die Lernenden die Hausaufgaben selbst festlegen können, sind sie eher bereit, sie auch tatsächlich auszuführen.

HAUSAUFGABEN

Probleme bei Hausaufgaben zum Nachhilfeunterricht

Sofern man sich entscheidet, zusätzlich zum Nachhilfeunterricht weitere Übungsmöglichkeiten in Form von Hausaufgaben anzubieten, ergibt sich die Frage nach dem zumutbaren Umfang für die Lernenden. Einige der oben genannten Prinzipien können hier hilfreich sein. Wichtig ist darüber hinaus das Gespräch mit den Lernenden über das individuelle Zeitmanagement. Es kann nützlich sein, den Schülerinnen und Schülern eine Vorlage für einen persönlichen Lernplan zu geben. Hier ein Muster:

Lektüretipp

Pauels, Wolfgang (1998): „Funktionen und Formen der Hausaufgabe." In: Timm, Johannes-P. (1998) (Hg.): *Englisch lernen und lehren*. Berlin: Cornelsen.

Mein persönlicher Lernplan   begonnen am: ....

Aufgabe	erledigt am	wiederholt am

Hören und Verstehen

Was ist gemeint?
Mit dem Hören und Verstehen eines englischen Textes ist der Prozess gemeint, in dem die Lernenden zunächst unterschiedliche Laute und Geräusche wahrnehmen, sie in kleine Einheiten (z. B. in Worte, Wendungen, Sätze, Zusammenhänge) zerlegen und dann eine Bedeutung konstruieren. Dabei haben sie stets ein bestimmtes Ziel, sei es, an einer direkten Kommunikation teilzunehmen, etwa einem Gespräch oder einem Telefonat, sei es, sich an einer indirekten Kommunikation zu beteiligen, etwa einen Vortrag oder ein Hörspiel anzuhören. Schließlich interpretieren sie das Gehörte, um das Gemeinte zu begreifen.
Im Englischen sprechen wir von *listening comprehension*.

Eine Meinung zur Diskussion
„Meine Schülerinnen und Schüler haben manchmal so massive Probleme mit dem Hörverstehen, dass ich bald nicht mehr weiß, wie ich es ihnen beibringen kann!"

Kommentar
Sicherlich gehört das Hörverstehen zu den komplexesten Aufgaben beim Fremdsprachenlernen und bedarf häufigen, differenzierten Übens. Darüber hinaus müssen die Lernenden auch Strategien des Hörens und Verstehens beherrschen, um sich erfolgreich englische Texte anhören zu können. Dazu gehören zum Beispiel Erschließungsstrategien im Sinne des *intelligent guessing*, das Bilden von Hypothesen über den Hörtext bzw. über die Redeabsichten des Sprechers und das Füllen von Verständnislücken.
Als Strategie der Selbstmotivation müssen die Lernenden darüber hinaus den Mut und die innere Bereitschaft aufbringen, trotzdem zuzuhören – auch wenn sie selbst meinen, nichts oder kaum etwas zu verstehen.
Die Unterrichtsstunde, in der Hörverstehen stattfindet, sollte dann – mehr noch als sonst – frei sein von Schülerängsten und Notendruck, um Aufregungen, Konzentrationsprobleme und Nervosität zu vermeiden. Das gilt natürlich auch für die Nachhilfestunde. Erst wenn die Lernenden einen Text mit innerer Ruhe und Gelassenheit anhören können, ist auch ihr Ge-

HÖREN UND VERSTEHEN

dächtnis, das beim Hören und Verstehen meistens stark gefordert wird, aufnahmefähig.

Probleme beim Hörverstehen können jedoch vom Lehrer vermieden werden, und zwar durch die Auswahl der Hörtexte und durch die Art der Aufgabenstellungen.

Kriterien zur Auswahl von Hörtexten und zur Bestimmung ihres Schwierigkeitsgrades

- Wie lang ist der Text? Muss mit Ermüdung der Hörenden gerechnet werden?
- Wie hoch und kompliziert ist die Menge des zu Behaltenden?
- Wie viele verschiedene Sprecher treten auf?
- Wie hoch ist deren Sprechtempo?
- Gibt es stark behindernde Störgeräusche während des Sprechens?
- Gibt es vorbereitende und begleitende Geräusche als Hilfen?
- Ist die Textsorte (z. B. Telefonat, Lied, Erzählung) verstehensfreundlich?
- Wie authentisch bzw. wie didaktisiert ist die Sprache?
- Wird die Sprache in *standard English* angeboten oder in einer nationalen, regionalen oder sozialen Variante?
- Wie groß ist die Zahl grammatikalischer Schwierigkeiten?
- Wie anspruchsvoll ist der Wortschatz?
- Wie vertraut ist den Lernenden das Thema des Textes?
- Wie hoch ist der fremdkulturelle Gehalt des Textes?
- Wie groß ist die Verständlichkeit der Höraufgabe?
- ...

Als Faustregel für die Auswahl der Texte auf Grund ihres Umfangs gelten für die ersten Lernjahre die folgenden Angaben:

HÖREN UND VERSTEHEN

Klasse 5	mehrere Sprecher	ca. 200 Wörter
	ein Sprecher	ca. 300 Wörter
Klasse 6	mehrere Sprecher	ca. 300 Wörter
	ein Sprecher	ca. 400 Wörter
Klasse 7	mehrere Sprecher	ca. 400 Wörter
	ein Sprecher	ca. 500 Wörter

Das Verstehen der Texte kann zusätzlich zu den genannten Kriterien auch noch durch eine sprachliche Vorentlastung erleichtert werden, bei der unbekannte Vokabeln oder Strukturen vorab geklärt werden, sowie durch *advanced organising*, wodurch die Hörenden angehalten werden, sich auf den Sachverhalt einzustellen, Hypothesen zum Text zu wagen und ihr Vorwissen und ihre Vorerfahrungen zum Thema zu aktivieren.

Aufgaben zum Training des Hörverstehens

Um das Hörverstehen zu üben, können unterschiedliche Aufgabentypen eingesetzt werden. Hier sollen sechs Arten unterschieden werden. Aufgaben, die der Ausspracheschulung dienen, sollen dabei ausgeklammert werden (vgl. dazu aber ↑*Die Aussprache*).

1. Hören zum Vergnügen

Hierbei hören sich die Lernenden einen Text an, ohne an unterrichtliche Zwänge gebunden zu sein. Das macht Freude und ermutigt zum Üben. Damit Nachhilfeschülerinnen und -schüler das Hörverstehen auch selbstständig betreiben können, sollte ihnen der Nachhilfelehrer bzw. die -lehrerin geeignete Tonkassetten zur Verfügung stellen, auf englischsprachige Radio- und Fernsehsender hinweisen oder vielleicht auch einmal eine Videokassette ausleihen. Für besonders interessierte Schülerinnen und Schüler sollte das ständig größer werdende Angebot an Hörbüchern nicht übersehen werden.
Es empfiehlt sich, gelegentlich nachzufragen, ob und was die Lernenden sich angehört haben.

> **Praxistipp**
>
> Fertigen Sie sich von denjenigen Texten, die Sie für besonders geeignet erachten, eine Tonkopie an. Diese können sie dann ohne Risiken an ihre Nachhilfeschüler und -schülerinnen ausleihen.

INFOS, TIPPS UND TOOLS VON A–Z
HÖREN UND VERSTEHEN

2. Hören ohne besondere Reaktion
Anders als beim Hören zum Vergnügen handelt es sich hier um gezielte Höraufgaben mit didaktisch ausgewählten Hörtexten. Dazu können z. B. Witze, Anekdoten oder Erzählungen gehören, denen nicht die üblichen Lehrerfragen folgen, sondern die durch sich selbst wirken. Sie können medial vermittelt oder auch vom Lehrer bzw. der Lehrerin vorgetragen werden. Derartige Übungen lassen sich gut zu Beginn oder am Ende einer Unterrichtsphase bzw. Unterrichtsstunde einplanen.

3. Hören und außersprachlich antworten
Bei derartigen Hörverstehensaufgaben sollen die Lernenden handeln (z. B. „Open the window."), etwas ankreuzen (z. B. *right-wrong*-Aufgaben), Textteile oder Wörter einander zuordnen, etwas zeichnen, etwas ausschneiden und in anderer Form zusammenkleben usw.

Ein Beispiel: *Listen to the numbers and join the dots!*

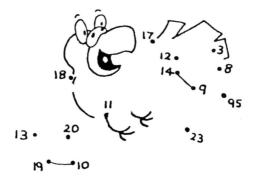

Scott, Wendy. Are You Listening? Oxford University Press

Diese und ähnliche Aufgabenstellungen sind auch gut geeignet, um das Hörverstehen der Lernenden zu testen, da hier neben dem Hören und Verstehen keine weiteren Kompetenzen benötigt werden, wie dies bei den folgenden Aufgaben der Fall ist.

4. Hören und kurz auf Englisch reagieren
Zu dieser Gruppe von Höraufgaben gehören die Fragen im Anschluss an das Hören. Leider wird im alltäglichen Unterricht überwiegend diese Form gewählt und die Lernenden brauchen nur vordergründig zu belegen, dass sie das Gehörte verstanden haben, indem sie etwas wiederholen. Reizvol-

INFOS, TIPPS UND TOOLS VON A–Z
HÖREN UND VERSTEHEN

ler sind aber Fragen, zu deren Beantwortung man erst einmal überlegen oder etwas austüfteln muss.

Beispiel:
Excuse me, could you possibly change me a pound?
I want to make a telephone call.
What does this man need?

Eine andere Aufgabenform ist der Lückentext, in den die Lernenden nach dem Hören zum Beleg ihres Verstehens einzelne Wörter einfüllen.
Schließlich können die Lernenden auch aufgefordert werden, zu einem bestimmten Gedanken Stichworte aus dem Gehörten aufzuschreiben.
Das Anfertigen von Notizen im Sinne des *note taking* ist eine Aufgabenform, die ihrerseits der häufigen Übung bedarf. Die Lernenden müssen nach dem Hören in der Lage sein zu entscheiden, was sie als wichtig und notierenswert erachten und wie sie ihre Notizen anordnen. Außerdem müssen sie ein gutes Gedächtnis haben.
Bei Texten mit mehreren Sprechern ist die Vorgabe eines Rasters, in den die Lernenden die entsprechenden Eintragungen machen, geeignet.
Beispiel:

Interesting Hobbies	*How many days?*	*How many hours each day?*	*How many hours a week?*
Jenny			
Liz			
Thomas			

HÖREN UND VERSTEHEN

5. Hören und umfassend reagieren
Hier geben die Lernenden z. B. eine englische Zusammenfassung des Gehörten. Um die Aufgabe zu erleichtern, können Leitsätze oder Stichworte vorgegeben werden. Oder sie verfassen Berichte, fertigen *mind maps* an, schreiben Reportagen usw.

6. Hören und interpretieren
Hier geht es darum, das mit dem Hörtext Gemeinte zu erkennen, es zu beschreiben oder zu benennen und dazu wertend, ordnend, ergänzend oder vergleichend Stellung zu nehmen. Geeignete Aufgabenform sind etwa eine Fantasiereise bzw. ein Fantasie-Hörspiel, ein Bericht über das Gehörte, eine Darstellung unter einer bestimmten Sichtweise, Übersetzungsübungen oder die Übernahme einer Sprecherrolle usw.

Viele der genannten Aufgabenstellungen können auch miteinander kombiniert werden, um so das Üben des Hörverstehens möglichst abwechslungsreich zu gestalten.

Probleme

Von besonderer Bedeutung für Nachhilfeschüler und -schülerinnen ist es, dass sie Hinweise darüber erhalten, wie sie das Hören und Verstehen selbstständig über den schulischen Unterricht und die Nachhilfestunde hinaus üben können.
Dazu gehören:
- das Wissen über geeignete Tonquellen (s. o.),
- Kenntnisse über eine sinnvolle Schrittfolge beim Lernen mit dem Kassettenrekorder oder ähnlichen Geräten,
- die Kenntnis von Aufgabenformen, die sie sich selbstständig stellen können, wie z. B. die W-Fragen, Assoziogramme oder Raster für Stichworte,
- das Wissen um die Bedeutung des ungelenkten Hörens, des Nebenbei-Hörens,
- die Beherrschung einschlägiger Lernstrategien zum Hören.

Lektüretipp

Solmecke, Gert (1993): *Texte hören, lesen und verstehen. Eine Einführung in die Schulung der rezeptiven Kompetenz mit Beispielen für den Unterricht Deutsch als Fremdsprache.* Berlin/München: Langenscheidt.

Individualisierung

Was ist gemeint?
Individualisierender Englischunterricht bedeutet die lernerorientierte Auswahl der Lernziele, der Lerninhalte und Themen, der Unterrichtsmethoden, der Lernstrategien und der Lernzeit. Darüber hinaus richten sich Hausaufgaben und Leistungsfeststellungen bzw. -bewertungen an den Lernenden aus. Es ist die „Eigen-Art" des Schülers oder der Schülerin, die zur Grundlage des Nachhilfeunterrichts gemacht wird.

Eine Meinung zur Diskussion
„Jeder Unterricht mit einem Einzelschüler ist doch individualisierend; besser geht es doch wohl nicht!"

Kommentar
Die Tatsache, dass in sehr vielen Nachhilfestunden nur einzelne Schüler unterrichtet werden, legt diese Vermutung nahe. Die Lernerorientierung steht dabei jedoch nicht zwangsläufig im Vordergrund, denn auch Einzelunterricht kann aus der Sicht des Lernenden lehrergesteuert und fremdbestimmt sein.
Beim individualisierenden Nachhilfeunterricht hingegen geht es darum, den Bedürfnissen in allen oben genannten Bereichen der Lernenden zu entsprechen. So orientieren sich die Lernziele nicht an irgendeinem Lehrplan und nicht am eingeführten Schulbuch und seinem Lektionenkanon, sondern daran, was der Nachhilfeschüler bzw. die -schülerin gerade benötigt. Dass dabei natürlich das Schulbuch und im Hintergrund der Lehrplan einbezogen werden, liegt nahe.
Es sind aber auch die Inhalte und Themen, die sich z. B. aus Gründen der Motivation und der Freude am Englischlernen an den Wünschen der Lernenden orientieren. Die Unterrichtsmethoden, die der Nachhilfelehrer zum Zweck einer größeren Individualisierung benutzt, entstammen ↑*offenen Lernformen*.
Die Schülerinnen und Schüler werden angehalten, selbst ihren individuellen Arbeitsplan zu erstellen, der auch die Grundlage für den Nachhilfeunterricht liefert. Oder sie erhalten zum Üben über die Nachhilfestunde

INDIVIDUALISIERUNG

hinaus vom Nachhilfelehrer einen Wochenplan, in dem weitere Übungsaufgaben aufgeführt werden. Die Lernenden gehen auf der Basis dieses Planes nach ihrem eigenen Ermessen vor, indem sie vielleicht zuerst die dritte Übung machen, danach die zweite, später die vorletzte. Aber auch während des Nachhilfeunterrichts kann der Lehrer durch den Aufbau eines Lernzirkels den Lernenden die Möglichkeit geben, ihre Lernschritte selbstständig auszuwählen und aufeinander auzubauen. Stellt der Nachhilfelehrer bzw. die -lehrerin dazu Aufgaben sowie Lösungen bereit, kann die Selbstkontrolle von den Lernenden durchgeführt werden.

Von besonderer Bedeutung für das selbstständige Lernen der Nachhilfeschüler und -schülerinnen ist ihre Lernkompetenz, d. h. ihr Wissen um ↑*Lerntechniken und Lernstrategien*. Damit sind zum einen die primären Lernstrategien gemeint, mit deren Hilfe sie beim Sprachenlernen vorgehen, also z. B. Lerntechniken zum Einprägen von englischen Vokabeln. Hier wäre es falsch, den Lernenden vorzuschreiben, wie sie dabei vorzugehen haben. Viel günstiger wäre es, ihnen unterschiedliche Lernverfahren vorzustellen, mit ihnen darüber zu sprechen und ihnen die Chance zu geben, sie zu erproben.

Für Nachhilfeschüler und -schülerinnen spielen daneben die sekundären Lernstrategien eine Rolle. Hierbei geht es darum, sich selbst zum Lernen zu motivieren, das eigene Lernen zu organisieren (z. B. Zeitmanagement) und Zutrauen in die eigenen Lernfähigkeiten zu entwickeln.

Schließlich sollten die Lernenden auch in die Lage versetzt werden, selbstständig zu entscheiden, was sie gerade lernen sollten, also ihren Lernbedarf zu ermitteln. Dabei können sie sich an ihren persönlichen Interessen und Neigungen orientieren, aber auch an ihrem aktuellen Wissensstand und ihren Zielen, diesen in gezielten Bereichen zu verbessern. Ausgangspunkt hierfür kann die individualisierende Leistungsüberprüfung sein, die sich in der Bewertung nicht an der Klassennorm des Schülers bzw. der Schülerin orientiert, sondern am persönlichen Lernfortschritt. Dabei kann die persönliche Erfolgsspirale bewusst gemacht und Motivation zum Lernen aufgebaut werden.

Nicht zu übersehen ist, dass neben die Fremdbewertung durch den Nachhilfelehrer auch die Selbstbewertung treten soll, um den Lernenden die Chance zu geben, ihren Lernstand selbst einzuschätzen und daraus Entscheidungen für ihr weiteres Lernen abzuleiten.

Probleme für den Nachhilfeunterricht

Die besondere Beziehung zwischen Nachhilfeschüler und seinem Lehrer bzw. seiner Lehrerin zeichnet sich durch die Einstellung aus, dass der

INDIVIDUALISIERUNG

Nachhilfelehrer die Aufgabe hat, Wissen und Können an die Lernenden heranzutragen. Auch aus Gründen der Tradition wird erwartet, dass er derjenige ist, der die alleinige Verantwortung für das Lernen trägt. Richtig ist jedoch, dass diese Verantwortung nur von den Lernenden selbst übernommen werden kann. Die Aufgabe des Nachhilfelehrers besteht stattdessen eher darin, neben fachlichen Erklärungen günstige Lernanlässe zu schaffen, Lernanstöße zu geben und Mut zu machen. Es sind allein die Lernenden selbst, die gewährleisten können, dass Lernen überhaupt stattfindet, dass es erfolgreich ist und dass es fortgesetzt wird. Im Sinne dieser Selbstverantwortung und Autonomie sollte zu Beginn des Nachhilfeunterrichts mit den Lernenden sowie mit den Eltern gesprochen werden.

Praxistipp

Setzen Sie zu Beginn der Nachhilfezeit einen Fragebogen ein, der das oben vorgeschlagene Gespräch vorbereiten und gleichzeitig wichtige Informationen für die Gestaltung des Nachhilfeunterrichts geben kann (folgender Kasten). Die Auswertung des Fragebogens geschieht in einem Lehrer-Schüler-Gespräch und ist Grundlage für die nächsten Nachhilfestunden.

INFOS, TIPPS UND TOOLS VON A–Z
INDIVIDUALISIERUNG

Wie ich Englisch lerne

Fragebogen zur Vorbereitung des Unterrichts

1. Englisch lerne ich
   [ ] gern [ ] mäßig gern [ ] weil es sein muss [ ] ungern

2. Beim Englischlernen stört mich am meisten:

3. Wo ich mich im Englischen unsicher fühle und immer wieder Fehler mache:

4. Was ich gerne im Englischen können und deswegen neu hinzulernen möchte:

5. Strategien, die ich für mein Englischlernen genauer kennen möchte:

6. Themen, die ich im Unterricht gerne bearbeiten möchte:

7. Was ich sonst noch gern zum Englischlernen besprechen möchte:

INFOS, TIPPS UND TOOLS VON A–Z
JOKES

Jokes and more

Was ist gemeint?
Der Begriff *joke* steht hier für Humor im Nachhilfeunterricht, der gerade dort von besonderer Bedeutung ist, um das Interesse und den Mut zum Englischlernen aufrechtzuerhalten. Darunter verstehe ich jede Art von humoristischen Elementen, seien dies Witze, Scherze, Scherzlieder und Scherzreime, Cartoons, Schülersprüche, Aufgeschnapptes (Situationskomik) oder wortwörtliche Übersetzungen.

Meinung
„Für derartige Scherze habe ich im Nachhilfeunterricht nun wirklich keine Zeit!"

Kommentar
Schade, wenn ein Nachhilfelehrer oder eine Nachhilfelehrerin diese Meinung vertritt. Denn gerade in diesem Unterricht ist die Chance für eine stressfreie Zeit gegeben, in der kein Druck auf die Lernenden ausgeübt wird und in der sie frei ihre eigenen Anliegen einbringen können. Um zu verdeutlichen, dass es sich um einen Schonraum handelt, in dem der Unterricht stattfindet, sind Scherze ein willkommenes Mittel.
Voraussetzung für einen solchen humorvollen Nachhilfeunterricht ist aber auch das Selbstverständnis der Nachhilfelehrer. Sie dürfen sich nicht als die kontrollierende, ermahnende oder strafende Instanz ansehen, sondern vielmehr als diejenigen, die helfen, Hürden zu überwinden, Pannen nicht so tragisch zu nehmen, Probleme durch ein Lächeln aufzufangen und den Lernenden Mut zuzusprechen.
Die Nachhilfelehrerin bzw. der -lehrer wird den richtigen Moment im Unterricht finden, um aus einem reichen Fundus an Scherzen und Witzen, der durch stetiges Sammeln angelegt wurde, einen passenden Scherz zur jeweiligen Unterrichtssituation einzustreuen. Geeignete Zeitpunkte sind z. B. der Stundenbeginn oder das Stundenende. Vielleicht findet man aber auch Witze, die sich genau auf einen Unterrichtsgegenstand beziehen, sodass sie auch in engem Zusammenhang mit dem Lerngegenstand gebracht werden können. Dazu ein paar Beispiele:

JOKES

- Bei der Rückgabe bzw. Besprechung eines Tests
  The only way to avoid mistakes is
  To gain experience.
  The only way to gain experience
  Is to make mistakes.

  Oder:
  The road to success is usually under construction!

  Oder:
  When I'm right,
  nobody remembers,
  when I'm wrong
  nobody forgets!

- Beim Stellen der Hausaufgabe oder einer Übung:
  Our teacher has a problem to every solution.
  Oder:
  Our teacher doesn't know anything –
  He's always asking us questions.

- Bei der Besprechung von If-Sätzen:
  If you can read this – thank a teacher!

  Oder:
  If it wasn't my faults,
  I'd be perfect.

  Oder:
  If God had Tippex he could
  Blot out my mistakes.

- Bei der Besprechung des Gerundiums:
  Dreaming in English is alright, but when are there German subtitles?

Quelle für alle Sprüche: Roman, Christian (Hg.)(1987): *Englische Schülersprüche*. Frankfurt: Eichborn Verlag

Solche und ähnliche Sprüche können ab und zu auch die abstrakte Formulierung einer Grammatikregel ersetzen und als Merksatz fungieren.

INFOS, TIPPS UND TOOLS VON A–Z
JOKES

Manchmal ist es auch eine Zeichnung, die Anlass zu einem Unterrichtsgespräch geben kann. Mit dem folgenden Bild könnte man beginnen, mit den Lernenden über die Bedeutung von Spickzetteln zu sprechen.

Pelshenke, Paul (1991): *Lehrer*. München: Tomus Verlag, S. 30.

Das Herstellen von Spickzetteln dient in hervorragender Weise dazu, in einem Text Wesentliches von Unwesentlichem zu unterscheiden und in Form von knappen Notizen herauszuschreiben – eine ideale Vorbereitung auf die *note-taking-practice*.

Scherze können aber auch Unterrichtsgegenstand sein, indem man sie behandelt wie ein Gedicht und dabei auf Inhalt und Form eingeht. Ein Beispiel dafür sind Limericks, Scherzreime, die die Lernenden amüsieren können, aber gleichzeitig auch Vorlage sein können, selbst Limericks herzustellen. Dazu müssen sie das Versmaß herausfinden und geeignete Reimwörter suchen.

Praxistipp

Legen Sie sich eine Sammmlung von Witzen und anderen amüsanten Geschichten zu. Heben Sie sie in Klarsichthüllen oder Briefumschlägen thematisch geordnet auf oder ordnen Sie sie – soweit bereits absehbar – gezielt bestimmten Lehrbuchlektionen zu.

INFOS, TIPPS UND TOOLS VON A–Z
JOKES

Beispiel: Limericks

Read these limericks for yourself or to a partner:

There was an old man of Peru
Who dreamt he was eating a shoe.
He awoke in the night
With a terrible fright
And found it was perfectly true!

There was a young girl called Jill
Who travelled abroad to Brazil.
She ate soft, sweet toffee,
Hard nuts and drank coffee –
Which all made Jill terribly ill.

There once was a cat called Tat
Who grew most incredibly fat.
He sat on the floor
And ate more and more,
Till...pop!... that was the end of Tat.

Can you find out how limericks are made? The following example will explain it to you.

1. There was..	Amba
2. Who	a mamba
3.	a glance
4.	made a
	snake
	dance
5.	samba

Here is one possible solution:

There was a young girl called Amba
Who charmed a snake – a mamba,
With a hypnotic glance,
She made the snake dance
To a rhumba, tango and samba.

INFOS, TIPPS UND TOOLS VON A–Z
JOKES

Now try to make your own limericks. Here are the rhyming words:

from Dunoon	Daisy	Dick
balloon	crazy	brick
worst	not at all	know
burst	call	toe
Soon.	Lazy	stick.

Quelle: Doyé, Peter/Rampillon, Ute (1986): *Vertretungsstunden für den Englischunterricht*. Ismaning: Max Hueber, S. 60 f.

Manchmal ist es auch die wortwörtliche Übersetzung einer englischen Redewendung, die die Lernenden amüsiert und sich deshalb in ihrer richtigen Form besser einprägt.

Beispiele für die inkorrekte Form:

- *Slow Going Is All Trucks Beginning.* (Müßiggang ist aller Laster Anfang.)
- *Lies have short legs.* (Lügen haben kurze Beine.)
- *Morning hour has gold in the mouth.* (Morgenstund hat Gold im Mund.)
- *Passport open!* (Pass auf!)
- *Cheerio Mealtime!* (Prost Mahlzeit!)
- *The falling umbrella jumper* (der Fallschirmspringer)
- *You go me on the alarm clock!* (Du gehst mir auf den Wecker.)

Manchmal lassen sich derartige Sprüche auch visuell darstellen (siehe rechts): Die Zeitungsente

Hans G. Heygen/Wolfgang P. Küttner (1984): *English for Runaways. Englisch für Fortgeschrittene*. Frankfurt: Eichborn Verlag.

119

INFOS, TIPPS UND TOOLS VON A–Z
JOKES

Natürlich ist es angesagt, auch die entsprechende richtige Fassung dazu anzubieten.

In manchen Fällen eignen sich solche „Dummheiten" nicht nur zur Unterhaltung, sondern auch zur Sprachbetrachtung wie etwa der folgende Spruch:
You can say you to me!

Zum Abschluss ein paar Witze als Start für die eigene Sammlung von Jokes:

A gentleman was having dinner in a restaurant. When he had finished the waiter asked him, "How did you find your steak, sir?" "Oh, that was easy! I looked under the potatoe chip, and there it was," replied the gentleman.

A young man came to see his doctor. "Doctor, my family think I'm mad," he said.
"Why?" asked the doctor.
"Because I like sausages."
"Nonsense, I like sausages, too."
"You do?! You must come round and see my collection. I have hundreds."

One day mother mouse was taking her children for a walk. As they went round the corner of an old house, they suddenly found themselves confronted by a huge cat.
Understanding the dangerous situation at once, the clever mother raised herself to her greatest height and barked, "Bow-wow!" as loudly as she could. The cat was frightened to death and ran away. Mother mouse turned to her children and said, "You see how useful it is to know a foreign language."

Quelle: Doyé, Peter/Rampillon, Ute (1986): *Vertretungsstunden für den Englischunterricht.* Ismaning: Max Hueber Verlag, S. 60 f.

Lektüretipp

Roman, Christian (Hg.) (1987): *Englische Schülersprüche.* Frankfurt: Eichborn Verlag.
Ahlberg, Janet und Allan (1982): *The Ha Ha Bonk Book.* London: Puffin Books.
Kieweg, Werner (2002): *Jokes.* Seelze: Friedrich Verlag.

Probleme

Bezieht man im Nachhilfeunterricht häufiger Witze mit ein, so kann es passieren, dass die Lernenden die Situation falsch einschätzen und über die Stränge schlagen. Dies gilt vor allem dann, wenn sie aufgefordert wurden, selbst Witze zu erzählen. Daher ist es günstig vorab zu verdeutlichen, dass es weiterhin um das Englischlernen geht – wenngleich auf eine andere Art und Weise.

Mit Karteien lernen

Was ist gemeint?
Lernkarteien spielen in verschiedenen Schulfächern eine Rolle. Besonders beim Englischlernen können sie für viele Schüler und Schülerinnen eine große Hilfe sein. Das Lernen mit Karteien ist eine Lerntechnik neben vielen anderen, z. B. neben dem Führen eines Vokabelheftes oder eines Vokabelringbuches, dem Einsatz eines Kassettenrekorders oder des Computers. Sie kann helfen, sich einen Lernstoff einzuprägen oder ihn vorübergehend irgendwo anders – statt im eigenen Kopf – zu speichern, ihn zu wiederholen oder zu üben.

Lernkarteien bestehen aus einer Sammlung kleiner Karteikarten oder Zettel, etwa in der Größe einer halben Postkarte. Diese enthalten einen ausgewählten Lernstoff, insbesondere solchen, der aus vielen Details besteht, wie z. B. die Vokabeln zu einer Schulbuchlektion.

Im Englischen sprechen wir von *learning files*.

Meinung
„Ich halte das Lernen mit Karteien für eine aufwändige Spielerei. Die Vokabeln stehen doch schon alle im Englischbuch! Warum sie also nochmals abschreiben lassen?"

Kommentar
Das Lernen von Vokabeln aus dem Englischbuch ist sicherlich nicht die beste aller Möglichkeiten, unter anderem, weil durch die festgeschriebene Reihenfolge im Vokabelverzeichnis eine Scheinsicherheit vermittelt wird und Lernende manchmal erstaunt sind, warum sie die Vokabeln am nächsten Tag, wenn der Lehrer sie in ungeordneter Reihenfolge abfragt, nicht mehr beherrschen, obwohl dies am Tag zuvor der Fall war.

MIT KARTEIEN LERNEN

> ### Zehn gute Gründe für das Lernen mit Karteien
>
> 1. Mit den Karteikarten spielerisch umzugehen ist motivierend.
> 2. Die Menge der zu lernenden Karten kann flexibel gehandhabt werden, Änderungen der Reihenfolge, durch Aussortieren und durch Ergänzen.
> 3. Lernende können am Umfang eines Kartenbündels bzw. der gesamten Kartei ablesen, wie viel Stoff sie bereits beherrschen bzw. wie viel noch zu lernen ist.
> 4. Die Karteikarten können nach dem individuellen Lernbedarf inhaltlich gefüllt und ganz persönlich gestaltet werden.
> 5. Das Lernen mit Karteien ermöglicht ein gezieltes und systematisches Lernen aufgrund der Möglichkeit des Aussonderns bereits beherrschter Karteikarten.
> 6. Karteienlernen ermöglicht ein rasches Wiederholen des noch nicht gelernten Stoffes.
> 7. Der Inhalt der Karteikarten veraltet nicht, da er jederzeit ergänzt werden kann.
> 8. Die Karteikarten können auch in anderen Lernkontexten genutzt werden, z. B. beim Erstellen einer *mind map* oder beim Anfertigen eines Lernposters.
> 9. Die Lernenden können eine Lernkartei selbst herstellen. Sie wird damit zu einem preiswerten Arbeitsmittel.
> 10. Die Lernenden erleben durch den Einsatz einer Lernkartei im Englischunterricht ein Lernverfahren, das auch für andere Schulfächer sowie außerhalb der Schule nützlich sein kann.

Der Einsatz der Lernkartei als Lerntechnik sollte allen Schülerinnen und Schülern bekannt sein. Dennoch gilt es für den Nachhilfelehrer bzw. die -lehrerin, ihren Einsatz nicht zu erzwingen, sondern als eine von anderen Möglichkeiten darzustellen, denn die Kartei ist besonders für ganz bestimmte ↑*Lernertypen* geeignet, und zwar für die haptisch, visuell oder analytisch-systematisch Orientierten. Hierzu gehört wohl die Mehrzahl aller Lernenden. Wer sich jedoch lieber etwas über das Hören einprägt, bevorzugt oft den Kassettenrekorder oder den Walkman.

Eine Lernkartei zum Englischlernen kann unterschiedliche Inhaltsbereiche umfassen. Wir unterscheiden die Vokabelkartei, die Grammatikkartei und die Landeskundekartei.

Die Systematik der beiden Letzteren besteht im Unterteilen von Sachwissen und dem Einordnen der Karten nach untergeordneten Themen. Bei der Grammatikkartei ist es nahe liegend, grammatische Kategorien zugrunde zu legen und die Trennkarten damit zu beschriften, z. B. *Tenses, Irregular Verbs, the Plural*.

INFOS, TIPPS UND TOOLS VON A–Z
MIT KARTEIEN LERNEN

Eine Kartei zur Landeskunde kann z. B. Trennkarten und Karteikarten zum Thema *Eating and Drinking, English Sports, The Lake District* oder *Greetings* enthalten. Sie wird also stets nach Sachgebieten geordnet.
Anders ist es bei der Vokabelkartei. Die einzelnen Vokabelkarten werden zunächst nicht – wie manchmal irrtümlich angenommen – nach Themen geordnet. (Dies geschieht erst im Aufbewahrungsteil am Ende der Kartei.) Stattdessen gelangen alle Karteikarten zuerst in das Fach mit der Trennkarte *New words*. Hat die Schülerin bzw. der Schüler sie ein wenig angelernt, gelangen diese Karten in das Fach *First Repetition*. Beherrschen die Lernenden diese Vokabeln nach dem nächsten Üben schon etwas sicherer, kommen sie in das Fach mit der Trennkarte *Second Repetition*. Karten, bei denen Unsicherheiten bestehen, verbleiben hier bis zur nächsten Wiederholung; die übrigen wandern in das Fach *Third Repetition*. Insgesamt werden nach eigenem Ermessen drei, vier oder fünf Wiederholungen auf diese Weise vorgesehen. Die Vokabelkarten wandern im Laufe des Wiederholens und Übens immer weiter nach hinten und landen schließlich im alphabetisch oder nach Sachthemen geordneten Aufbewahrungsteil.

Gestaltung einer Karteikarte

Auf der Vorderseite enthält die Karte den englischsprachigen Text, also z. B. die englische Vokabel. Sie darf und soll mit Lernhilfen wie Unterstreichungen, mit Symbolen wie Ausrufezeichen oder Pfeilen, mit Hinweisen auf Ausnahmen usw. ergänzt werden. Bei der Vokabel- und der Grammatikkartei sind auch Beispielsätze nützlich. Schließlich können auch Querverweise mit Seitenangabe zu anderen Lernmaterialien, z. B. zum Schulbuch, zum Workbook oder zur Grammatik nützlich sein.
Die grafische Gestaltung einer Karte geschieht ganz nach Geschmack der Lernenden. Sie kann etwa mit einem dekorativen Rahmen oder mit Bildern und Skizzen versehen werden.
Farbstifte können funktional eingesetzt werden: Bei der Vokabelkartei könnten z. B. alle Substantive grün geschrieben werden, alle Adjektive rot usw. Dies können die Lernenden entscheiden.
Auf der Rückseite der Karte stehen jeweils in gleicher Höhe die muttersprachliche Übersetzung aller englischsprachigen Eintragungen der Vorderseite sowie ergänzende Anmerkungen.

> **Praxistipp**
>
> Die Lernenden sollten ihre Lernkartei selbst herstellen, statt diese als fertiges Produkt zu erwerben, da bereits der Prozess der Herstellung zum Lernen beiträgt und sie darüber hinaus zum Nachdenken über ihr Lernen führt. Als Karteikästen können auch Teebeuteldosen, Käsedosen, kleine Waschmitteldosen und anderes aus dem Haushalt benutzt werden.

MIT KARTEIEN LERNEN

Probleme
Manche Schülerinnen und Schüler lehnen das Lernen mit Karteien mit der Begründung, es sei zu arbeitsaufwändig, ab. Dann ist zu hinterfragen, welches ihr Vergleichsmaßstab ist und auf welche Weise sie sonst die Vokabeln lernen möchten. Oftmals wird sich dabei herausstellen, dass sie sich normalerweise auf das Lesen der Vokabeln beschränken, was allein natürlich nicht ausreichen kann. Dann gilt es, die verschiedenartigen Vorgehensweisen beim Lernen mit einer Kartei zu besprechen und Alternativen zu diesen Lernschritten durch andere Lernstrategien aufzuzeigen.

Lektüretipp

Rampillon, Ute (2000): *Englisch lernen – aber clever! Lerntechniken zum selbstständigen Lernen.* Stuttgart: Klett Verlag, insbesondere S. 55 f.

Konversation

Was ist gemeint?
Unter Konversation verstehen wir Gespräche, die – z. B. in Abgrenzung von Sachgesprächen – darauf abzielen, eine Beziehung zum Gesprächspartner aufzubauen bzw. aufrechtzuerhalten. Neben der fremdsprachlichen Seite gehört dazu auch das Wissen um kulturelle und gesellschaftliche Zusammenhänge.
Die Fähigkeit zur Konversation versetzt die Lernenden in die Lage, sich mit anderen Menschen in der englischen Sprache zu unterhalten – eines der wichtigsten Anliegen Fremdsprachenlernender.
Im Nachhilfeunterricht sprechen wir von *conversation*.
In engem Zusammenhang mit diesem Kapitel stehen die beiden komplementären Kapitel ↑*Dialoge* und ↑*Sprechen*.

Meinung
„Ist eine Konversation nicht eigentlich ein viel zu oberflächliches Gespräch, als dass man es in der Nachhilfestunde behandeln sollte?"

Kommentar
Gerade das Gegenteil ist der Fall. Das Hauptinteresse der Lernenden liegt darin, ein Gespräch auf Englisch führen zu können. Sie dafür zu befähigen, wird ihre Motivation für das Lernen deutlich steigern.
Allerdings ist es nicht ganz einfach, eine der Situation angemessene Konversation zu führen. Von Oberflächlichkeit kann keine Rede sein, denn erst das Zusammenspiel unterschiedlichster Merkmale gewährleistet überhaupt ihren Erfolg:

- Die Konversation basiert auf Gegenseitigkeit der Gesprächspartner, d. h. beide bringen sich gleichermaßen ein.
- Die Konversation setzt Eigeninitiative der Gesprächspartner voraus, um initiiert, aufrechterhalten oder angemessen beendet zu werden.
- Die Angemessenheit der Sprache in der jeweiligen Situation ist für gelungene Konversation prägend. Sprachstil (umgangsprachlich, leger oder förmlich), interkulturelle Sensibilität (die Wahrnehmung unterschiedlicher sprachlicher Verhaltensweisen) und das Hineinversetzen

INFOS, TIPPS UND TOOLS VON A–Z
KONVERSATION

> **Praxistipp**
>
> Zum gezielten Konversationstraining ist diese Schrittfolge denkbar:
> - Wie kann ich ein Gespräch selbstständig beginnen, aufrechterhalten oder beenden?
> - Wie kann ich in der Konversation welche Gesprächsstrategien erproben?
> - Wie werden in der Konversation Sprecherrollen ausgehandelt?
> - Wie kann ich Signale für den Sprecherwechsel erkennen und selbst geben?
> - Wie kann ich soziale Beziehungen zu dem Gesprächspartner herstellen?
>
> Ein Beispiel für die Gestaltung dazu passender Aufgaben folgt am Ende dieses Kapitels.

in den Gesprächspartner sind wesentliche Merkmale.
- Die Flexibilität im Gebrauch der englischen Sprache, aber auch im Umgang mit den Gesprächsinhalten unterscheidet eine Konversation z. B. vom ↑*didaktischen Dialog*.
- Durch die Anwendung von Gesprächsstrategien wird die Art und Weise geregelt, auf die sich z. B. jemand in ein Gespräch einbringt, etwa: *"What I'd like to say ..."*

Routinen und Rituale erleichtern die Konversation – vorausgesetzt, sie sind dem Sprecher vertraut. Sie spielen beim Telefonieren, beim Begrüßen, beim Verabschieden und ähnlichen standardisierten Gesprächssituationen eine Rolle.

Das Wahrnehmen, Verstehen und auch selbstständige Anwenden von Körpersprache ist in der Konversationssituation von großer Bedeutung. Dazu zählen u. a. die gewählte körperliche Nähe der Sprecher zueinander, Mimik, Augenbewegungen und Haltung der Arme und Hände. Interkulturelle Unterschiedlichkeiten verdienen dabei besondere Beachtung, da sie sonst leicht missverstanden werden können.

Die geschickte Benutzung von Füllwörtern, z. B. *you know ..., well ..., you see ...* weist in der Konversation den kompetenten Sprecher aus. Sie helfen, Gesprächslücken auszufüllen und den Gesprächsablauf auf sozial akzeptable Weise zu steuern. Reparaturmechanismen greifen in der Konversation, wenn diese zu scheitern droht, weil etwas nicht verständlich oder missverständlich war. Der Gesprächspartner als Hörer wird sich dann wie folgt verhalten:
- Korrektur von Falschem oder Unverständlichem durch seinen Gesichtsausdruck, seine Körperhaltung oder durch verbale Äußerungen
- Überhören von Falschem/Missverständlichem
- Registrieren von Falschem/Missverständlichem, aber Tolerieren desselben

Abhängig von einer Situation und der interkulturellen Konstellation einer Konversation werden bestimmte Themen aufgegriffen, die für beide Gesprächspartner akzeptabel und relevant sind. Dazu gehören oft Fragen nach dem Befinden des anderen, Äußerungen über das Wetter oder über die aktuelle Situation der Gesprächspartner.

Außerdem gehört zur Konversation auch dazu, *pre-topics* einzubauen, ehe man das Eigentliche sagt.

INFOS, TIPPS UND TOOLS VON A–Z
KONVERSATION

Beispiel:
pre-topic: *It's quite late already.*
topic: *I'm afraid I have to leave. Bye-bye then.*

Höflichkeit in der Konversation ist eine Bedingung, die von der jeweiligen kulturellen Norm der Gesprächspartner abhängt. Ein wichtiges Kriterium für deutsche Sprecher ist es z. B., die Direktheit der Sprache zu vermeiden. Folgende Höflichkeitsregeln gelten:
- Stimme dem Gesprächspartner zu, wenn möglich.
- Benutze Abmilderungen und indirekte Aussagen (z. B. *I wonder if ...*).
- Zeige Interessse und Mitgefühl für den Gesprächspartner.
- Lass im Gespräch Alternativen zu, wenn möglich.

Probleme
Eine Schwierigkeit für das Üben einer Konversation in der Nachhilfestunde besteht darin, dass es derzeit nicht sehr viele Übungsmaterialien dazu gibt (vgl. jedoch den Literaturtipp). In vielen Fällen muss der Nachhilfelehrer selbst geeignete Aufgaben entwickeln.

Lektüretipp

Rampillon, Ute (1990): English Beyond the Classroom. Bochum: Kamp.

INFOS, TIPPS UND TOOLS VON A–Z
KONVERSATION

Meeting and Leaving

Ein Beispiel für eine Aufgabe zu einer Konversationssituation, in der der eine Sprecher den Kontakt zu einem anderen Sprecher aufbauen möchte und in der sich der zweite Sprecher verabschieden muss.

Student A

You are in a disco in Brighton and want to get into contact with a good-looking boy or girl. You talk to him/her and try to get into a conversation.

Here are some rules again:
- Don't be too direct in what you say; use opening phrases like: *It's very nice here.*
  – *Yes, it is.*
- Don't only ask questions; also give comments and speak about your ideas on something or other.
- Take up topics that might interest him/her.

Topics which can be discussed in many situations are
  – the weather,
  – the place where you are,
  – how you got there,
  – what you are going to do.
- Try to keep the conversation going by taking up what your partner says.

Student B

You are having a drink in a disco in Brighton. A foreign tourist starts talking to you. You think that she/he is very nice. Do not only answer her/his questions, give comments as well to what she/he says.
After some time you have to leave. Try to stop the conversation. Here are some more rules:
- Don't stop the conversation without preparing the end.
- Give signals like:
  – *Well, ...*
  – *Anyway, ...*
  – *I'm afraid I have to ...*
  – *It was nice to ...*
  – *What you said was ...*

Rampillon, Ute (1990): *English Beyond the Classroom*. Bochum: Kamp, Nr. 5A und B.

Konzentriert lernen

Was ist gemeint?
Konzentriert zu lernen bedeutet die unbeeinträchtigte Ausrichtung auf den Lerngegenstand und den Lernprozess. Mögliche Ursachen und Symptome für mangelnde Konzentrationsfähigkeit, die Sie an Ihrem Nachhilfeschüler bzw. Ihrer -schülerin feststellen können, sind z. B. Träumen oder Nicht-bei-der-Sache-bleiben, Nervosität, Bewegungsdrang („Zappelphillipp"), Lernbarrieren (nichts aufnehmen können), Angst und Misserfolgserwartungen. Gezielte Übungen können kleine Wunder vollbringen und so das Englischlernen unterstützen, es vielleicht sogar überhaupt erst ermöglichen.

Eine Meinung zur Diskussion
„Dieser psychologische Firlefanz hat doch mit Englischlernen nichts zu tun! Da geht es knallhart um das Beherrschen von Vokabeln oder von Grammatik. Spielereien sind dabei nur hinderlich."

Kommentar
Jemand, der diese Meinung vertritt, sollte sich einmal bewusst machen, welche geistige Anstrengung nötig ist, um jeden Vormittag viele Stunden lernend bei der Sache zu sein, danach vielleicht auch noch den Nachhilfeunterricht zu besuchen und schließlich die anstehenden Hausaufgaben zu erledigen. Jeder normale Schüler wird dann Ermüdungserscheinungen zeigen und sich hin und wieder nicht konzentrieren können. Damit aber dennoch Lernen möglich wird, müssen die Ursachen bearbeitet werden, die es behindern können.
Stellt man sich vor, dass die Lernenden mehrere Stunden lang stillsitzen müssen, dann sieht man sehr schnell ein, wie notwendig es ist, hier und da eine Übung einzuschieben, durch die körperliche Verkrampfungen (z. B. in Schulter und Nacken) gelöst werden können.
Sehr wichtig ist es auch, Übungen einzubauen, in denen Ermüdungserscheinungen abgebaut werden können und durch die die Aufnahmefähigkeit gefördert wird.
Andere Aufgaben können wiederum dazu beitragen, die vorhandenen Energien der Lernenden so umzulenken, dass sie für das Lernen genutzt

werden können. Schließlich ist es für die Lernenden selbst für künftige Lernsituationen von Bedeutung, zu wissen, wie sie mit ihrem eigenen Körper umgehen müssen, um geistige Leistungen vollbringen zu können.

Je nach Situation der Lernenden können solche Übungen zu Beginn der Nachhilfestunde, aber ebenso auch zwischendurch oder als Abschluss des Lernens durchgeführt werden. Ihre Auswahl orientiert sich an den Symptomen, die ein Schüler oder eine Schülerin zeigt, sowie an dem jeweiligen ↑*Lernertyp*. Neben denjenigen, die durch Zuhören und durch Abstrahieren lernen, gibt es ja auch jene, die sich bewegen, manchmal sogar hin- und hergehen müssen, um sich zu konzentrieren. Andere müssen wiederum etwas zeichnen, basteln oder sich sonst in irgendeiner Weise handelnd betätigen, um ganz bei der Sache zu sein.

Bei der Gestaltung von Entspannungs- und Konzentrationsübungen sollten die folgenden Prinzipien berücksichtig werden:
- Die Aufgaben sollten ganzheitlich angelegt sein und beide Hirnhemisphären und die verschiedenen Sinne ansprechen.
- Die Aufgaben sollten keinen Wettbewerbscharakter haben, um Stress zu vermeiden.
- Auch auf Notendruck sollte bei diesen Anlässen verzichtet werden.
- Die Anforderungen an die Disziplin können ein wenig gelockert werden.

Aufgaben zur Entspannung und zur Förderung der Konzentrationsfähigkeit

Stilleübungen
- Je nach Lernersituation kann es angebracht sein, einfach einmal Stille und Ruhe zu verordnen. Man verabredet mit den Lernenden, z. B. eine Minute lang nicht zu sprechen und sich auch nicht sonderlich zu bewegen. Sie können dabei – wenn sie mögen – den Kopf auf die Arme legen.
Eine Zusatzaufgabe kann der Wahrnehmungsfähigkeit dienen: „Was kann ich hören?"
Zum Abschluss wird das Fenster geöffnet und dreimal tief Luft geholt.

- *Put your hands on the table, one on top of the other. Let your head (forehead) rest on your hands. Feel your feet on the floor and feel the way you are sitting on your chair. Now follow the "in" and "out" of your breath – let the air come and go – breathe in and out.*
Anschließend können die Schüler und Schülerinnen auf Englisch mündlich oder schriftlich über ihre Eindrücke berichten.

Varianten dieser Übung:
- *Get up, stand behind your chair, your arms are dangling, your eyes are closed, feel the floor under your feet.*

- *Put your hands over your eyes, listen to what you can hear around you – in the room, outside, in the schoolyard, in the street outside.*

- *Press your hands together: feel your little fingers, your thumbs, the inside of your hands, the back of your hands – make a fist and relax again, stretch your hands and your fingers, close your hands, open them slowly again, like a flower.*

Bewegungsübungen im Stehen und im Gehen
- *What do cats and dogs do after they wake up from sleep?*
  They stretch. Let's try it together. How do they do it? They stretch their legs, two by two or one after another; they stretch their back, their neck and of course they do a lot of yawning.

- *Picking Apples*
  Imagine you are picking apples or pears. Some of the most beautiful ones are far up in the tree. Can you reach them and pick them? Der Lehrer macht einige Streckbewegungen vor, die Lernenden machen sie ihm nach. Diese Übung kann im Sitzen, im Stehen oder im Gehen vollzogen werden.

Übungen zum Lockern der Muskeln
- *Head Flops*
  Imagine you are a bird that is going to sleep. What does it do with its neck? Stretch, bend, bow your head, up and down, back and forth, so that your chin comes as close as possible to your throat.

- *Walking-in-place*
  Move both legs and feet in turn as if walking. Can you even run while sitting on your seat?

Übung zum Durchatmen
- *Shoulder Flexing*
  Stretch your arms, bend your elbows so that the arms are resting upon them. Then, like a chicken moving its wings, you circulate your arms with the elbows drawing circles in the air: forward and backward as wide as possible, slowly first, then quickly and back to slowly again.

KONZENTRIERT LERNEN

Innere Bilder und Fantasiereisen

- *My Favourite Flower*
  You have discovered your favourite flower – a beautiful flower, and you watch one of its buds. Time goes by and slowly the flower opens. Watch it as the petals move and give way and open up – you can see the tender petals and the deep colour inside the flower. It opens up completely and the sunshine enters the depth of the flower. It is a wonderful moment. Can you still see the flower now?
  Mögliche Weiterführung: *Can you tell us all about your flower?*

- *My Favourite Place*
  Where is it? What does it look like? What can I do/see/hear/ smell there? How do I get there?

- *A Magic Ring*
  You've got a beautiful ring on your fourth finger of your left hand. Look at it. What does it look like? It's a magic ring. When you turn it three times it will take you anywhere you'd like to go.

Alle Aufgaben: Löffler, Renate (1989). *Ganzheitliches Lernen. Grundlagen und Arbeitsformen*. In: Bach, Gerhard/Timm, Johannes-Peter (Hg.) (1989): *Englischunterricht. Grundlagen und Methoden einer handlungsorientierten Unterrichtspraxis*. Tübingen: Francke Verlag. 42–67.

Praxistipp

Sammeln Sie Ideen für ähnliche Aufgaben und sortieren Sie sie unter Gesichtspunkten wie z. B. den folgenden:
- Aufgaben zum Durchatmen
- Aufgaben zur Stille
- Aufgaben zum Recken und Strecken
- Aufgaben zur inneren Ruhe
- ...

Probleme

Es ist zu empfehlen, mit den Lernenden über den Sinn und die Funktion solcher Übungen zu sprechen, damit sie diese künftig auch selbstständig beim Lernen einsetzen können. Außerdem bringen sie dann mehr Verständnis dafür auf. Dies ist vor allem bei Lernenden in der Pubertät wichtig, da sie sich an derartige Übungen nicht immer schnell gewöhnen können.

Lektüretipp

Löffler, Renate (1989): „Ganzheitliches Lernen: Grundlagen und Arbeitsformen." In: Bach/Timm (Hg.) (1989): *Englischunterricht*. Tübingen: Francke. 42–67.

INFOS, TIPPS UND TOOLS VON A–Z
KONZENTRIERT LERNEN

Checkliste zur Registrierung der eigenen Gefühle beim Lernen

Wenn das Lernen keine Freude macht, dann kann man sich auch schlecht darauf konzentrieren. Versuche also, deine Gefühle beim Lernen zu erkennen, indem du bei mehreren Gelegenheiten diese Checkliste nach dem Lernen ausfüllst. Dadurch wirst du deine Gefühle erkennen, sie äußern können und vor allem wissen, wie du mit ihnen richtig umgehen kannst.

Datum   Uhrzeit   Aufgabe, die ich erledigt habe

Gefühle, die ich bei der Erledigung dieser Aufgabe hatte

[ ]   Spaß   [ ]   Angst

[ ]   Ruhe   [ ]   Ärger

[ ]   Freundlichkeit   [ ]   Langeweile

[ ]   .... [ ]   Anspannung

[ ]   .... [ ]   ....

[ ]   .... [ ]   ....

[ ]   .... [ ]   ....

Nach Bimmel, Peter/Rampillon, Ute (2000): Lernerautonomie und Lernstrategien. Fernstudieneinheit 23. München: Goethe Institut, S. 169.

KONZENTRIERT LERNEN

Fragebogen zum Zeitmanagement und zur Selbstbeobachtung

Beantworte alle Fragen dieses Bogens mehrmals, und zwar bei verschiedenen Gelegenheiten. Du wirst dadurch herausfinden, ob und wann du Zeitprobleme beim Lernen hast, wann es dir leicht fällt und wie du deine Zeitplanung verbessern kannst.

- Dann würde ich zu Hause am liebsten lernen :   So mache ich es meistens:

  [ ] sofort nach dem Mittagessen   [ ]
  [ ] nach einem Mittagsschlaf   [ ]
  [ ] am frühen Morgen   [ ]
  [ ] am Nachmittag   [ ]
  [ ] am späten Abend   [ ]
  [ ] ……………………………   [ ]

- Ich achte darauf, dass ich ausgeschlafen bin, ehe ich mit dem Lernen anfange.

  [ ] immer   [ ] meistens   [ ] selten [ ] nie

- Um gut zu lernen, benötige ich täglich ungefähr: So viel Zeit investiere ich tatsächlich:

  [ ] 1 Stunde   [ ]
  [ ] 2 Stunden   [ ]
  [ ] 2,5 Stunden   [ ]
  [ ] 3 Stunden   [ ]
  [ ] 3,5 Stunden   [ ]
  [ ] 4 Stunden   [ ]
  [ ] 4,5 Stunden   [ ]
  [ ] ……………   [ ]

INFOS, TIPPS UND TOOLS VON A–Z
KONZENTRIERT LERNEN

- Ich sorge bewusst dafür, dass ich beim Englischlernen die verschiedenen Lernarten immer miteinander abwechsle. Also zum Beispiel: Nach dem Schreiben höre ich mir eine Tonkassette zur Schulbuchlektion an, dann mache ich eine Grammatikübung, dann lese ich einen Text durch.

    [ ] trifft zu   [ ] trifft manchmal zu   [ ] trifft nie zu   [ ] sollte ich mir überlegen
    (Mehrere [x] sind möglich.)

- Ich habe herausgefunden, wie viel Stoff ich mir z. B. beim Vokabellernen oder beim Grammatiklernen auf einmal einprägen kann, ohne ihn gleich wieder zu vergessen.

    [ ] trifft zu   [ ] trifft nicht zu   [ ] sollte ich mal drauf achten
    (Mehrere [x] sind möglich.)

- Um etwas systematisch zu wiederholen, mache ich mir einen Lernplan. Hier notiere ich, was ich wann üben oder wiederholen will.

    [ ] trifft zu   [ ] trifft nicht zu   [ ] sollte ich mal ausprobieren
    (Mehrere [x] sind möglich)

Kreatives Lernen

Was ist gemeint?
Beim kreativen Lernen geht es darum, das Denken mit individuellen Empfindungen und Gefühlen, mit der eigenen Fantasie und dem persönlichen Ideenreichtum zu verbinden. Dabei geht es stets darum, etwas herzustellen, zu gestalten oder zu entwickeln. Das Lernen ist also kreativ und nicht imitativ oder rekonstruktiv.
Im Englischen sprechen wir von *creative learning*, insbesondere vom *creative writing*.

Eine Meinung zur Diskussion
„Wenn mein Nachhilfeschüler wieder einmal eine schlechte Note aus der Schule mitbringt, dann ist Pauken und nochmals Pauken angesagt und keine Fantasie!"

Kommentar
Das eine muss das andere nicht ausschließen. Im Gegenteil! Denken und Kreativ-Handeln passen zusammen und stützen sich gegenseitig. Im Gegensatz zu einem „verkopften" Englischunterricht bietet das kreative Lernen eine Fülle von Vorteilen und Chancen:
- Abstrakte Lerngegenstände werden anschaulich und greifbar.
- Die Lernsituation wird entspannt und das ↑*konzentrierte Lernen* gefördert.
- Im Nachhilfeunterricht entsteht ein Schonraum, in dem es keinen Leistungsdruck, kein „Richtig" oder „Falsch" und keinen Lernstress gibt.
- Der Lernprozess wird individualisiert und die subjektiven Belange der Lernenden werden berücksichtigt.
- Auch die ↑*Lernertypen*, die weniger gut analytisch oder systematisierend lernen, sondern die eher spontan sind und „aus dem Bauch heraus" zu Ergebnissen kommen, werden berücksichtigt.

Kreatives Lernen kann zu jedem Zeitpunkt einer Nachhilfestunde stattfinden:
- als Unterrichtseinstieg und als Einstimmung auf ein Thema, z. B. durch einen Paralleltext zum eigentlichen Text, durch das Deuten von vier

oder fünf Auswahlbegriffen zum Thema, durch Bilder, durch die Spekulation über den Texttitel;
- in der Phase der Ideensammlung, in der die Lernenden ihr Vorwissen aktivieren, sammeln und ordnen;
- beim Austausch von Ergebnissen oder Meinungen.
- Kreatives Lernen dient dem effizienten Wiederholen und fördert langfristiges Behalten des Lernstoffes.
- Schließlich baut kreatives Lernen die Motivation und die Bereitschaft zum Lernen auf.

Beim kreativen Lernen benötigt der Schüler oder die Schülerin von der Unterrichtsführung her einigen Freiraum. Der Nachhilfelehrer bzw. die -lehrerin initiiert und organisiert das Lernen lediglich, nimmt sich jedoch bei der Steuerung der Gedanken der Lernenden stark zurück. Offene Unterrichtsformen sind daher einer strengen Unterrichtssteuerung vorzuziehen.

> **Praxistipp**
>
> Prüfen Sie, inwieweit die Lektionstexte des Englischbuches umgestaltet werden können, sodass Unerwartetes, Ungewöhnliches, Unverständliches, Widersprüchliches usw. eingebaut werden kann. Auf diese Weise haben Sie ein leichtes Spiel, Ihre Nachhilfeschüler und -schülerinnen zum kreativen Lernen zu führen.

Praktische Unterrichtsideen zum kreativen Lernen

■ Kreativitätstechniken
Das Anfertigen einer *mind map* oder eines Assoziogramms (vgl. hierzu die Lerneinheit ↑*Handelnd lernen*).

Das Brainstorming
Die Lernenden sammeln in Stichworten auf einem Zettel möglichst viele Begriffe, die ihnen zu einem gegebenen Thema einfallen. Die Wichtigkeit spielt dabei keine Rolle. Danach werden die Begriffe geordnet, z. B. durch Beziffern der Stichworte mit einem Farbstift oder durch das Herstellen von Oberbegriffen, unter die einige der Stichworte zusammengefasst werden können. Im Idealfall werden die Stichworte jeweils auf einen kleinen Zettel geschrieben, um das spätere Ordnen zu erleichtern. Werden die Stichworte als Liste notiert, kann diese zum Zwecke der Systematisierung in Streifen zerschnitten werden, sodass die Stichworte wieder separat stehen.

INFOS, TIPPS UND TOOLS VON A–Z
KREATIVES LERNEN

■ Spiele und Rätsel

Geräusche raten

Die Lernenden hören von einer Geräusche-CD die unterschiedlichsten Geräusche, z. B. Schneeschippen, Meeresrauschen, Flughafengeräusche; sie erraten, um welche Situationen es sich handelt, wählen eine aus und erfinden dazu eine Geschichte.

Bilder erraten

Die Lernenden erhalten eine sehr unvollständige, fast nicht erkennbare Zeichnung. Sie befragen den Lernpartner (oder in diesem Falle den Nachhilfelehrer bzw. die -lehrerin) z. B.: *Is there a street? Is the wood bigger than the lake?* Sie erhalten lediglich die Antwort „*Yes*" oder „*No*". Danach vervollständigen sie ihre Zeichnung Schritt für Schritt, bis sie erkannt haben, was abgebildet ist oder bis die Zeichnung vollständig ist.

Beispiel:

Quelle: Doyé, Peter/Rampillon, Ute (1986): *Vertretungsstunden für den Englischunterricht.* Ismaning: Max Hueber Verlag. 46 f.

Pantomime

Ein Schüler oder eine Schülerin stellt in einer kurzen Pantomime etwas dar. Die anderen Lernenden erraten, was ausgedrückt worden ist. Danach werden die Rollen getauscht. Dieses Spiel setzt mindestens zwei Nachhilfeschüler oder -schülerinnen voraus.

INFOS, TIPPS UND TOOLS VON A–Z
KREATIVES LERNEN

■ **Basteln**

Die Lernenden stellen durch Zeichnen, Ausschneiden, Kleben, Bemalen usw. eine Kollage zu einem Thema her. Oder sie basteln eine Lernhilfe, z. B. ein Lernmobile, an dem auf Zetteln die unregelmäßigen Formen eines englischen Verbs geschrieben werden; eine Lernblume, die aus mehreren etwa handgroßen Blütenblättern besteht, auf die man sich Vokabeln zum einem Wortfeld notiert hat; Lernflaggen, das sind postkartengroße Zettel, an ein Rundholz geklebt, die Grammatikregeln zu den verschiedensten grammatischen Bereichen beinhalten (vgl. hierzu auch die Lerneinheit ↑*Handelnd lernen*).

■ **Mnemotechniken**

Bilder, die man im Kopf hat, sind oft eine gute Gedächtnisunterstützung (vgl. hierzu die Lerneinheit ↑*Behalten*). Manchmal kann man sie auch zu Papier bringen und am Arbeitsplatz aufheben. Mit diesem Bild hat sich z. B. eine Schülerin das englische Verb *to bow* gemerkt.

Quelle: Sperber, Horst (1989): *Mnemotechniken im Fremdsprachenerwerb*. München: iudicium Verlag. S. 177.

INFOS, TIPPS UND TOOLS VON A–Z
KREATIVES LERNEN

■ **Vorlagen vervollständigen**
Viele Schulbuch- und Lektüretexte lassen sich so aufbereiten, dass die Lernenden einen Textteil selbst erraten müssen. Dabei kann es sich um den Beginn, das Ende oder auch einen beliebigen Absatz mitten im Text handeln. Das Ergebnis der Lernenden muss sich nicht zwingend mit dem vollständigen Text decken, sondern kann frei gestaltet werden.

Anfangssätze ausbauen
Die Lernenden erhalten eine Liste von Anfangssätzen zur Auswahl, z. B.:
I'll never again ...
After leaving school I'll ...
If I were a man / a woman I ...
I would like to have ...
I would like to be ...
Sie wählen einen aus, ergänzen ihn und erfinden dazu eine Geschichte, die sie mündlich erzählen oder aufschreiben.

Mit Worten malen
Die Lernenden schreiben ihre Texte in einer Form auf, die zu ihrem Inhalt passt.
Beispiel: The Honey Pot – Alan Riddel

Quelle: Kuntze, Wulf-Michael (Hg.) (1990): *Time For A Poem*. Frankfurt: Diesterweg, S. 153.

Hier das Ergebnis einer Schülerarbeit:

Nach Häussermann/Piepho (1996): *Aufgabenhandbuch*. S. 392.

Derartige Aufgaben können auch mit Anfangsbeispielen vorgegeben werden, sodass die Lernenden sie nur fortsetzen brauchen.

Gedichte vervollständigen
Die Lernenden erhalten einen Vers, in dem einige Worte fehlen. Die Lernenden ergänzen ihn und lesen ihn dann laut vor und/oder machen eine Zeichnung dazu.
  Beispiel:
>   A Bee
>   A bee is only a bee
>   Who buzzes from flower to ......
>   If he can't .... a blossom
>   He'll get .... and toss'em,
>   And buzz around you and ....

Quelle: Henry, Ernest (1997): *New Improved Limericks*. London: The Limerick Book Publishing Company. S. 64.

Mithilfe von Reim, Rhythmus und Inhalt werden die Lernenden die fehlenden Worte ergänzen können. Eventuell können sie ihnen auch am Ende des Verses in ungeordneter Folge vorgegeben werden.

INFOS, TIPPS UND TOOLS VON A–Z
KREATIVES LERNEN

Umgekehrt ist es denkbar, nur die Reimwörter vorzuschlagen und die Lernenden zu veranlassen, einen eigenen Limerick herzustellen (vgl. hierzu die Lerneinheit ↑*Jokes and more*).

■ **Auf Vorlagen reagieren**
Die Lernenden erhalten zwei beliebige Fotos, von denen behauptet wird, dass sie inhaltlich zusammengehören, was aber auf den ersten Blick nicht zu erkennen ist. Sie stellen nun diese Beziehung her, beschreiben sie und begründen, warum die beiden Fotos zusammenpassen.

Fantasiereisen
Fantasiereisen aktivieren die Vorstellungskraft der Lernenden. Begleitende Entspannungsmusik verstärkt den Effekt. Nach der Durchführung der Reise kann die Auswertung mündlich oder schriftlich geschehen, z. B. durch die Darstellung des Erlebten. Hier gilt jedoch der Grundsatz, dass ein sehr großes Vertrauensverhältnis zwischen Nachhilfelehrer oder -lehrerin und Lernenden bestehen muss, da der mentale Prozess bei einer Fantasiereise doch ein sehr persönlicher ist und nicht unterrichtlich missbraucht werden darf (thematische Beispiele für Fantasiereisen: Lerneinheit ↑*Konzentriert lernen*).

Illustration: Andi Wolff, Lemgo

INFOS, TIPPS UND TOOLS VON A–Z
KREATIVES LERNEN

■ **Freies Schreiben**
Die Lernenden erhalten eine Textvorlage, z. B. ein Gedicht. Nach diesem Muster schreiben sie eigene Texte.
Beispiel für die Textvorlage:
The sky is grey,
springrain,
a bee on the window pane
a purring cat.
This is my home.

Was Schülerinnen und Schülern dazu einfiel:

The breeze of the air,	*A cat that always sleeps,*
the waves of the sea,	*the blue sky*
a white sailing boat	*my two sisters who quarrel,*
and the sun –	*the green landscape –*
This is home.	*This is home.*
(Tanja, 12)	*(Niels, 14)*

Abschließend malen die Lernenden mit Farbe (Wachsstifte oder Wasserfarben) das Papier aus, auf das sie ihr Gedicht geschrieben haben.

Nach: Häussermann/Piepho: *Aufgabenhandbuch.* S. 395.

The language of colours
Die Lernenden beschreiben eine Situation, eine Person, ein Erlebnis usw. nur durch den Gebrauch von Farben.

Exotic Animals
Die Lernenden erfinden ein Fabeltier, zeichnen und/oder beschreiben es und erfinden dazu eine Geschichte.

Probleme für den Nachhilfeunterricht
So effektiv kreative Lernaufgaben auch sein mögen, so groß ist doch das Zeitproblem, das sie mit sich bringen. Dies gilt insbesondere für Nachhilfestunden, deren Zeit ja limitiert und kostbar ist. Eine Möglichkeit, die Unterrichtszeit zu entlasten, besteht darin, dass die Lernenden immer dann, wenn es um das zeichnerische Ausgestalten oder die Reinschrift eines Textes geht, dieses nach dem Unterrricht fortsetzen.

Lektüretipp

Imaginatives Lernen, Themenheft der Zeitschrift „Pädagogik", Heft 7–8/1999. 4–36.
Der fremdsprachliche Unterricht Englisch, Heft 38, 1999: Mit Bildern lernen.

Lehrwerke

Was ist gemeint?
Unter dem Lehrwerk verstehen wir hier das Englischbuch in engem Zusammenspiel mit seinen Begleitmaterialien. Bei manchen Lehrwerken gibt es eine unterschiedliche Ausgabe des Englischbuches für die Hand des Lehrers bzw. der Lehrerin (mit unterrichtlichen Anregungen) und für die Lernenden (das Schülerbuch). Das Lehrwerk spielt im fremdsprachlichen Lehr-/Lernprozess neben anderen Lernmitteln eine übergeordnete Rolle, es hat eine Leitfunktion für die Lehrkräfte sowie für die Lernenden, denn es legt die Lernziele, die Inhalte und z. T. auch die Methoden fest, nach denen unterrichtet bzw. gelernt wird.

Jedes Lehrwerk hat eine bestimmte pädagogische Ausrichtung, die die Auswahl der Übungen, die Anlage der Lektionen oder z. B. die Behandlung der Grammatik betrifft. Ein Lehrwerk, das das selbstgesteuerte Lernen ins Zentrum stellt, bietet beispielsweise zu seinen Aufgaben einen Lösungsteil zum selbstständigen Kontrollieren an.

Eine Meinung zur Diskussion
„Wenn ich mit meinen Nachhilfeschülern und -schülerinnen das Lehrwerk Schritt für Schritt durcharbeite, müssten sie eigentlich erfolgreich sein."

Kommentar
Leider ist das Lehrwerk kein Allheilmittel, sondern lediglich eine grobe Orientierung, die mit Blick auf die Lernenden variiert werden kann und muss. Von seiner Anlage her bietet es in der Regel eine Fülle von Variationsmöglichkeiten. Neben dem Schülerbuch gibt es das Workbook, das Arbeitsheft. Außerdem sind inzwischen auditive Medien, wie z. B. Tonkassetten oder CDs eine gängige, aber auch notwendige Ergänzung. Daneben gehören zu einem Lehrwerk ein grammatisches Beiheft, Bildkarten, Wandbilder, Foliensätze oder Dias. Sie alle haben ihre Berechtigung und dienen dazu, das Lernen aufzulockern, es schülergerecht zu gestalten und die Lernenden auf unterschiedlichsten Wegen zum Erfolg zu führen. Trotz dieser Vielfalt hat das Lehrwerk auch seine Grenzen und es gilt, es durch zusätzliches Material zu ergänzen:

INFOS, TIPPS UND TOOLS VON A–Z
LEHRWERKE

- Vor allem für den Nachhilfeunterricht besteht das Problem darin, dass im regulären Englischuntericht bereits die wesentlichen Bestandteile der Lektionen bearbeitet wurden und jede Wiederholung für die Lernenden höchst langweilig sein muss.
- Unabhängig von diesem generellen Problem ist es zu empfehlen, ergänzende Materialien einzubinden, die sowohl die persönlichen als auch die fachlichen Interessen der Lernenden berühren. Die Lernenden sollten auch ermuntert werden, eigene Materialien mit in den Unterricht zu bringen.
- Um der Motivation der Lernenden willen ist es zu empfehlen, eine Schulbuchlektion durch andere aktuellere Materialien anzureichern und so den Bezug zur Lebenswelt der Lernenden zu gewährleisten.
- Es kann auch vorkommen, dass man im Lehrwerk didaktische oder methodische Mängel entdeckt, die man durch alternative Materialien ausgleichen kann.
- Kaum ein Lehrwerk wird es leisten können, in jeder Lektion parallele Aufgaben für die unterschiedlichsten ↑*Lernertypen* anzubieten. Will man diese jedoch berücksichtigen, sind ergänzende Materialien unumgänglich.
- Will man die Behandlung einer Lektion vorentlasten und z. B. Wortschatz oder Grammatik an anderen Texten besprechen, so muss man geeignetes Material finden und der jeweiligen Lektion zuordnen.

Es gibt also eine Menge guter Gründe, neben dem Englischbuch weitere Materialien einzubeziehen, obwohl in der Fülle der „fliegenden Blätter" auch eine Gefahr für die Orientierung der Lernenden besteht. (Es sei denn, sie hätten im Bereich der ↑*Lerntechniken* verstanden, wie man sein persönliches Lernen organisiert.)

Andererseits kann es manchmal auch notwendig werden, das Angebot des Schulbuches im Nachhilfeunterricht zu kürzen, nicht nur, weil es den Lernenden bereits mehr als bekannt ist, sondern vielleicht auch, weil es fachliche Schwächen enthält. Motto: Nicht immer muss alles, was zu einer Lektion gehört, bearbeitet werden!

Aus der Sicht der Lernenden bringt das Englischbuch auf den ersten Blick zahlreiche interessante Informationen. Haben die Lernenden diese jedoch einmal zur Kenntnis genommen, verliert das Englischbuch seinen Reiz. Deswegen sollten ergänzende Aufgaben hinzugezogen werden, die bestimmten Qualitätsmerkmalen entsprechen (vgl. dazu z. B. ↑*Aufgabenformen*), und der mögliche Vorwurf der „fliegenden Blätter" sollte nicht ernst genommen werden.

Praxistipp

Um den Überblick bei der Vermittlung einer Lehrwerkslektion zu behalten und alle gewünschten Aspekte zu berücksichtigen, hat es sich als praktisch erwiesen, auf Klebezetteln im Lehrerexemplar des Lehrbuches Hinweise zu bestimmten Zusatzmaterialien, zu Lerntechniken, zu (Zwischen-)Tests, zu Lektüren, zu ergänzenden Reimen, Gedichten, Eselsbrücken, Witzen, Cartoons usw. aufzunehmen.

LEHRWERKE

Selbstständig mit dem Englischbuch lernen

Für die Lernenden ist es in jedem Fall wichtig zu wissen, wie sie selbstständig mit dem Englischbuch lernen können. Eine Grundvoraussetzung dazu ist, dass sie das Englischbuch mit all seinen Bestandteilen und ihren Funktionen kennen, angefangen von der Zeichen- und Symbolerklärung zu Beginn, über die Struktur und den Aufbau einer Lektion bis hin zu den diversen Anhängen. Um diesen Überblick herzustellen, kann eine Lehrwerkrallye recht nützlich – und nebenbei auch noch amüsant sein (vgl. S. 148).

Ein wesentliches Element im Schulbuch sind die diversen Aufgaben. Die Lernenden sollten diese nicht einfach nur auf Anweisung des Nachhilfelehrers „blind" bearbeiten, sondern sollten sehr wohl wissen, wozu sie dienen. Eine weitere Bedingung ist, dass sie die Aufgabenform verstehen und wissen, was im Einzelnen von ihnen verlangt wird. Unabhängig von dem Problem der sprachlichen Beherrschung einer Aufgabenstellung sollten die Lernenden auch überschauen, wie umfangreich die Bearbeitung ist, wie viel Zeit sie in etwa benötigt und ob sie evtl. in verschiedene kleinere Lernschritte zerlegt werden sollte. Aufgaben, die zum selbstständigen Lernen gedacht sind, sollten – wie oben bereits angesprochen – Lösungen und Vergleichsmöglichkeiten enthalten.

Alternative Unterrichtsverläufe

Neben den üblichen traditionellen und für die Lernenden meist auch langweiligen ↑*Unterrichtsabläufen* gibt es Unterrichtsschritte, die ihnen Spaß machen, die sie herausfordern und zum Lernen motivieren. Alternative Unterrichtsverläufe sollten also gesucht werden. Insbesondere können die Einstiege in ein Thema so gestaltet werden, dass sie zum Lernen anreizen. Spontane Einfälle der Lernenden oder auch kritische Anmerkungen zum Thema einer Lerneinheit werden gerne aufgegriffen. Ebenso können die Rückblicke auf eine Lektion gestaltet werden. Im Sinn einer Bilanz machen die Lernenden Aussagen darüber, was ihnen an dieser Lerneinheit wichtig war, was ihnen Probleme bereitet hat, worauf sie demnächst gern nochmals zurückkommen würden und was sie noch nicht so sicher beherrschen.

Probleme

Ein ganz praktisches Problem beim Unterricht mit dem Englischbuch besteht darin, dass es durch den Englischunterricht in der Regel mehr als bekannt ist und jeder Reiz, einen Text auf Englisch zu lesen und zu verstehen,

INFOS, TIPPS UND TOOLS VON A–Z
LEHRWERKE

verloren gegangen ist. Hinzu kommt, dass die Lernenden sich die einzelnen Lektionen nicht durch Hineinschreiben, Markieren, Ergänzen usw. zu Eigen machen können, sondern – aufgrund der recht weit verbreiteten Lehrmittelfreiheit in den Bundesländern – auf Distanz lernen müssen. Daher wird empfohlen, ↑*Arbeitsblätter* und sonstige Materialien hinzuzuziehen, die insbesondere beim Einzelunterricht der Nachhilfestunde gerne angenommen werden.

Lektüretipp

Themenheft „Lerneinstiege" in *Der Fremdsprachliche Unterricht Englisch*, Friedrich Verlag, Heft 52, 2001.

INFOS, TIPPS UND TOOLS VON A–Z
LEHRWERKE

Lehrwerk-Rallye

Um diese Lehrwerk-Rallye durchzuführen, haben andere Schülerinnen und Schüler ungefähr acht Minuten benötigt. Kannst du deren Zeit unterbieten? Beantworte alle folgenden Fragen schriftlich; nimm – wenn nötig – dein Englischbuch zu Hilfe. Merke dir deine Startzeit, wenn du beginnst.

1. Wie viele Seiten hat dein Englischbuch?
   _____

2. Wie lautet die Überschrift von Lektion 3 deines Englischbuches?
   _____

3. Wo kannst du die Grammatik von Lektion 2 nachlesen?
   [ ] am Ende der Lektion
   [ ] im grammatischen Anhang des Englischbuches
   [ ] im grammatischen Beiheft
   [ ] _____

4. Auf welcher Seite in deinem Englischbuch beginnt das Vokabelverzeichnis?
   _____

5. Welches Begleitmaterial gibt es zu deinem Englischbuch?
   [ ] grammatisches Beiheft   [ ] ....
   [ ] Tonkassette(n)/CD   [ ] ....
   [ ] Arbeitsheft/*Workbook*

6. Auf welcher Seite deines Englischbuches findest du Informationen über England?
   _____

7. In welchem Teil deines Englischbuches kannst du die Aussprache englischer Wörter nachschlagen?
   _____

8. Auf welcher Seite deines Englischbuches findest du Informationen über Lerntechniken, also darüber, wie man lernt?
   _____

Schau nun auf die Uhr und notiere hier die Minuten, die du für diese Lehrwerk-Rallye benötigt hast.
   _____ Minuten

Lernertypen

Was ist gemeint?
Wir wissen heute, dass jeder Mensch auf die ihm eigene Art und Weise lernt. Viele dieser Verhaltensweisen kann man wegen ihrer Ähnlichkeit zu Gruppen oder „Typen" zusammenfassen. Angehörige dieser Gruppen benutzen vergleichbare spezifische Lernverfahren und für sie typische ↑*Lerntechniken*.

Eine Meinung zur Diskussion
„Woher soll ich überhaupt wissen, was für ein Lernertyp mein Nachhilfeschüler ist?"

Kommentar
In der Tat ist es nicht ganz einfach, den jeweiligen Lernertyp zu erkennen. Schließlich kann man ihm nicht hinter die Stirn schauen. Für den Nachhilfelehrer bzw. die -lehrerin besteht jedoch die Möglichkeit, durch systematische Beobachtung einen groben Einblick zu gewinnen. Einen anderen Zugang gewinnt man durch die gezielte Befragung des Nachhilfeschülers bzw. der -schülerin, und schließlich kann das Erproben verschiedener Lernwege recht aufschlussreich sein. Neben die Fremdbeobachtung kann zusätzlich auch die Selbstbeobachtung durch die Lernenden treten. Alle genannten Verfahren sind nicht ausschließlich zu verstehen, sondern ergänzen einander.
In der Wissenschaft existieren mehr als ein Dutzend unterschiedlicher Kategorisierungen von Lernertypen. Die Folgende gehört zu den verbreitetsten Einteilungen und liefert Beobachtungskriterien für jeden einzelnen Lernertyp (siehe Abbildung auf der nächsten Seite).

So klar wie in dieser Übersicht lassen sich die Lernertypen in Wirklichkeit nicht voneinander unterscheiden. Kaum ein Schüler oder eine Schülerin vertritt einen der genannten Lernertypen in Reinform. Es ist vielmehr eine Tendenz, sich auf die eine oder die andere Art zu verhalten. Jemand lernt z. B. besonders gut, wenn er viel notiert oder sich den Text vor Augen hält.

INFOS, TIPPS UND TOOLS VON A–Z
LERNERTYPEN

Lernertypen im Überblick

Visuell orientierte Lerner lassen sich vor allem durch Bildvorlagen jeglicher Art, durch Übersichten und durch optische Hervorhebungen ansprechen, die sie im Behaltensprozess oft mitspeichern. Außerdem produzieren sie auch selbst – sei es auf Papier, sei es mental – eigene Bilder, um ihr Lernen zu unterstützen. Ausschließlich akustische Präsentationen stoßen auf ihre Ablehnung, es sei denn, es gelingt ihnen, dazu eigene Bilder entstehen zu lassen.

Auditiv orientierte Lerner fühlen sich wohl, wenn sie Informationen auf akustischem Wege angeboten bekommen. Es stört sie manchmal sogar, wenn diese durch Schrift oder durch Bilder begleitet werden. Besonders ansprechend ist für sie eine Sprache, die sich von ihrem Klang her leicht einprägt. Daher mögen Lerner mit diesem Lernmuster besonders gerne Merkverse, Eselsbrücken, Reime usw., die sie gerne stumm, d. h. ohne Stimmeinsatz, oder halblaut vor sich hinsprechen und sich so das zu Merkende einprägen.

Kommunikativ bzw. kooperativ orientierte Lerner mögen Partner- und Gruppenarbeit, da sie im Gespräch bzw. im gemeinsamen Tun ihr Wissen und Können erarbeiten, es speichern und es anwenden. Das Gespräch mit anderen über eine Sache hilft ihnen bei ihrem gedanklichen Durchdringen und fördert das Behalten.

Haptisch bzw. motorisch orientierten Lernern ist daran gelegen, den Lerngegenstand zu begreifen oder ihn erst selbst als Produkt ihres Lernens herzustellen. Das Anfertigen von Kollagen, das Basteln von Lernhilfen, das Herstellen von Modellen ist für ihr Lernen nützlich. Manche mögen es zusätzlich, während des Lernens aufzustehen, sich zu bewegen, umherzugehen.

Erfahrungsorientierte Lerner legen großen Wert auf praktisches Erproben. Die Einsichten, die sie dabei gewinnen, sind Maßstab für ihr weiteres Vorgehen. Ihnen reicht es nicht, Informationen vermittelt zu bekommen; stattdessen suchen sie Gelegenheiten, durch eigene Erfahrungen und Erkenntnisse ihr Wissen aufzubauen. Handelndes Lernen ist für sie ein geeigneter Zugang.

Abstrakt-analytische Lerner mögen systematische und klar strukturierte Darstellungen. Sie ziehen verallgemeinernde Aussagen (z. B. Grammatikregeln) einer Anhäufung von konkreten Einzelfällen vor. Es liegt ihnen auch, ihrerseits Analysen durchzuführen, um zu neuen Erkenntnissen zu gelangen. Basteln und ähnliches handelndes Lernen lehnen sie ab.

Ein solcher visueller Lernertyp kann aber auch zusätzlich eine leichte Neigung zu einer der andere Kategorien haben, z. B. zum ↑*handlungsorientierten Lernen*. Obendrein kann es vorkommen, dass jemand im Laufe der Entwicklung seines „Lernerlebens" seine ursprüngliche Orientierung zugunsten einer anderen aufgibt. Trotz dieser Unwägbarkeiten bietet eine Kategorisierung nach Lernertypen eine grobe Orientierung für Lehrende und Lernende, die gewährleistet, dass der Unterricht nicht einseitig ist, sondern dass möglichst viele Lernertypen angesprochen werden. Die Chancen des Nachhilfeunterrichts bestehen darin, dass sich der Unterricht – sofern es sich um Einzelunterricht handelt – stets am Lernertyp des Nachhilfeschülers ausrichten kann.

Dies kann zu fast jedem Zeitpunkt im Unterrichtsablauf der Fall sein: Bei der Aufnahme neuen Wissens durch die Lernenden, bei dessen Verarbeitung, bei der Übung und Wiederholung sowie bei der Anwendung des Wissens und Könnens.

Probleme

Unterrichtet man in der Nachhilfestunde mehrere Schülerinnen und Schüler und unterscheiden sich diese im Lernertyp, so bedeutet es für den Unterricht, für jedes Lernziel eine größtmögliche Methodenvielfalt bereitzuhalten. Da das aber leicht sehr zeitaufwändig sein kann, ist in solchen Fällen zu empfehlen, die Lernenden so oft wie möglich aus einem Aufgabenpool selber diejenigen Aufgabentypen auswählen zu lassen, die ihnen am ehesten entsprechen. Unterschiedliche Lernende gelangen so auf verschiedenen Wegen zu demselben oder zumindest einem vergleichbaren Lernziel.

Praxistipp

Erkunden Sie möglichst zu Beginn des gesamten Nachhilfeunterrichts, welchem Lernertyp sich Ihr Nachhilfeschüler bzw. die -schülerin zuordnen lässt. Der folgende Testbogen kann dazu eine Hilfe sein.

Lektüretipp

Rampillon, Ute (2000): *Englisch lernen – aber clever!. Lerntechniken zum selbstständigen Lernen*. Stuttgart: Ernst Klett Verlag.

INFOS, TIPPS UND TOOLS VON A–Z
LERNERTYPEN

Welcher Lernertyp bin ich?

Kreuze an, welchen Lernertypen du dich eher und welchen du dich weniger zuordnen würdest.

Wie man lernen kann	Wie häufig ich so lerne			
	sehr gern	gern	gleich-gültig	ungern
Abbildungen, Grafiken zum Lernstoff betrachten (v)				
viele vergleichbare Beispiele sammeln (a)				
auswendig lernen und laut aufsagen (ak)				
Schlussfolgerungen aus Vorwissen ziehen (e)				
innere Vorstellungsbilder machen (v)				
Lernstoff mit anderen diskutieren (k)				
Notizen anfertigen (v)				
Vorgang/Lernstoff genau analysieren (a)				
andere befragen (k)				
Poster, Kollage u. Ä. basteln (h)				
Lernstoff von Kassette anhören (ak)				
Lernstoff mit Erfahrungen verbinden (e)				
Lernstoff gliedern (a)				
Lernstoff anfassen, bewegen, formen usw. (h)				
Lernstoff anderen erklären (k)				
konzentriert zuhören (ak)				
mit einer Lernkartei lernen (h)				

INFOS, TIPPS UND TOOLS VON A–Z
LERNERTYPEN

Betrachte nun die Rubrik „sehr gern". Notiere als Strichliste oder als Ziffer, wie oft du die verschiedenen Zugangsweisen angekreuzt hast. (Benutze dazu die Buchstaben in Klammern)

- (v) visuell: ....
- (a) analytisch: ....
- (ak) akustisch: ....
- (k) kommunikativ: ....
- (h) haptisch: ....
- (e) erfahrungsorientiert: ....

Die beiden Zugangsweisen mit den höchsten Zahlen deuten auf deinen Lernertyp hin.

nach Bimmel, Rampillon: 2000, S. 80.

Illustration: Andi Wolff, Lemgo

Lernorte

Was ist gemeint?
Mit einem Lernort ist diejenige Stelle gemeint, an der Ihr Nachhilfeschüler bzw. die -schülerin für die Schule oder für Ihren Englischunterricht lernt. Dies kann der häusliche Arbeitsplatz sein oder das Klassenzimmer in der Schule. Es können – gerade für den Englischunterricht – jedoch auch viele andere Orte in Betracht kommen. Die sinnvolle Gestaltung und Nutzung des Lernortes kann das individuelle Lernen unterstützen.
Andere Begriffe für den Lernort sind „Arbeitsplatz" oder „Lernecke".

Eine Meinung zur Diskussion
„Ich habe nun wirklich keine Zeit, um mit meinem Nachhilfeschüler über seinen Lernort zu sprechen. Das ist außerdem Sache der Eltern!"

Kommentar
Diese Meinung sollte man kritisch sehen. Gerade bei jugendlichen Lernenden ist es zu einer weit verbreiteten Unsitte geworden, in den unmöglichsten Positionen zu lernen: liegend auf dem Teppich, am Küchentisch, während die Mutter das Essen kocht und vielleicht auch noch Radio hört, oder kniend am Sofa. Zwar sollen alle Lernenden ihren persönlichen Arbeitsstil finden, dieser darf jedoch das Lernen nicht behindern, sondern sollte es fördern.
Darüber hinaus ist das erfolgreiche Lernen nicht alleiniges Anliegen der Eltern, sondern wird auch vom Schulunterricht und vom Nachhilfeunterricht getragen. Also sollte man sich doch die notwendige Zeit zur Besprechung dieses Themas nehmen!
Es ist nicht nur die äußere Positur des Schülers bzw. der Schülerin, auf die es beim Lernen ankommt. Auch die Wahl und die Ausgestaltung des Lernortes sind ausschlaggebend.

Hier sind einige seiner wichtigsten Merkmale:
- ein Schreibtisch und ein bequemer Stuhl
- eine Pinnwand oder andere Möglichkeiten zum Aufhängen oder Ankleben von Merkzetteln u. Ä.

INFOS, TIPPS UND TOOLS VON A–Z
LERNORTE

- gutes Licht
- Möglichkeit zum Öffnen eines Fensters
- Ruhe vom sonstigen ablenkenden Leben und Treiben
- Platz für ein Regal oder andere Abstellmöglichkeiten für die Arbeitsmittel

Folgende Arbeitsmittel sollten als Grundausstattung am Lernort zur Verfügung stehen:
- das Englischbuch
- Arbeitshefte
- Schreibpapier
- Schreibgeräte
- Radiergummi
- Kassettenrekorder
- Leuchtstifte
- Lineal
- Merkzettel
- Klebestreifen oder
- Nadeln für Pinnwand
- Lernkartei(en)
- Workbook
- Tonkassetten zum Englischbuch
- Wörterbuch

Zur Vervollkommnung der Lernecke gehören:
- eine englische Tageszeitung, Illustrierte, Magazine usw.
- englische Bücher und Lektürehefte
- landeskundliches Material über englischsprachige Länder
- Videorekorder und Fernseher
- verschiedene englische Video- und Tonkassetten
- ein PC mit Programmen zum Englischlernen

Diese Beschreibungen und Auflistungen beziehen sich vor allem auf den häuslichen Lernort. Englisch kann man jedoch auch an ganz anderen Orten sehr gut lernen. Dazu gehören z. B. die folgenden:
- eine Bibliothek
- englischsprachige Nachbarn, Freunde, ...
- Vereine mit Partnerschaften zu englischsprachigen Ländern
- englische Touristen in Deutschland
- Kinos mit englischsprachigen Filmen

LERNORTE

> **Praxistipp**
>
> Erstellen Sie mithilfe der oben angeführten Listen einen Fragebogen für Ihre NachhilfeschülerInnen. Auf diese Weise können Sie relativ rasch deren Lernsituationen erfassen und auch leicht über das Thema mit ihnen ins Gespräch kommen.

- Sprachenschulen
- die Volkshochschulen
- Buchhandlungen mit englischsprachigem Buch- und Zeitschriftenangebot
- ...

Probleme

Nicht immer haben die Lernenden von Hause aus die Möglichkeit, ihren Lernort in optimaler Weise zu gestalten. Hier ist ein Gespräch mit den Eltern notwendig.

> **Lektüretipp**
>
> Rampillon, Ute (1998): *Lernen leichter machen. Deutsch als Fremdsprache.* Ismaning: Max Hueber Verlag.

Lerntechniken und Lernstrategien

Was ist gemeint?
Unter Lerntechniken und Lernstrategien verstehen wir die Lernverfahren von Schülerinnen und Schülern, die diese bei der Aufnahme neuen Wissens, bei dessen Verarbeitung, bei der Übung und Wiederholung sowie bei der bewussten Anwendung der englischen Sprache benutzen. Die jeweilige Auswahl der Lerntechniken und Lernstrategien ist u. a. abhängig vom individuellen Lernertyp.

Eine Meinung zur Diskussion
„Nun sollen meine Nachhilfeschüler und -schülerinnen zusätzlich zum Englischen auch noch Lerntechniken lernen! Mir reicht es völlig aus, wenn sie die Sprache können!"

Kommentar
Lerntechniken und Lernstrategien stellen in der Tat einen weiteren Lernstoff dar. Wir können jedoch davon ausgehen, dass Lernende, die über diese Verfahren verfügen, die sprachliche Seite leichter und nachhaltiger bewältigen. Darüber hinaus ist die erworbene Lernkompetenz auch nützlich für das spätere außerschulische Weiterlernen des Englischen bzw. für Wiederholungen, aber auch für das Lernen weiterer Fremdsprachen. Darüber hinaus können viele der Lerntechniken und -strategien (z. B. das Lernen mit Karteien, das Nachschlagen, das Ordnen) auch bei anderen Lerninhalten genutzt werden.

Da Lerntechniken und -strategien eine sehr individuelle Sache sind, können sie sich von Lernendem zu Lernendem unterscheiden. Auch ihre Zahl ist daher nicht festlegbar, denn die Fantasie und Kreativität der Lernenden, sich ihr Lernen zu erleichtern, ist unbegrenzt – vorausgesetzt, sie wissen um derartige Verfahren. Eine Übersicht über wichtige Lerntechniken beim Fremdsprachenlernen ist die folgende:

Hier wird deutlich, dass zu allen Wissens- und Fertigkeitsbereichen (also Wortschatz Grammatik, Hören, Lesen usw.) unterschiedliche Strategien existieren, die einander oft ergänzen und sich gegenseitig stützen.

LERNTECHNIKEN UND LERNSTRATEGIEN

Lerntechniken und sprachliche Teilkompetenzen

sprachliche Teilkompetenzen	Lerntechniken, die den Lernprozess vorbereiten	Lerntechniken, die den Lernprozess steuern
Wortschatz	Erschließen der Bedeutung mithilfe – der Muttersprache – der Zielsprache – weiterer Fremdsprachen – internationaler Fremdwörter – des Kontextes Benutzung eines Wörterbuches	Vokabelheft/-kartei führen Vokabelwissen aufbauen Fehlerstatistik führen Übungen durchführen – Reihengliederung – Klassifizierung – Ablaufgliederung – Assoziationsübung
Grammatik	grammatische Nachschlagewerke kennen, Aufbau der eigenen Grammatik kennen, Stichwortverzeichnis benutzen, Visualisierungstechniken kennen	Herleiten von Grammatikregeln, Regelwissen aufbauen, Grammatikheft führen, Präsentationstechniken, Führen einer Fehlerstatistik
Hören	Segmentieren sequentielles Kombinieren erschließendes Hören *pre-questions/ information search* *note-taking practice*	*note-making practice*
Lesen	*skimming scanning search-reading:* – SQ3R-Methode – *Murder Schema* – erschließendes Lernen – *pre-questions* – *note-taking*	Auswendiglernen, Systematisieren des Textes, Benutzung von Nachschlagewerken, *note-making*

INFOS, TIPPS UND TOOLS VON A–Z
LERNTECHNIKEN UND LERNSTRATEGIEN

Sprechen	Auswendiglernen – Vor-sich-hin-sprechen – Nachsprechen – Mitsprechen – *read & look up* – *overlearning* – stiller Monolog – Lokalisierungsmethode – *backward-build-up-technique* – Vorstellungsbilder Nachschlagewerke benutzen	*note-making*
Schreiben	Abschreiben *note-taking* – schnelles Notieren – Abkürzungen – Zeichen u. Symbole *Outlining*	*note-making*, *proof reading*, Fehlerstatistik führen, Wörterbuch benutzen, grammatisches Nachschlagewerk benutzen

Quelle: Rampillon, Ute ([3]1996): *Lerntechniken im Fremdsprachenunterricht.* Ismaning: Max Hueber Verlag. S. 131 f.

Neben diesen direkten Strategien, die sich ausschließlich auf das Lernen einer Fremdsprache beziehen, gibt es zum Lernen auch noch die indirekten Strategien:

Strategien zur Regulierung des eigenen Lernens
- sich auf das eigene Lernen konzentrieren: sich orientieren oder Störfaktoren ausschalten
- das eigene Lernen einrichten und planen: eigene Lernziele bestimmen, eigene Intentionen klären, ermitteln, wie gelernt werden kann, oder das Lernen organisieren
- das eigene Lernen überwachen: einen Lernplan machen und verfolgen, das Erreichen der Lernziele kontrollieren oder Schlüsse für künftiges Lernen ziehen

INFOS, TIPPS UND TOOLS VON A–Z
LERNTECHNIKEN UND LERNSTRATEGIEN

Affektive Lernstrategien
- Gefühle registrieren und äußern: körperliche Signale registrieren, ein Lerntagebuch führen, eine Checkliste benutzen
- Stress reduzieren: sich entspannen, Musik hören
- sich Mut machen: sich Mut einreden, sich belohnen
- Fragen stellen: um Erklärungen bitten, um Korrektur bitten
- sich in andere hineinversetzen, z. B. Verständnis für die fremde Kultur entwickeln, sich der Gefühle und Gedanken anderer bewusst werden

Alle genannten Strategien haben für die gesamte Sekundarstufe I ihre Bedeutung. Da nicht immer davon ausgegangen werden kann, dass im schulischen Englischunterricht ein systematisches Strategientraining durchgeführt wurde, muss die Lernkompetenz der Nachhilfeschüler und -schülerinnen überprüft und in den meisten Fällen gezielt erweitert werden. Gerade leistungsschwächere Lernende brauchen Lernstrategien, um mehr Sicherheit und Selbstvertrauen beim Lernen zu bekommen.

Praxistipp

Fragen Sie sich bei Ihren Unterrichtsvorbereitungen stets, ob die geplanten Aktivitäten wirklich alle vom Lehrer bzw. der Lehrerin, also von Ihnen, ausgehen müssen oder ob es nicht viel besser wäre, wenn die Lernenden diese Aufgaben selbst übernähmen, wie z. B. das Aussuchen einer Übung oder die Wiederholung einer Lektion, die Auswahl eines Lesetextes oder eines zu bearbeitenden Grammatikkapitels.

Probleme

Da es sich beim Einsatz von Lerntechniken und Lernstrategien überwiegend um mentale Prozesse handelt, kann man als Außenstehender nur schwer erkennen, welche Lernkompetenz der jeweilige Nachhilfeschüler bzw. die -schülerin bereits hat.

Es bietet sich daher an, diese von Zeit zu Zeit mittels eines Fragebogens zu erheben.

Dabei wird empfohlen, sich auf einen Lernbereich, also auf einen Kenntnisbereich oder auf einzelne Fertigkeiten, zu konzentrieren und den Bogen nicht länger als maximal zwei Seiten zu gestalten. Die Auswertung geschieht stets zusammen mit dem Nachhilfeschüler bzw. der -schülerin. Daran anschließend hat man als Lehrer oder Lehrerin eine große Chance, weitere geeignete Lernstrategien zu vermitteln.

Ein Muster für einen Fragebogen zum Wortschatz ist der folgende.

Lektüretipp

Rampillon, Ute ([3]1996): *Lerntechniken im Fremdsprachenunterricht*. Ismaning: Max Hueber Verlag. Dazu passend die Aufgabensammlung: Rampillon, Ute (1985): *Englisch lernen*. Ismaning: Max Hueber Verlag.

INFOS, TIPPS UND TOOLS VON A–Z
LERNTECHNIKEN UND LERNSTRATEGIEN

Wie ich englische Vokabeln lerne
Fragebogen zur Feststellung individueller Lernstrategien

1. Wo kannst du die Bedeutung oder die Schreibweise englischer Vokabeln überall nachschlagen?

2. Wie viele neue Vokabeln sollte man bei einem einzigen Lernvorgang höchstens lernen, um sie auch wirklich zu behalten?

3. Welche Tricks kennst du, um dir besonders schwierige englische Vokabeln zu merken?

4. Was kann man alles in einem Wörterbuch nachschlagen?

5. Welche Hilfen und Tricks kannst du nutzen, wenn du die Bedeutung einer Vokabel ohne dein Englischbuch oder ohne dein Wörterbuch verstehen willst?

6. Wo kannst du die Lautschriftzeichen zur Aussprache englischer Vokabeln nachsehen?

7. Wie lernt man englische Vokabeln mit einer Vokabelkartei?
   Nenne die verschiedenen Schritte.

Lesen und Verstehen

Was ist gemeint?
Mit dem Lesen und Verstehen englischsprachiger Texte meinen wir die Aufnahme und Verarbeitung von Informationen, Meinungen, Gefühlen usw. über die Schrift.
Geschriebene Texte sind der Ausgangspunkt bzw. das Ziel dieses Unterrichts.
Ausgehend von der Wahrnehmung des Schriftbildes konstruieren die Lernenden eine Bedeutung. Dabei ist es ihr Ziel, entweder für sich selbst Informationen aufzunehmen oder aber sich für die Kommunikation mit anderen vorzubereiten. Dazu interpretieren sie das Gelesene und unterlegen ihm einen bestimmten Sinn.
Im Englischen sprechen wir von *reading comprehension*.

Eine Meinung zur Diskussion
„Wenn ich zu einem Lektionstext die neuen Vokabeln einführe, dann ist das Leseverstehen meiner Schülerinnen und Schüler hinreichend vorbereitet."

Kommentar
Es wäre schade, wenn sich das Leseverstehen im Nachhilfeunterricht lediglich auf die Texte des Englischbuches und auf die Aufnahme neuer Vokabeln beschränken würde. Stattdessen ermöglicht das Leseverstehen, dass die Lernenden Freude am Englischlernen gewinnen und dass sie aus eigenem Antrieb und aus Vergnügen zu einem englischen Text greifen. Voraussetzung ist jedoch, dass sich der Englischunterricht öffnet und interessante Textsorten zulässt, die einigen der Qualitätsmerkmale entsprechen, die im Folgenden aufgeführt werden. Darüber hinaus sind es die Zugangsweisen, die die Motivation für den Umgang mit englischsprachigen Texten ausmachen. Deswegen sollen im 2. Teil dieses Artikels ausgewählte Methoden zum Training des Leseverstehens dargestellt werden.

LESEN UND VERSTEHEN

Einige Maximen zur Auswahl von Lesetexten
Sobald man zusätzlich zu den Lektionstexten des Englischbuches Lesetexte auswählt, die die Lernenden ansprechen sollen, gilt es, einige Auswahlprinzipien zu berücksichtigen:
- Die Texte entstammen aus oder orientieren sich an der Lebenswelt der Lernenden. Sie ermöglichen den persönlichen Bezug und die Identifikation mit Personen und Handlung.
- Die Texte sind weitgehend authentisch, d. h. sie sind nicht zu unterrichtlichen Zwecken geschrieben worden, sondern entstammen der englischsprachigen Lebenswelt. Kleinere sprachliche Adaptationen sind jedoch zulässig.
- Die Texte sind anregend, da sie etwas Ungewöhnliches, Kontroverses, Erstaunliches oder Überraschendes beinhalten. Banale Texte üben keinen Reiz auf die Lernenden aus.
- Der Steilheitsgrad der Vokabeln, d. h. das Verhältnis von unbekannten Wörtern zu den bekannten, überschreitet nicht die Leistungsfähigkeit der Lernenden.
- Die Texte sind vom Grafischen her ansprechend gestaltet und enthalten visuelle Materialien (Zeichnungen, Fotos, Skizzen, Tabellen usw.) die das Verstehen und Behalten unterstützen.
- Die Texte enthalten Botschaften, die ihre Leser und Leserinnen berühren, sie aktivieren und Impulse zu weiteren Lese- und Lernschritten geben.
- Das Thema der Texte ist den Lernenden nicht allzu fremd, sodass sie einen gedanklichen Zusammenhang zwischen ihrem Vorwissen und dem Text herstellen können.
- Die Texte lassen sich den unterschiedlichsten Textsorten zuordnen, z. B. Sachtexten, wie etwa Gebrauchsanweisungen, Reklamen, Zeitungsartikeln, Magazin-Texten, Briefen, Faxen, E-Mails, Texten aus dem Internet, oder literarischen Texten, wie Gedichten und Reimen, Lektüren, Kurzgeschichten.

In der Nachhilfestunde haben die Texte aus dem Schulbuch lediglich die Funktion der Übung. Da sie den Lernenden bereits bekannt sind, fehlt der Reiz des Neuen und Interessanten. Sie werden daher im Nachhilfeunterricht lediglich zum Sprachtraining und zur Absicherung des Wissens der Lernenden nochmals aufgegriffen. Texte, die jedoch das Lesevergnügen ermöglichen sollen, müssen vom Nachhilfelehrer bzw. der Lehrerin separat bereitgestellt werden.

INFOS, TIPPS UND TOOLS VON A–Z
LESEN UND VERSTEHEN

Techniken des Lesens englischsprachiger Texte

Die Lernenden haben unterschiedliche Möglichkeiten, an einen neuen Text heranzugehen:

a) Sie überfliegen den Text und beschaffen sich einen ersten, globalen Überblick. Sie können auf die Frage „Worum geht es überhaupt?" Antworten geben.
b) Sie lesen den Text kursorisch, d. h. sie achten nicht auf Einzelheiten, sondern lesen in einem Fluss, ohne besonders auf unbekannte Wörter zu achten. Dabei verstehen sie den Text im Groben.
c) Sie lesen den Text selektiv, d. h. sie lesen ihn unter einem bestimmten Gesichtspunkt und stellen alles andere zurück bzw. überlesen es. Wichtige unbekannte Wörter werden hinterfragt.
d) Sie lesen den Text intensiv, also Wort für Wort, und achten dabei auf die unterschiedlichsten Details, z. B. den unbekannten Wortschatz, den Stil, die Struktur des Textes und benutzte Bilder.

In keinem dieser Fälle hangeln sich die Lernenden von einem unbekanntem Wort zum nächsten, sondern nehmen den Text ganzheitlich und weniger analytisch auf.

Bei diesen Zugangsweisen benutzen sie unterschiedlichste Lernstrategien:

skimming — Die Lernenden verschaffen sich eine erste Orientierung über den Text, indem sie die Textsorte, das Layout, begleitende Zeichnungen, evtl. Farbgebungen und Fettgedrucktes wahrnehmen und deuten.

scanning — Die Lernenden erfassen bestimmte Informationen, einen bestimmten Gedanken, indem sie das Schriftbild, das sie sich mental von einem Kernbegriff machen, im Text aufsuchen.

Erschließen — Die Lernenden erschließen mithilfe anderer bekannter englischer Wörter Unbekanntes oder sie nutzen dazu eine andere Fremdsprache, die Muttersprache oder Internationalismen.

SQ3R-Methode — Die Lernenden setzen sich ein Leseziel, legen sich nach der Lesephase Rechenschaft über den Leserfolg ab und entscheiden, ob sie den Lesevorgang nochmals wiederholen müssen.

Visualisieren — Die Lernenden strukturieren den Lesetext, indem sie ihn mit einem Stift markieren, Anmerkungen eintragen, Skizzen einbauen, Symbole eintragen usw.

| Nach-schlagen | Die Lernenden ziehen zum Lesen ein Wörterbuch für den unbekannten Wortschatz hinzu und konsultieren ein Lexikon oder andere Nachschlagewerke bezüglich des Inhaltes. |

Ausgewählte methodische Tipps zum Training des Leseverstehens

Vorbereitende Übungen (*advance organizing*):
- Die Lernenden gehen von einer Überschrift oder von mehreren Zwischenüberschriften aus und stellen Theorien über den Text auf. Worum geht es vermutlich? Wo liegt das Problem? Welche Lösungen sind denkbar? Wer sind die Hauptakteure?
- Die Lernenden erhalten einen Paralleltext zum eigentlichen Lesetext und erarbeiten an ihm grundlegende thematische Ideen sowie wichtiges Vokabular.
- Die Lernenden fertigen Notizen zur Überschrift des Lesetextes an und sammeln Ideen zum gegebenen Thema, bevor sie den Text selber lesen.

Einstiege in Lesetexte
- Ein Paralleltext, z. B. auch ein Gedicht oder ein Reim werden einführend besprochen.
- Ein wesentlicher inhaltlicher Aspekt des Textes wird herausgegriffen und diskutiert.
- Eine Zeichnung, ein Bild, ein Foto wird einleitend behandelt.
- Ein inhaltlich passendes Lied wird eingeführt und gesungen.
- Mehrer Textzitate werden verwürfelt angeboten und von den Lernenden in eine Reihenfolge gebracht.
- Textbetrachtung aus der Distanz: Aufgrund von Textsorte, Textgestaltung, Layout usw. werden Hypothesen zum Text gebildet.

Arbeit am Text
- Fragen zum Text
- Welche Textinformationen findest du positiv/negativ/überraschend?
- Welche Textinformationen gelten vor allem für England/für dein Heimatland/weltweit?
- Welche Textinformationen hältst du für wesentlich/unwesentlich/wahr/falsch/unklar?

INFOS, TIPPS UND TOOLS VON A–Z
LESEN UND VERSTEHEN

- Wie geht der Text weiter?
- Wie lautet der Grundgedanke?
- Was ist mir bekannt/neu? Was möchte ich wissen?

Häussermann, Ulrich/Piepho, Hans-Eberhard (1996): *Aufgabenhandbuch. Deutsch als Fremdsprache. Abriss einer Aufgaben- und Übungstopologie.* München: iudicium Verlag. S. 303.

Zuordnung von Textteilen
- Richtig-Falsch-Aussagen
- Bilder und Aussagen
- Schaubilder und Aussagen
- Stichworte und Aussagen
- Rubriken und Aussagen
- Zusammenfassungen und Aussagen

Ein Beispiel:
There is only few fruit in the bowl.

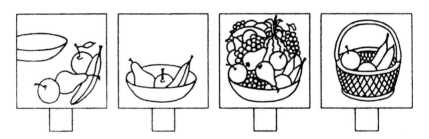

Häussermann, Ulrich/Piepho, Hans-Eberhard (1996): *Aufgabenhandbuch. Deutsch als Fremdsprache. Abriss einer Aufgaben- und Übungstopologie.* München: iudicium Verlag. S. 307

Hampton Court Palace

What to see

Henry VIII's State Apartments
Recall the splendour of the Tudor Court and see the spectacular Great Hall.

The Queen's State Apartments
Experience the grand rooms originally intended for Queen Mary II.

The Georgian Rooms
Discover some of the secrets of the Georgian Court.

The King's apartments
Gaze at the magnificent state and private rooms of King William III, restored to their former glory after the fire of 1986.

The Wolsey Rooms and Renaissance Picture Gallery
Enjoy the displays of great renaissance paintings from The Royal Collection.

The Palace Gardens
Walk through acres of beautiful parkland, see the Tudor, Baroque and Victorian gardens, the Maze and the Great Vine.

Special Events
All kinds of wonderful events are held in this marvellous Royal setting, such as an annual flower show and music festival. In addition special family activities are held during the main holiday periods including Easter, Summer, half-terms, Christmas and New Year.

For recorded visitor information please call 081 781 9666 or 081 781 9500 for further details.

LESEN UND VERSTEHEN

Spezifische Aspekte herausfischen

You want to know:
- Which rooms can be visited?
- Is there a music festival? When?
- Do they offer special family activities? When?
- Which paintings are displayed?
- Which of King William´s rooms can be visited?
- How often does the flower show take place?

- Den Text mit konstruieren

In einem Lückentext werden die fehlenden Passagen gefunden und ergänzt. Anstelle der Lücken können auch Nonsenswörter oder inhaltlich falsche Wörter treten.

Auswertung des Gelesenen

- W-Fragen zum Text (Wer? Wann? Was? Warum? Wie?) können helfen, seine wesentlichen Aussagen leicht herauszufiltern.
- Assoziogramme (auch Wortigel oder *mind maps* genannt) filtern wesentliche Elemente aus einem Text heraus.
- Untertitel und Zwischenüberschriften geben das Gerüst der wesentlichen Aussagen wieder.
- Pro & Kontra: Hier werden unterschiedliche Standpunkte herausgearbeitet.
- *note-taking:* Durch Notizen zum Lesetext wird das Wichtigste herausgeschrieben.
- Gliederungen spiegeln den Textaufbau und seinen Inhalt wider.
- Grafiken verdeutlichen Beziehungen und Verflechtungen von Textinhalten.

> **Praxistipp**
>
> Halten Sie unterschiedliche Lektüren für das freiwillige Lesen Ihrer Nachhilfeschüler und -schülerinnen bereit. Die folgende Übersicht könnte den Beginn einer Sammlung darstellen, die Sie sich anlegen.

Probleme

In der Nachhilfestunde bleibt meist zu wenig Zeit zum Lesen. Wenn man keine Möglichkeiten sieht, Lesephasen einzubauen, sollten zumindest Lesestrategien in Beispielen vermittelt werden. Der eigentliche Lesevorgang kann dann in Teilen oder – wenn es sein muss – auch ganz in das häusliche Lernen der Schülerinnen und Schüler verlagert werden.

> **Lektüretipp**
>
> *Der fremdsprachliche Unterricht Englisch.* Heft 48, 6/2000: Themenheft „Unterhaltungsliteratur". Seelze: Friedrich Verlag.

Lektürevorschläge

Melvin Burgess (1997): *Junk*
Penguin Puffin (first publ. 1996)
278 Seiten, £ 4.99
ISBN 0-14-038019-1

Empfehlung: Einzellektüre ab Klasse 12
Themen: *drugs, youth, society*

Tars Leben ist die Hölle. Seine Eltern sind Alkoholiker, sein Vater schlägt ihn. Einziger Lichtblick ist seine Liebe zu der vierzehnjährigen Gemma.
Gemmas Eltern sind besorgt und verbieten ihr den Umgang mit Tar. Gemma mag Tar, aber noch mehr möchte sie frei sein. Deshalb läuft sie schließlich von Zuhause weg und sucht bei Tar Unterschlupf, der mittlerweile in Bristol lebt.
Mit achtzehn meldet sie sich – nicht ganz freiwillig – wieder bei ihren Eltern. Dazwischen liegen vier Jahre, in denen sie und Tar immer stärker in die Heroinabhängigkeit geraten sind.
Aus der Perspektive von Tar und Gemma sowie anderer Beteiligter werden schonungslos die Höhen und Tiefen der Heroinsucht geschildert. *Junk* wühlt auf, statt mit erhobenem Zeigefinger einfache Schuldzuweisungen vorzunehmen.

Sharon M. Draper (1996):
Tears of a Tiger
Aladdin (first publ. 1994)
180 Seiten, $ 4.99
ISBN 0-689-80698-1

Empfehlung: Einzel- und Klassenlektüre ab Klasse 10
Themen: *teenage suicide, death, guilt, friends, family, young blacks, US high schools*

Andy Jacksons Leben nimmt eine dramatische Wende, als durch seine Schuld sein bester Freund und Basketballstar Robert Washington bei einem Autounfall getötet wird. Seinen Freunden, Eltern, Lehrern und seinem Therapeuten gegenüber agiert Andy so, als sei er der alte. Nur in Gegenwart seiner Freundin zeigt er, wie verzweifelt er wirklich ist. Immer stärker wendet er sich ab und begeht schließlich Selbstmord.
Die Geschichte wird aus der Perspektive der Freunde erzählt und gewinnt so an Komplexität. Die Sprache ist realistisch. Die Jugendlichen reden in leichtem Slang.

INFOS, TIPPS UND TOOLS VON A–Z
LESEN UND VERSTEHEN

David Klaas (1996):
Danger Zone
Scholastic
232 Seiten, $ 4.99
ISBN 0-590-48591-1

Empfehlung: Einzel- und Klassenlektüre ab Klasse 11
Themen: *racial discrimination, national stereotypes, sports (basketball), hooliganism*

Jimmy Doyle ist der beste Basketballspieler, den es jemals in Graham, Minnesota, gab. Als er für das *"American Teen Dream Team"* ausgewählt wird, erfüllt sich für ihn ein Traum, aber er hat auch Angst. Jetzt muss er zeigen, was in ihm steckt, und zwar gegen solche Superstars wie Augustus LeMay, der in Jimmy nicht den Sportler, sondern den Weißen sieht. Bei einem Spiel in Italien sieht sich das Team plötzlich mit den Rassenvorurteilen einiger Fans gegenüber Jimmys schwarzen Mitspielern konfrontiert. Jimmys erster internationaler Auftritt wird zu einem Alptraum.

Joy Nicholson (1999):
The Tribes of Palos Verdes
Penguin (first publ. 1997)
218 Seiten, £ 6.99,
ISBN 0-14-02-6810-3

Empfehlung: Einzellektüre ab Klasse 10; Klassenlektüre ab Klasse 11
Themen: *suburban life, family breakdown, friendship, being different, drugs*

Medina Mason passt überhaupt nicht in das mondäne Leben der kalifornischen Gemeinde Palos Verdes. Mit vierzehn ist sie eine Außenseiterin, in der Schule und am Strand, wo die Jungen mit dem Surfbrett posieren und die *„Towels"* ihre perfekten Körper zur Schau stellen. Medina fängt mit dem Surfen an, und zusammen mit Jim, ihrem allseits beliebten Bruder, schließt sie sich den *„Bayboys"* an.
Während Jim immer mehr von der Mutter in ihrem Feldzug gegen den Vater instrumentalisiert wird und in die Drogenszene gerät, sind für Medina das Surfen und die Beziehung zu Adrian die einzige Zuflucht.
Nicholsons *rites-of-passage*-Geschichte überzeugt durch ihre psychologische Einfühlsamkeit und die schnörkellose Sprache, die schonungslos den allmählichen Zusammenbruch der Familie dokumentiert.

INFOS, TIPPS UND TOOLS VON A–Z
LESEN UND VERSTEHEN

James Pope (1997):
Spin the bottle
Puffin Books
133 Seiten, £ 4.99,
ISBN 0-14-038464-2

Empfehlung: Einzel- und Klassenlektüre ab Klasse 10
Themen: *growing up, school, sexual abuse*

Sally Ward schlägt ihrer Schülerin, der 15-jährigen Zoe, einen regelmäßigen E-Mail-Kontakt vor, damit deren schulische und private Probleme nicht weiter eskalieren. Zoe geht auf diesen Vorschlag ein, und so entsteht ein spannender, moderner Briefwechsel, in dem Zoe offen über ihre Erlebnisse und Gedanken schreibt und dabei Schritt für Schritt ihre grausame Vergangenheit aufarbeitet. Die moderne Form des elektronischen Briefwechsels garantiert eine spannende Lektüre, während der der Leser den Verlauf und den Erfolg dieser ungewöhnlichen Erziehungsmaßnahme verfolgen kann.

Benjamin Zephaniah (1999):
Face
Bloomsbury
208 Seiten, £ 4.99
ISBN 0-7475-4154-X

Empfehlung: Einzel- und Klassenlektüre ab Klasse 10
Themen: *multicultural London, finding one's identity, friendship, values*

Martin könnte es nicht besser gehen. Er sieht gut aus, ist bei seinen Mitschülern sehr beliebt und gibt unter seinen Freunden den Ton an. Dann jedoch passiert das Unfassbare: Er akzeptiert eine Mitfahrgelegenheit und wird das Opfer eines schrecklichen Verkehrsunfalls. Trotz aller chirurgischen Bemühungen verliert er sein gutes Aussehen und damit seine Popularität. So wird er gezwungen, sein Leben neu aufzubauen und hinterfragt seine eigenen Vorstellungen und die der Gesellschaft über den Wert eines Menschen.
Ein einfühlsam geschriebener Roman, der Einsichten vermittelt ohne zu moralisieren.

INFOS, TIPPS UND TOOLS VON A–Z
LESEN UND VERSTEHEN

Margaret Willey (1996):
Facing the music
Bantam Laurel-Leaf 1996
183 Seiten, $ 3.99,
ISBN 0-440-22680-5

Empfehlung: Einzel- und Klassenlektüre ab Klasse 10
Themen: *growing up, family, friends, first love, music*

Für die fünfzehnjährige Lisa Franklin erfüllt sich ein Traum, als sie Leadsängerin der Band „*Crawl Space*" wird.
Das Singen lässt Lisa die Einsamkeit und Niedergeschlagenheit vergessen, unter der sie seit dem Tod ihrer Mutter vor vier Jahren leidet.
Lisas Bruder Mark, ein Mitbegründer der Band, ist von Lisas Erfolg wenig begeistert. Er hatte sich erhofft, mit der Band endlich etwas Eigenes zu haben, denn schließlich musste er sich die ganzen Jahre um seine kleine Schwester kümmern. Als sich die Band dann – trotz aller Erfolge – von Lisa trennt, erkennt sie, dass sie ihren Weg alleine gehen muss und kann.
Facing the music ist eine *story of initiation*, in deren Verlauf Lisa an Stärke und Selbstvertrauen gewinnt. Da die Ereignisse sowohl aus Lisas als auch aus Marks Perspektive erzählt und kommentiert werden, kann der Leser die Gefühlslage beider einfühlsam nachvollziehen.

Materialien und Medien

Was ist gemeint?
Hierunter fassen wir alle Arbeitsmaterialien für eine Lehr-/Lernsituation im Nachhilfeunterricht. Es sind zum einen die **Lehr**mittel, die der Nachhilfelehrer bzw. die -lehrerin einsetzt und zum anderen die **Lern**mittel, die sich die Schülerinnen und Schüler zum Teil selbst machen. Von allen Materialien und Medien steht beim Englischunterricht das ↑*Lehrwerk* im Mittelpunkt. Daher wurde ihm in diesem Buch ein eigenes Kapitel gewidmet und es wird an dieser Stelle ausgeklammert. Desgleichen werden ↑*elektronische Medien* separat behandelt und hier nicht berücksichtigt.

Eine Meinung zur Diskussion
„Wenn ich mit dem Stoff des Englischbuches durchkomme, dann bin ich schon ganz zufrieden. Es enthält ja alles, was meine Nachhilfeschüler und -schülerinnen wissen und können sollen."

Kommentar
Sicherlich sind das Englischbuch und seine Begleitmaterialien die Hauptstütze des Englischunterrichts in der Sekundarstufe I. Dennoch sollten wir immer versuchen, vom alltäglichen Buch- und Bleistiftunterricht wegzukommen und in den Methoden abzuwechseln. Das Lernen macht dann mehr Spaß, ist nachhaltiger und entspricht auch unterschiedlichen Lernertypen. Darüber hinaus wirken einige der Materialien auch über den Unterricht hinaus, da sie von den Lernenden aufgehängt, ausgestellt oder sonst irgendwie in ihrer Lernwelt präsentiert werden.
In diesem Kapitel wollen wir weniger auf solche Materialien und Medien eingehen, die man kaufen kann. Damit sind z. B. Wörterbücher, Grammatiken, Lektüren gemeint. Wir wollen vielmehr die Bedeutung von selbst entwickelten und erprobten Materialien und Medien in den Vordergrund stellen, weil sie den Lernprozess oft wirksamer und nachhaltiger beeinflussen. Ein Beispiel dafür ist die Vokabelkartei, die es fertig im Handel gibt. Fertigen die Lernenden jedoch die Karteikarten selbst an, bestimmen sie das Ordungssystem selbstständig und entscheiden sie darüber, welche Vokabeln überhaupt aufgenommen werden sollen, so findet Lernen bereits

INFOS, TIPPS UND TOOLS VON A–Z
MATERIALIEN UND MEDIEN

beim Entstehen der Kartei statt. Darüber hinaus ist die Identifikation der Lernenden mit dem Arbeitsmaterial höher und seine Wertschätzung deutlich größer.

Selbst gemachte Lehrmittel

- Hierzu gehören Fragebögen, ↑*Checklisten* oder Tests, wie z. B. der Selbsttest für die Hand der Lernenden in der Lerneinheit ↑*Behalten und Vergessen*.
- Eine ganz wichtige Rolle spielen ↑*Arbeitsblätter*, die in ihren unterschiedlichsten Ausprägungen helfen, den Unterricht abwechslungsreich und schülergerecht zu gestalten.
- Kartensammlungen können eine Diskussion zu einem bestimmten Thema vorbereiten. Auf etwa acht bis zehn postkartengroßen oder größeren Zetteln aus leichtem Karton werden unterschiedliche, manchmal auch einander widersprechende Stichworte, Thesen oder provozierende Aussagen geschrieben. Die Lernenden haben nun die Aufgaben, sie zu ordnen, etwa nach ihrer Bedeutung für das Thema. Sie können auch Stellung zu den Stichworten beziehen oder die Karten einander gegenüber anordnen.
- Brettspiele können z. B. als Würfelspiele entwickelt werden. Ereigniskarten enthalten Aspekte des Lernstoffes. Zieht man sie, muss man die Aufgabe lösen, die sie enthalten. Erst dann darf man auf dem Spielfeld weiterziehen. Diese Spiele sollten zu zweit oder dritt gespielt werden, da es darum geht, als Erster am Ziel anzukommen, und sind damit vor allem für die Nachhilfestunde mit mehreren Lernenden geeignet.
Ähnlich funktioniert auch das folgende Würfelspiel zum Lernen des Lernens (siehe Abb. auf der rechten Seite).
- Schnipsel, die aus Abschnitten oder Sätzen eines Textes bestehen, werden den Lernenden zum Ordnen gegeben, um auf diese Weise einen Text neu zu konstruieren. Auch das Dosendiktat in der Lerneinheit ↑*Diktate* funktioniert ähnlich.

Selbst gemachte Lernmittel

Die Zahl der Lernmittel für die Hand der Schülerinnen und Schüler ist fast unbegrenzt, hängt sie doch auch stark von deren Kreativität und Fantasie ab. In der Regel weden sie von den Lernenden selbst hergestellt.

- Die Lernkartei ist eine der bekanntesten Arten selbst entwickelten Materials (vgl. dazu die Lerneinheit ↑*Mit Karteien lernen*).
- Um sich den Lernstoff zu merken, fertigen die Lernenden eine Lern-

INFOS, TIPPS UND TOOLS VON A–Z
MATERIALIEN UND MEDIEN

So lernt es sich besser! – ein Würfelspiel –

Start

- Wie kann man wichtige Stellen in einem Text markieren?
- Zu welchen Tageszeiten lernst du am leichtesten?
- Zeichne eine *mind map* zum Thema „Schule".
- **Zurück an den Anfang!**
- Wozu dient eine Grammatik?
- Nach welchem System macht man eine Gliederung?
- Wie kann ein Videorekorder dein Lernen unterstützen?
- Nenne drei Elemente, aus denen dein Schulbuch besteht.
- Wozu dient ein Wörterbuch?
- **Würfle noch einmal!**
- Nenne drei Hilfsmittel, um einen Text zu markieren.
- Was für ein Lerntyp bist du?
- Wo kann man die englische Rechtschreibung nachschlagen?
- **Gehe zwei zurück!**
- Worauf achtet man beim Korrekturlesen?
- Was schreibt man beim Notizen anfertigen auf?
- Wozu kann ein Kassettenrekorder beim Lernen nützlich sein?
- **Ziehe zwei vor!**
- Nenne eine Eselsbrücke!
- Wonach sortiert man die Karten einer Vokabelkartei?
- **Würfle noch einmal und gehe um die Zahl zurück.**
- Was kann man tun, um unbekannte Fremdwörter zu verstehen?
- Was schreibt man auf die Karten einer Grammatikkartei?
- **Einmal aussetzen!**
- Wozu können W-Fragen nützlich sein?
- Was schreibt man in ein Merkheft?
- **Ziel**
- **Eine Runde aussetzen!**

Abb.: Würfelspiel: Entnommen aus Rampillon, Englisch lernen – aber clever! © Manz Verlag in der Ernst Klett Verlag GmbH Stuttgart, 2000.

INFOS, TIPPS UND TOOLS VON A–Z
MATERIALIEN UND MEDIEN

blume an, indem sie auf ihre verschiedenen Blütenblätter z. B. unregelmäßige Pluralformen im Englischen schreiben, etwa *tomatoes, mice, lice*.
- Lernflaggen sind – ebenso wie die Lernblume – geeignet, unterschiedliche Lerngegenstände zu notieren, die man sich merken möchte, z. B. unregelmäßige englische Verben. Im Vergleich zur Lernblume mit etwa fünf bis sechs Blütenblättern können Lernflaggen in unbegrenzter Menge zu einem Flaggenstrauß zusammengestellt werden.
- Ein Lernposter strukturiert den Lerngegenstand und führt seine verschiedenen Elemente auf. Dies geschieht in Form von Beschreibungen, Regeln, Beispielen usw. Er kann aber auch aus Zeichnungen, Skizzen oder Tabellen bestehen oder sogar lediglich ein Bild darstellen, das für die Lernenden eine Erinnerungshilfe darstellt (vgl. Lerneinheit ↑*Handelnd lernen*).
- Ein Lernmobile hängen sich die Lernenden an ihrem Arbeitsplatz auf. Sie beschriften es mit solchem Lernstoff, den sie sich nur schlecht merken können, der ihnen aber wichtig ist. Beispiel: Regeln zur Zeitenfolge mit je einem Beispiel (vgl. Lerneinheit ↑*Handelnd Lernen*).
- Die Lernenden basteln aus Papier oder leichter Pappe einen Würfel von etwa 4 cm Seitenlänge. Auf jede seiner Seiten schreiben sie Regeln oder Beispielsätze, die ihnen wichtig sind, englische Wörter mit schwieriger Schreibweise. Der Würfel kann dann gezielt zu Wiederholungen eingesetzt oder auch nur beiläufig, spielerisch benutzt werden. Je mehr Würfel man angefertigt hat, desto umfassender werden die Wiederholungen.
- Anstatt sich eine Vokabelkartei anzulegen, kann man auch in einem Ringbuch oder einem Schulheft ein Bildwörterbuch aufbauen. Hier werden zu neuen Vokabeln nach Möglichkeit Bilder hinzugefügt, die man z. B. aus Magazinen ausschneidet oder auch selbst zeichnet. Dieses Bildwörterbuch wird dadurch zu einem anregenden Heft, in dem man gerne auch einmal ziellos, nur aus Freude, blättert und im „Vorbeigehen" lernt.
- Die „Englandkladde" ist ein Heft oder ein Ringbuch, in das die Lernenden authentische Postkarten, Briefmarken, Zeitungsausschnitte usw. einkleben, die sie thematisch ordnen, kommentieren, systematisieren und auf diese Weise zu einem eigenen kleinen England-Handbuch kommen. Es kann über mehrere Schuljahre hinweg geführt werden.
- Eines der Lernmittel, die am weitesten verbreitet sind, ist der Merkzettel. Man kann ihn überall deponieren, er ist rasch angefertigt und auch wieder entfernt und er ist effektiv in der Förderung des Lernprozesses. Merkzettel enthalten möglichst wenig Text, am besten nur Stichworte oder ein Beispiel. Farben und Symbole können – ja, sollten – einge-

> **Praxistipp**
>
> Besonders in den ersten Jahren spielen die Schülerinnen und Schüler noch gerne Quartett. Es ist recht einfach, sie zu veranlassen, solche Kartenspiele selbst herzustellen. (Vergleiche dazu die folgende Vorlage.) Wichtig ist, dass das Quartettspiel dann auch wiederholt benutzt wird.

INFOS, TIPPS UND TOOLS VON A–Z
MATERIALIEN UND MEDIEN

Abb.: Quartett. © Häussermann, Ulrich/Piepho, Hans-Eberhard (1996): Aufgaben-Handbuch. München. iudicium-Verlag.

INFOS, TIPPS UND TOOLS VON A–Z
MATERIALIEN UND MEDIEN

baut werden. Die fertigen Merkzettel werden an solchen Stellen aufgehoben, auf die man immer wieder schaut, z. B. am Rand des Computer-Bildschirms, an der Lampe im Arbeitszimmer, am Spiegel im Bad usw.

Um die Lernenden zu motivieren, ihre Lernmaterialien selbst herzustellen, sollten sie ständig einen Materialkasten zur Verfügung haben, den sie dafür nutzen dürfen. Er enthält Tonpapier, Wachsstifte, Klebstoff, Schere, Watte, Blätter, kleine Stoffreste, Zweige usw. Ein solcher Materialkasten ist z. B. am Ende von Einführungen oder Wiederholungen wichtig, wenn es darum geht, bestimmte Lerngegenstände extern, d. h. außerhalb des eigenen Gedächtnisses, zu speichern und immer wieder zu wiederholen.

Probleme
Gerade für den Nachhilfeschüler ist es wichtig, einen abwechslungsreichen Englischunterricht zu erfahren. Die Vielfalt der Lehr- und Lernmittel kann dazu beitragen. Bedingung ist jedoch, dass sich die ausgewählten Arbeitsmittel am individuellen Lerner und seinem ↑*Lernertyp* orientieren.

Lektüretipp

Rampillon, Ute (2000): *Lernbox Üben*. Seelze: Friedrich Verlag.

Merkhilfen

Was ist gemeint?
Merkhilfen sind Instrumente, mit deren Hilfe fremdsprachliches Wissen extern, d. h. außerhalb des Gedächtnisses, gespeichert wird. Einerseits entlasten sie das Gedächtnis, andererseits fördern sie die Verankerung des Lernstoffes, da das Eintragen oder das Systematisieren und Ordnen zur Identifikation der Lernenden mit dem Lerngegenstand führt und dieser sich durch die Beschäftigung mit ihm leichter einprägt. Merkhilfen dienen außerdem als Grundlage zum Wiederholen und zum Nachschlagen.

Eine Meinung zur Diskussion
„Ich finde, dass das Befassen mit den verschiedenen Merkhilfen die Schülerinnen und Schüler vom eigentlichen Lernen nur ablenkt!"

Kommentar
Die Anzahl und Unterschiedlichkeit der Merkhilfen ist recht hoch. Sobald sie jedoch schrittweise und frühzeitig eingeführt werden, behalten die Lernenden auch den Überblick. Zudem ist es nicht so, dass alle Arten von Merkhilfen von allen Lernenden eingesetzt werden. Sie wählen vielmehr diejenigen aus, die ihnen nützlich und hilfreich erscheinen und die ihren eigenen Bedürfnissen entsprechen. Um aber diese Auswahl treffen zu können, sollten sie die verschiedenen Möglichkeiten im Laufe der Lernjahre kennen lernen. Viele werden sie übernehmen und über einige Jahre hin benutzen, andere werden sie rasch wieder absetzen oder gar nicht erst einführen, weil sie ihnen nicht förderlich erscheinen oder weil sie im Laufe der Entwicklung der Sprach- und Lernkompetenz der Schülerinnen und Schüler ihre Bedeutung verlieren.
Typisch für Merkhilfen ist, dass ihre verbale Komponente sehr oft durch eine visuelle Komponente ergänzt wird. Tabellen, Skizzen, Schemata, aufgeklebte Fotos, Zeichnungen usw. erläutern und erklären ihren Inhalt und unterstützen das Einprägen, insbesondere bei visuellen Lernertypen. Ihre Inhalte eignen sich besonders für eine derartige grafische Darstellung, da

> **Praxistipp**
>
> Sie sollten sich ab und zu von den Lernenden über ihre Merkhilfen berichten lassen oder diese auch einmal anschauen. Auf diese Weise können sie thematisiert und vielleicht ergänzt oder auch verbessert werden.

MERKHILFEN

es sich sehr oft um Zusammenfassungen, Übersichten oder Grammatikregeln handelt. Auch eine tabellarische Auflistung unregelmäßiger Verben oder der Lautschrift ist häufig in solchen Merkhilfen zu finden.

Wie auch immer der Inhalt ist: Es sollte darauf geachtet werden, dass nach Möglichkeit keine isolierten Elemente aufgenommen werden, sondern vielmehr kleinere Einheiten, denen die Elemente zugeordnet werden. Eine Vokabelliste, die in willkürlicher Reihenfolge die Wörter auflistet, ist weniger wirkungsvoll beim Lernen als dieselben Wörter in ihrem jeweiligen Wortfeld oder als eine mnemotechnische Zeichnung.

Zehn Merkhilfen im Überblick

Das Hausheft	gehört zu den gängigsten Merkhilfen und ist bei fast allen Lernenden zu finden. Es ist jedoch auch das undifferenzierteste Mittel, da es alle beliebigen Inhalte aufnimmt. Handelt es sich – wie sein Name sagt – um eine Heftung und nicht um ein Ringbuch, so hat es außerdem den Nachteil der mangelnden Flexibilität. Das Einführen von Kapiteln und Rubriken oder das Ergänzen bzw. Austauschen und Umordnen von einzelnen Seiten ist nicht möglich. Eine lose Blattsammlung in Form eines Ringbuches ist daher vorzuziehen.
Das Grammatikheft	oder – auch „grammatisches Merkheft" genannt – enthält insbesondere Grammatikregeln, die im Laufe mehrerer (oder eines) Schuljahre(s) zusammengetragen werden. Auch hier ist ein Ringbuch oder eine Grammatikkartei einer festen Heftung vorzuziehen.
Das Vokabelheft	sollte nicht das traditionelle, postkartengroße Heftchen mit dem roten Strich auf jeder Seite sein. Es verleitet zum Eintragen von vermeintlichen Wortgleichungen und zum sinnlosen Aneinanderreihen unverbundener sprachlicher Elemente. Stattdessen ist auch hier ein Vokabelringbuch vorzuziehen, das die Vokabeln nach Wortfeldern anordnen lässt, das sich beliebig ergänzen lässt und bei jedem Eintrag fast automatisch eine Wiederholung des bereits Notierten ermöglicht. Die andere Alternative besteht im Führen einer Vokabelkartei (vgl. die Lerneinheit ↑*Mit Karteien lernen*).
Die Lernkartei	ist ein ideales Arbeitsmittel zum Neulernen, zum Wiederholen und zum Üben bis über die Sek. II hinaus. Die Kartei kann z. B. Wortschatz, Grammatik oder Landeskunde aufnehmen. Weitere Informationen: ↑*Mit Karteien lernen*.

MERKHILFEN

Merkzettel sind auch im Alltag eine verbreitete Merkhilfe. Der Einkaufszettel oder ein Zettel mit einer Telefonnummer sind gängige Hilfen gegen das Vergessen. Sind der Einkauf oder der Telefonanruf getätigt, verlieren sie ihren Wert. Will man sich den Inhalt jedoch einprägen, dürfen sie nicht weggeworfen werden, sondern sollten an einer ganz besonderen Stelle, auf die man immer wieder blickt, abgelegt werden. Besonders praktisch sind hierfür Klebezettel, die man sich z. B. an die Klinke des Arbeitszimmers, an den Spiegel im Bad oder an den Computer klebt. Auf diese Weise lernt man „im Vorbeigehen" und ohne sich besonders anzustrengen.

Das Lernposter ist ein Plakat, auf das man die Ergebnisse eines Lernprozesses schreibt, etwa die Regel zu einer grammatischen Erscheinung oder eine Grafik zur gelesenen Lektüre; auf das man Bilder zu einem landeskundlichen Thema klebt oder ein Schema für einen Handlungsverlauf zu einer gehörten Geschichte skizziert. Das Poster wird am Arbeitsplatz aufgehängt und der Lernstoff prägt sich bereits durch das Anordnen und Anschreiben, Ankleben und Anmalen auf dem Papier ein – und darüber hinaus auch durch den unwillkürlichen Blick auf das Poster. Visuelle Lernertypen können die Abbildung leicht verinnerlichen und wieder aus dem Gedächtnis reproduzieren. Für sie ist es besonders wichtig, nicht nur Schrift, sondern auch bildliche Darstellungsweisen zu benutzen.

Das Lernmobile ist besonders für jene ↑*Lernertypen* geeignet, die einen spielerischen Zugang zum Lernen vorziehen und die haptisch orientiert sind, also beim Lernen etwas tun müssen. Das Mobile enthält Lerngegenstände, die man sich unbedingt merken möchte, z. B. unregelmäßige englische Verben. Es hängt mitten im Arbeitszimmer und lenkt durch die häufigen leichten Bewegungen immer wieder den Blick auf sich.

Die Lernblume ist ganz besonders für Schülerinnen und Schüler geeignet, die zum haptischen ↑*Lernertyp* gehören und gerne basteln oder etwas mit ihren Händen gestalten. Eine Lernblume kann eine Vielzahl etwa handgroßer Blütenblätter aus Papier haben, die alle einen bestimmten Lerngegenstand in Stichworten enthalten, z. B. eine Regel, eine Eselsbrücke oder einen Merkvers. Sie werden in der Mitte durch eine Klammer zusammengehalten und können in gewissem Umfang ergänzt werden. Arbeitet man mit farbigem Papier, so kann man die Lerngegenstände funktional ordnen. Eine rote Blume könnte die Grammatik enthalten, die blaue Blume nimmt die Vokabeln der letzten Lektion auf.

INFOS, TIPPS UND TOOLS VON A–Z
MERKHILFEN

Lernflaggen	sind eigentlich nur eine Alternative zur Lernblume. An ein etwa 30–40 cm langes Rundhölzchen wird ein farbiger Zettel geklebt, der maximal Postkartengröße hat und mit dem Lernstoff wie bei der Lernblume beschriftet werden kann. Die Sammlung möglichst vieler Flaggen führt zu einem bunten Strauß, der beliebig ergänzt und in einer Vase oder einem Glas ausgestellt werden kann. Außerdem lassen sich mit einem Griff diejenigen Lernflaggen herausnehmen, die man zum Üben und Wiederholen benötigt.
Der PC	wird zunehmend zu einer beliebten Lernhilfe bei Schülerinnen und Schülern. Hier entwickeln sie viel Fantasie, um Vokabeln oder die Grammatik einzugeben. Sie finden Gefallen an der sauberen Schrift und auch an farbigen Ausdrucken. Darüber hinaus benutzen sie Lernprogramme, die es manchmal auch bereits zum eingeführten Schulbuch gibt. Schließlich kann man im Internet auch elektronische Vokabelkarteien u. Ä. finden.

Probleme

Die Vielzahl möglicher Merkhilfen sollte den Lernenden bekannt gemacht werden. Wichtig ist aber, eine Überhäufung zu vermeiden, damit sich die Lernenden nicht verzetteln. Auch eine Abstimmung zwischen dem schulischen Englischunterricht und dem Nachhilfeunterricht sollte erfolgen, um Doppelungen oder auch Widersprüche zu vermeiden.

Ein zweites Problem besteht für viele Schülerinnen und Schüler darin, dass sie Schwierigkeiten mit der Verwaltung der Merkhilfen haben. Das Einrichten, das Einhalten und ggf. Erweitern von Ordnungssystemen, das oft eine Rolle spielt, ist nicht immer sehr beliebt, da es ein akribisches Systematisieren bedeutet. Aber gerade deswegen sollte der Umgang damit trainiert werden. Allein durch die Übung bei der Benutzung unterschiedlicher Ordnungssysteme finden die Lernenden heraus, wie sie systematisch arbeiten können.

Lektüretipp

Sperber, Horst (1989): *Mnemotechniken im Fremdsprachenerwerb*. München: iudicium Verlag.

Nachhilfeunterricht Englisch

Was ist gemeint?
Mit Nachhilfeunterricht meinen wir einen Unterricht, der den schulischen Englischunterricht ergänzt und zusätzlich, meist an Nachmittagen, stattfindet. Seine Funktion besteht darin, die Lernenden zu fördern und ihre Leistungen zu steigern. Er besteht (allzu)oft in der Nacharbeit des schulischen Unterrichts, setzt aber auch eigene Schwerpunkte, wählt andere Lehr- und Lernverfahren aus und nutzt die Vorteile des Einzelunterrichts bzw. des Unterrichts von kleinen Gruppen.

Eine Meinung zur Diskussion
„Ich gestalte meinen Nachhilfeunterricht so, wie es in meinem Schulunterricht war. Dann kann ich doch eigentlich nichts falsch machen."

Kommentar
Ein „richtig" oder „falsch" gibt es beim Unterrichten kaum, sofern die Methode sinnvoll begründet werden kann. Sicherlich gibt es aber ein „besser" oder „schlechter", so wie die Lernenden ihrerseits etwas besser oder schlechter aufnehmen und verarbeiten können. Der Nachhilfeunterricht bietet aufgrund seiner Spezifik und seiner Freiheit von Vorgaben eine ideale Ausgangsbasis, um das Lehren und Lernen so zu gestalten, wie es für die Schülerinnen und Schüler nützlich ist.

Vom Begriff her wenden inzwischen viele nicht gerne den Begriff „Nachhilfeunterricht" an, weil er negativ und abfällig wirken könnte. Stattdessen werden andere Ausdrücke zur Hilfe genommen wie z. B. „Schülerhilfe", „Privatunterricht", „Einzelunterricht" oder „Hausaufgabenhilfe". In der Zielsetzung verändert sich dadurch jedoch nichts. Lediglich der Privatunterricht und der Einzelunterricht können auch solche Lernenden ansprechen, die bereits gute Lernleistungen vorweisen können und diese noch mehr steigern wollen. Ein solcher Unterricht findet eher in der Erwachsenenbildung statt.

Der negative Tenor des Begriffes Nachhilfe wird relativiert, wenn man sich vor Augen führt, dass in Deutschland heute jeder dritte Schüler einen solchen Unterricht genießt. Nachhilfeunterricht ist für viele beinahe zur Normalität geworden.

INFOS, TIPPS UND TOOLS VON A–Z
NACHHILFEUNTERRICHT ENGLISCH

Wer nimmt warum Nachhilfestunden in Anspruch?
- Lernende, die schlechte Noten haben und ihre Leistungen verbessern wollen
- Lernende, die etwas nachholen müssen
- Lernende, die besser werden wollen, als sie bereits sind (Hochbegabte)
- Lernende, die vor anderen einen Vorsprung haben wollen
- Lernende, die aus eigener Motivation eine andere Sprache lernen wollen
- Lernende, die sich auf eine Prüfung vorbereiten wollen
- Lernende, die sich auf eine andere Schulart oder Schulstufe vorbereiten wollen
- ...

Die überwiegende Zahl der Nachhilfeschüler und -schülerinnen gehört zur erstgenannten Kategorie.

Nachhilfeunterricht im Fach Englisch wird erteilt von Volkshochschulen, von Sprachschulen, von Nachhilfeinstituten, von Privatlehrkräften mit fachlicher und pädagogischer Ausbildung, von Privatlehrern und -lehrerinnen ohne Ausbildung (z. B. Schüler/Schülerinnen und Studenten/Studentinnen), von Eltern, von in Deutschland lebenden Muttersprachlern usw. Wie diese Auflistung zeigt, ist die Ausbildung der Nachhilfegebenden nicht immer gewährleistet. Dieser Leitfaden ist also insbesondere für Nachhilfegebende ohne Ausbildung nützlich, da er Orientierungen, Anregungen und konkrete Vorschläge enthält.

Von ganz besonderem Interesse für Nachhilfegebende wie auch -nehmende ist *e(lectronic)-learning*, d. h. das Lernen mit dem Internet. Es bietet unzählige Websites, die für die Lernenden von Interesse sein können und deshalb den Lehrenden bekannt sein sollten. Hier erfährt man, welche Wörterbücher es gibt; in einigen kann man auch direkt nachschlagen. Man erhält Informationen über Grammatiken und grammatische Übungsmaterialien. Man kann aber auch grammatische Fragen online geklärt bekommen. Muss man als Lernender ein Referat anfertigen, so lohnt sich der Blick ins Web; vielleicht ist das eigene Referatsthema dort bereits behandelt worden.

Vielleicht hat man als Schülerin oder Schüler auch Probleme in der Schule, sei es mit dem Unterricht, mit dem Lehrer bzw. der Lehrerin oder mit Schulkameraden. Im Internet erhält man psychologischen Rat. Selbst Ausreden für nicht angefertigte Hausaufgaben stehen vorgefertigt zur Auswahl bereit. Auch Tipps für Spicker werden weitergegeben, siehe diese Abbildung und die folgenden Tipps:

Die Sensation für Schüler!

Hausaufgaben machen ist out – Abrufen, Bearbeiten, Kopieren, Ausdrucken und Abgeben ist in! Pauker Schreck 4.0 enthält mehr als 8.000 fertige Arbeiten zu tausenden von Themengebieten aus allen gängigen Schulfächern. Ob Referat, Hausarbeit, Hausaufgabe oder Facharbeit – insgesamt ca. 40.000 Seiten Text! Selbst die renommierte Computerzeitschrift **C't** schreibt: „Die Fülle des Materials erstaunt." Das ist das Ende der Hausaufgaben-Quälerei! [Mehr Infos]

Versandkostenfreie Lieferung innerhalb Deutschlands bei Online-Bestellungen und Zahlung per Vorkasse! Hol dir die Mega-Sammlung und deine Hausaufgaben werden ein Kinderspiel!

Features:
* über 8.000 Hausaufgaben, Referate und Facharbeiten
* über 40.000 Seiten Inhalt
* sortiert nach Fächern und Themengebieten
* blitzschnelles Suchprogramm zur Stichwortsuche
* 300 witzige Ausreden und Tipps zum Schummeln
* startet direkt von CD – keine Installation nötig!

Das sagt die Presse:
* Die Fülle des Materials erstaunt (**C't**)
* Unentbehrliche Hilfe im grauen Schulalltag (PC Praxis)
* Für Schüler nützlichste CD-ROM des Jahres (Stern)
* Eine Menge Wissen. Nicht weitersagen! (PC Shopping)
* Vermeidet garantiert jeden Prüfungsstress (Berliner Zeitung)
* Bekannt auch aus Focus (Ausgabe 10/2002) und von www.young.de!

Kalorienbombe
Schokoladentafeln sind der ideale Ort für wichtige Informationen. Entsprechend der Menge an Platz, die man benötigt, kann man zwischen einem Ritter-Sport-Mini und der Milka-300-g-Tafel variieren. Einfach mit einem spitzen Gegenstand einritzen.

Schreibmaschine
Das Farbband einer Schreibmaschine herausnehmen, Text auf ein Löschblatt tippen. Den Spicker kann man nur bei genauerem Hinsehen erkennen – und ein Löschblatt gehört ja in jedes Schulheft.

Bissfest
Nimm einen Apfel und ritze in ihn Dinge ein, die du nicht weißt. Aber nicht überall. Am besten nur auf einer Halbseite, denn wenn der Lehrer

einmal kommt, kann man immer noch schnell genug zubeißen und den Spicker geschmackvoll verzehren.

Nachhilfelehrer gesucht

Ist man auf der Suche nach einem Nachhilfelehrer oder einer -lehrerin, so braucht man nur ins Internet schauen und nach der eigenen Postleitzahl vorgehen. Hier findet man dann mit genauer Anschrift mehrere geeignete Personen.

Für Lehrende wie auch für Lernende bietet das Internet schließlich Kontakte zu anderen Schulen, Lehrgangsangebote zum Erlangen eines „Surf-Scheines", Informationen über das *e-learning*, über Fachtagungen usw.

Hier ist eine kleine Auswahl von interessanten Internet-Adressen:

www.pausenhof.de
www.vocabulary.com
www.funonline.de
www.dictionary.com
www.scoolz.de
www.wordexplorations.com
www.dbs-schule.de
www.babylon.de

www.bildungsmesse.com
www.kidnet.de
www.schulanfang.com
www.zum.de
www.cheatweb.de
www.referate.com
www.hausaufgaben.de
www.young.de

Praxistipp

„Bin ich ein guter Nachhilfegebender?" Diese Frage können Sie sich mit dem folgenden Selbsttest beantworten.

Probleme

Nachhilfeunterricht stellt für die Lernenden stets eine Mehrbelastung dar, selbst wenn er zu besseren Leistungen und zur Entlastung führt. Dies sollte bei der Stellung der ↑*Hausaufgaben*, bei der methodischen Gestaltung und beim Einsatz von ↑*Medien* und *Arbeitsmaterialien* berücksichtigt werden.

Lektüretipp

„Schülerhilfen", Falken Verlag
„Lernhilfen", Manz /Klett Verlag
Insbesondere: Rampillon (2000):
Englisch lernen – aber clever!
Stuttgart: Klett Verlag.

INFOS, TIPPS UND TOOLS VON A–Z
NACHHILFEUNTERRICHT ENGLISCH

Selbsttest: „Bin ich ein guter Nachhilfegebender?"

Lesen Sie die folgenden Testfragen durch und kreuzen Sie an, was Ihrer Meinung nach zutrifft.
Legen Sie zuvor ein Blatt über die Angaben der möglichen Punkte.
Decken Sie dieses zum Schluss auf und zählen Sie alle Punkte zusammen. Die Punktzahl zeigt an, ob sie ein guter Nachhilfegebender sind oder ob Sie Ihre Einstellung zum Nachhilfeunterricht verändern sollten.

Testfragen   Punkte

1. ( ) Als ich zum ersten Male Nachhilfeunterricht gab, war ich mir nicht sicher, ob ich das wirklich kann. — 3

   ( ) Als ich zum ersten Male Nachhilfeunterricht gab, wusste ich nicht, wie viel ich dafür verlangen sollte. — 2

   ( ) Als ich zum ersten Male Nachhilfeunterricht gab, überlegte ich mir, was ich mit dem verdienten Geld wohl anfangen werde. — 1

2. ( ) Ich meine, dass SchülerInnen, die Nachhilfe brauchen, einfach faul sind — 1

   ( ) Ich meine, dass SchülerInnen, die Nachhilfe brauchen, nicht die richtige Schule besuchen. — 2

   ( ) Ich meine, dass SchülerInnen, die Nachhilfe brauchen, oftmals keine Schuld tragen. — 3

3. ( ) Ich bin mir sicher, dass man mit vielen Übungen alle Lernschwächen beseitigen kann. — 2

   ( ) Ich bin mir sicher, dass man mit Erklärungen mehr schafft als mit Übungen. — 3

   ( ) Ich bin mir sicher, dass das Auswendiglernen die beste Methode ist. — 1

NACHHILFEUNTERRICHT ENGLISCH

4. ( ) Wenn mein Nachhilfeschüler nicht besser wird, dann ist das allein die Schuld des Lehrers.	1
( ) Wenn mein Nachhilfeschüler nicht besser wird, dann ist das allein dessen Schuld.	2
( ) Wenn mein Nachhilfeschüler nicht besser wird, dann ist vielleicht meine Methode falsch.	3
5. ( ) Um die Schwächen des Nachhilfeschülers herauszufinden, teste ich ihn selber.	2
( ) Um die Schwächen des Nachhilfeschülers herauszufinden, befrage ich die Eltern.	1
( ) Um die Schwächen des Nachhilfeschülers herauszufinden, spreche ich mit dem Lehrer bzw. der Lehrerin.	3
6. ( ) Nachhilfeunterricht ist nötig, weil die LehrerInnen in den Schulen den Lernenden nichts oder nur wenig beibringen.	1
( ) Nachhilfeunterricht ist nötig, weil aus verschiedenen Gründen Wissenslücken bei den Lernenden entstehen können.	3
( ) Nachhilfeunterricht ist nötig, weil die SchülerInnen zu viel lernen müssen.	2

Nachschlagen

Was ist gemeint?
Darunter verstehen wir die gezielte Informationssuche in einem Sachbuch, einer Enzyklopädie, einem Lexikon oder einem Wörterbuch. Für den Englischunterricht sind besonders das Auffinden eines Stichwortes in einem ein- oder zweisprachigen Wörterbuch sowie das Nachschlagen in einer Grammatik oder einem grammatischen Beiheft zum Schulbuch von Bedeutung.

Eine Meinung zur Diskussion
„Das Nachschlagen brauche ich mit meinen Nachhilfeschülern gar nicht erst zu üben; sie machen das ja ohnehin nicht!"

Kommentar
So ganz Unrecht hat diese Kollegin mit ihrer Meinung nicht: Viele Lernende zögern, ehe sie wirklich zum Wörterbuch greifen, obwohl die meisten ein solches besitzen. Die Gründe dafür liegen wohl in der Komplexität eines Wörterbuches. Man muss bei seiner Benutzung die Zeichen und Symbole sowie die zahlreichen Abkürzungen verstehen, das wörterbuchspezifische Layout mit Fett- und Schrägdruck interpretieren können und die unterschiedlichen Suchwege kennen, z. B. über die Kopfwörter oder über die alphabetische Reihenfolge.

Aber gerade diese Schwierigkeiten sind Grund genug, das Nachschlagen systematisch zu trainieren. Der Plan auf Seite 190 ist eine Anleitung zum systematischen Wörterbuchtraining.

Neben dem Nachschlagen sollten die Lernenden jedoch auch Alternativen kennen lernen, wie z. B. das Erschließen einer Wortbedeutung, der Aussprache oder der Schreibweise. Dazu ist es nützlich, die Muttersprache, muttersprachliche Dialekte, eine oder mehrere andere Fremdsprache(n) oder den Kontext hinzuzuziehen. Außerdem besteht auch oft die Möglichkeit, jemanden zu befragen.

INFOS, TIPPS UND TOOLS VON A–Z
NACHSCHLAGEN

1. Erstes Kennenlernen	Was enthält eigentlich ein Wörterbuch? Welche Vorspänne und Anhänge hat es? Wo hebe ich mein Wörterbuch auf?
2. Übungen zum Alphabet	Buchstaben auf Englisch aussprechen Reihenfolge der Buchstaben im Alphabet englisch buchstabieren
3. Alphabetisches Anordnen	alphabetisches Anordnen von Wörtern (1. Stelle bis 6. Stelle des entscheidenden Buchstabens) alphabetisches Anordnen zusammengesetzter Wörter alphabetisches Anordnen von Wörtern mit Tilde
4. Die Lautschrift	Wie spreche ich die Lautzeichen aus? Welchen Schriftzeichen/Buchstabenkombinationen entsprechen sie? Wie spreche ich ganze Wörter richtig aus? Wie werden die Wörter betont?
5. Rasches Aufschlagen	Benutzung von Kopfwörtern Benutzung des Alphabetes
6. Grammatik im Wörterbuch nachschlagen	grammatikalische Begriffe kennen grammatikalische Abkürzungen verstehen
7. Die Silbentrennung	Trennzeichen kennen und verstehen
8. Wendungen nachschlagen	das Schlüsselwort finden „falsche Freunde" erkennen

Praxistipp

Zum Einstieg in die Wörterbucharbeit kann ein „Dictionary Quiz" ganz nützlich sein. Es gibt den Lernenden wie auch ihrem Lehrer bzw. ihrer Lehrerin Aufschluss darüber, was sie bereits kennen und was noch bearbeitet werden sollte. Ein solches Quiz ist im Folgenden abgedruckt.

Probleme

Um die Lernenden überhaupt zu motivieren, etwas nachzuschlagen, müssen Aufgaben gefunden werden, die ihnen einen echten Anlass dazu geben. Dies kann z. B. im Projektunterricht geschehen, wenn es gilt, bestimmte Vokabeln herauszusuchen, um das Gewünschte ausdrücken zu können. Auch das kreative Schreiben veranlasst die Lernenden, hin und wieder etwas nachzuschlagen. Die Benutzung eines elektronischen Wörterbuches kann allein bereits genügend Anreiz zum Nachschlagen bieten. Das Schreiben von E-Mails an andere Schüler und Schülerinnen in anderen Ländern ist auch oft ein Grund, etwas nachzuschlagen.

INFOS, TIPPS UND TOOLS VON A–Z
NACHSCHLAGEN

A dictionary quiz

Wie gut kennst du dein Wörterbuch wirklich? Notiere deine Antworten zu den Quizfragen und gib dir die angemessene Punktzahl. Die Höchstpunktzahl ist immer angegeben.

1. Was wird durch die römischen Zahlen ausgedrückt? (max. 2 Punkte)

2. In welcher Schriftart werden Angaben zur Grammatik gemacht?
   (max. 2 Punkte)

   fett ( )   halbfett ( )
   kursiv ( )   Grundschrift ( )

3. Wie sieht die Klammer für die Lautschrift aus? Zeichne sie hier ein.
   (max. 1 Punkt)

4. Was bedeuten die arabischen Ziffern mit einem Punkt?
   (max. 1 Punkt)

5. Was bedeutet es, wenn du zwei gleich geschriebene Wörter findest und beide eine hochgestellte Ziffer tragen, z. B. *down¹*, *down²*? (max. 2 Punkte)

6. In welcher Schriftart werden die Suchwörter gedruckt? (max. 1 Punkt)

   fett ( )   halbfett ( )
   kursiv ( )   Grundschrift ( )

7. Wie wird im Wörterbuch die Silbentrennung gekennzeichnet?
   (max. 1 Punkt)

INFOS, TIPPS UND TOOLS VON A–Z
NACHSCHLAGEN

8. Woran erkennt man in der Lautschrift die betonte Silbe eines Wortes? (max. 1 Punkt)

9. Auf welcher Seite deines Wörterbuches stehen Erklärungen zu Zeichen, Symbolen und Abkürzungen? (max. 1 Punkt)

10. Was bedeuten *mild ale, non-starter* und *keymoney* auf Deutsch? (max. 3 Punkte)

11. Wie heißen Personalausweis, Flaschenpfand und Erdball auf Englisch? (max. 3 Punkte)

12. Was bedeuten folgende Ausdrücke? (max. 6 Punkte)

   – *to get down to the nitty-gritty*
   – *I have a nodding acquaintance with her.*
   – *No bills!*

13. Wie würdest du die folgenden Wendungen auf Englisch bzw. auf Deutsch ausdrücken? (max. 6 Punkte)

   – *auf alle Fälle*
   – *to make an example of s.o.*
   – *I haven´t seen him for ages.*

Deine Punktzahl

So könnte die Auswertung lauten:

21–26 Punkte: Spitze! Du kannst mit deinem Wörterbuch umgehen. Du hättest einen Orden verdient!

14–20 Punkte: Du kommst mit deinem Wörterbuch schon recht gut zurecht. Benutze es so oft wie möglich, um weiter in Form zu bleiben.

7–13 Punkte: Du brauchst noch ein wenig Training. Setze dein Wörterbuch daher möglichst oft ein. Lies dir auch die Erklärungen auf den ersten Seiten deines Wörterbuches durch.

0–6 Punkte: Du solltest unbedingt mehr über dein Wörterbuch wissen. Schau es dir noch einmal genau an und benutze es so oft wie möglich.

Lektüretipp

Der Fremdsprachliche Unterricht Englisch, Themenheft „Dictionary Skills". Heft 51, 3/2001. Seelze: Friedrich Verlag.

Offenes Lernen

Was ist gemeint?
Unter offenem Lernen versteht man die Arbeitsformen, in denen nicht frontal, also lehrergesteuert, sondern möglichst individuell unterrichtet wird. Der Lehrer bzw. die Lehrerin tritt von der zentralen Stellung zurück, und die Lernenden übernehmen selbstgesteuert Entscheidungen darüber, wann sie eine bestimmte Aufgabe bearbeiten, wie lange sie sich dafür Zeit nehmen, mit wem sie dies tun wollen, wo sie lernen wollen, in welcher Reihenfolge sie unterschiedliche Aufgaben bearbeiten und wie sie dies tun wollen. Manchmal – je nach Arbeitsform – entscheiden sie auch über die Inhalte des zu Lernenden und die dazugehörigen Lernziele. Dabei sind die Aufgabenstellungen an den unterschiedlichen ↑*Lernertypen* orientiert, oft auch nach differenzierten Lernzielen, um der Schülerindividualität möglichst nahe zu kommen.

Ziel des offenen Lernens ist das selbstgesteuerte, ↑*autonome Lernen* der Schülerinnen und Schüler

Eine Meinung zur Diskussion
„Wenn ich meinen Unterricht öffne, dann benötige ich sehr viel Zeit für die Vorbereitung jeder einzelnen Nachhilfestunde. Außerdem kann ich die Schüler und Schülerinnen ja nicht machen lassen, was sie wollen!"

Kommentar
In gewissem Rahmen – nämlich dem der Lehrpläne und des gesamten Unterrichts – sollten die Lernenden in der Tat machen können, „was sie wollen". Sie legen nämlich vorher selbstständig ihre persönlichen Lernziele fest und suchen sich dazu geeignete Aufgaben. Diese können vom Nachhilfelehrer bzw. der Lehrerin vorgeschlagen werden, können aber auch von den Lernenden ausgewählt werden. Die Vorbereitung nimmt für die Lehrkraft dann mehr Zeit in Anspruch als bei einem frontalen Unterricht, in dem Aufgabe für Aufgabe von allen Lernenden in gleicher Weise durchgeführt wird. Hier stellt der Lehrer bzw. die Lehrerin eine Auswahl von Übungen zur Verfügung, die die Lernenden z. T. als „Steinbruch" benutzen, sofern die Aufgaben fakultativ sind. Im Rahmen des offenen Unter-

richts gibt es jedoch auch verbindliche Aufgaben, die in jedem Falle erledigt werden müssen.
Im Unterricht selbst erfährt der Unterrichtende jedoch eine recht große Entlastung, die dafür genutzt werden kann, die einzelnen Lernenden individuell zu betreuen.
Oftmals wird gefragt, wie denn bei dieser Offenheit letztlich die gewünschten Lernziele erreicht werden können und ob eine Vergleichbarkeit der Lernenden gegeben ist. Letzteres ist im Nachhilfeunterricht nur ein Problem, wenn sich die Vergleichsnorm auf den Bereich der unteren Noten bezieht (↑*Individualisierung*). In der Regel geht es beim Nachhilfenehmenden zunächst einmal um die Individualnorm und den Lernzuwachs, bezogen auf seine vorangehenden Leistungen.
Die übergeordneten Lernziele, die oberhalb derer angesiedelt sind, die mit den jeweiligen Aufgaben verfolgt werden, werden – trotz aller Offenheit – selbstverständlich vom Lehrer bzw. der Lehrerin festgelegt. Durch Ihre Entscheidung für bestimmte Aufgaben geschieht ja schließlich doch eine Steuerung, wenngleich diese viel zurückhaltender ist als im frontalen, fremdgesteuerten Unterricht.

Gegen Ende der Phasen des selbstständigen Arbeitens beantworten die Lernenden sich und auch dem Nachhilfegebenden, ob und in welcher Weise sie ihre Lernziele erreicht haben, evaluieren ihre Arbeitsweisen und die angewandten Lernstrategien und entscheiden schließlich, ob oder wie und was im Anschluss gelernt werden soll.

Probleme

Ein recht häufiges Missverständnis, wenn es um offenes Lernen geht, besteht darin, dass man befürchtet, die durch Lehrpläne und Schulbüchern vorgegebenen Lehr- und Lernziele nicht erreichen zu können, da die Lernenden andere Schwerpunkte setzen würden. Hier sollte man sich bewusst machen, dass ja nicht der gesamte Nachhilfeunterricht in offener Art und Weise stattfindet und dass es ja daneben auch – völlig (gleich)berechtigt – die lehrergesteuerten Unterrichtsstunden gibt.

OFFENES LERNEN

Stufen offenen Lernens im Nachhilfeunterricht

Nicht alle Lernformen, die im Klassenunterricht eingesetzt werden können, sind auch im Nachhilfeunterricht möglich, wenn es Einzelunterricht ist. Hierzu zählt etwa die Projektarbeit. Zudem entfallen im Nachhilfeunterricht manche Entscheidungen der Lernenden, z. B. die über den Lernort oder über den Lernpartner.

Folgende Verfahren lassen sich gut in der Nachhilfestunde realisieren:

Stufe 1: Selbstständigkeit als methodisches Prinzip
Die Lernenden erarbeiten im traditionellen Englischunterricht in bestimmten Lernphasen selbstständig Lerninhalte. Zu diesem Zweck nutzen sie ihr Wissen um ↑*Lernstrategien*, ihre Kenntnis der verfügbaren ↑*Materialien und Medien* und verwenden Kreativitätstechniken, schlagen etwas nach, experimentieren mit dem neuen Wissen und erproben schließlich die hinzugewonnene Kompetenz.

Stufe 2: Lernen mit dem Arbeitsplan
Die Lernenden arbeiten nach einem Arbeitsplan, der sich über die Zeit einer oder mehrerer Nachhilfestunde(n) hinzieht und ggf. auch das häusliche Lernen betriff. Während der Arbeit nach diesem Plan finden ab und zu Zwischenphasen zur Rückmeldung an den Nachhilfelehrer bzw. die -lehrerin statt. Im schulischen Unterricht spricht man vom „Wochenplan". Im Kontext des Nachhilfeunterrichts wurde unter Berücksichtigung der unterschiedlichen Stundenzahlen der Begriff Arbeitsplan gewählt. Ein Beispiel für einen Wochenplan:

Wochenplan   17–27. März   8A

Name:	Schau nach bei	❢❢❢	%
Übung 1. u. 2. schriftlich im Heft	Scout p 22	❢❢	●
Schreibe jeweils die ganze Seite ab, fülle dabei die leeren Zeilen aus	Scout 23 und 25	❢	●
Lies dir Seite 24 „Frageform" genau durch!	Scout 24	❢	●
Lies den Text S. 26 leise durch. Du solltest alles verstehen können. Bei Schwierigkeiten schau auf S. 27 nach, frage Mitschüler oder mich.	Scout 26	❢	●
Lies den 1. oder den 3. Abschnitt auf Kassette	Scout 26 +cass. rec.	❢	○
Lerne alle Vokabeln	Scout 27	❢❢	●
Bearbeite Blatt 28, indem du die Lücken ausfüllst.	AblaƩ 28	❢❢	●
Schreibe den Brief von S. 29 vervollständigt in dein Heft	Scout 29	❢	●
Lege mind. 2 Tangram	Silverbox	❢	●
Würfelspiel	F 4	❢❢❢	○
Arbeitsblätter F3 u. F4 ins Heft	F 3 F 11	❢❢	○

Quelle: Bimmel/ Rampillon : 2000, S. 48

Stufe 3: Lernen im Lernzirkel

Der Nachhilfelehrer bzw. die -lehrerin stellt eine vorher festgelegte Zahl von Aufgaben bereit und bestimmt auch die Reihenfolge, in der diese zu bearbeiten sind. Die Lernenden bearbeiten dann selbstständig diese Aufgaben und kontrollieren mithilfe eines Lösungsbogens ihre Arbeitsergebnisse selbst.
Die Offenheit besteht weitgehend in den gleichen Parametern wie bei Stufe 4, mit Ausnahme der Reihenfolge.

Stufe 4: Lernen an Stationen

Hier gibt der Unterrichtende eine Reihe möglicher Aufgaben zur Bearbeitung vor. Sie stellen je eine Station dar, an der die Lernenden auch dazu notwendige Arbeitsmaterialien sowie die Lösungen zu den einzelnen Aufgaben finden. Sie entscheiden dann über die Auswahl der Aufgaben, die Reihenfolge der Bearbeitung, das Einlegen einer Pause und den Umfang der Zeit, die je Aufgabe eingesetzt wird.

Stufe 5: Freies (autodidaktisches) Lernen

Haben die Lernenden einige Sicherheit im Lernen an Stationen und mit dem Arbeitsplan gewonnen, dann sind sie in der Lage, ihr Lernen zunehmend erfolgreicher selbst zu bestimmen. Sie benötigen dann für die Lernabläufe keine externe Steuerung mehr; sie erhalten durch den Nachhilfelehrer bzw. die -lehrerin bestenfalls noch Anstöße und Anregungen.

Praxistipp

Lernende, die bereits einige Erfahrung mit dem selbstständigen Lernen haben, sollten in der Lage sein, ihren Arbeitsplan selbst zu füllen. Der folgende Musterbogen kann dazu eine Hilfe sein.

Lektüretipp

Hameyer, Uwe (1994): *Ideenkiste*. Kronshagen: Körner Verlag.

INFOS, TIPPS UND TOOLS VON A–Z
OFFENES LERNEN

Arbeitsplan für offenes Lernen und Arbeiten
Offener Lern- und Arbeitsplan

Name: _____

Nachhilfeunterricht für das Fach: _____

Gültig für die Zeit vom _____ bis _____

Aufgabe 1: _____
_____
_____

Aufgabe 2: _____
_____
_____

Aufgabe 3: . _____
_____
_____

Aufgabe 4: _____
_____
_____

Aufgabe 5: _____
_____
_____

INFOS, TIPPS UND TOOLS VON A–Z
OFFENES LERNEN

Aufgabe 6: _____

_____

_____

Rückblick auf mein Lernen:

- Wie bin ich vorgegangen? Welche Lernstrategien habe ich genutzt? Hätte ich anders vorgehen sollen? Wie will ich ähnliche Aufgaben künftig bearbeiten?

_____

_____

- Was möchte ich als Nächstes lernen?

_____

_____

_____

_____

Organisieren des Lernens

Was ist gemeint?
Wer sein Lernen organisieren kann, kennt Antworten auf diese Fragen:
- Wo kann ich am besten Englisch lernen?
- Zu welchen Zeiten lerne ich am besten?
- Wie viel Zeit habe ich für die Erledigung der verschiedenen Lernaufgaben?
- Womit lerne ich am besten?
- Wie lerne ich im Team mit anderen?

Eine Meinung zur Diskussion
„Meine Nachhilfeschüler und -schülerinnen sind alle ziemlich chaotisch. Ob die es jemals lernen, ihr Lernen sinnvoll zu gestalten, möchte ich bezweifeln!"

Kommentar
So pessimistisch sollte man als Nachhilfelehrer oder -lehrerin nicht sein. Gerade die Organisation des Lernens können die Schülerinnen und Schüler recht schnell lernen, vorausgesetzt, man liefert ihnen die notwendigen Informationen und systematische Trainingsmöglichkeiten. Die wichtigsten Aspekte werden im Folgenden aufgeführt:

Lernorte
Zum Englischlernen stehen unterschiedlichste Plätze zur Verfügung. Der Wichtigste ist natürlich der schulische Arbeitsplatz im Klassenzimmer. Die Lernenden sollten wissen, wie sie ihn am günstigsten gestalten: Störendes wegräumen, Lernmaterialien zum Englischunterricht zurechtlegen und Schreibutensilien bereithalten.
Der häusliche Arbeitsplatz ist mindestens ebenso wichtig. In manchen Fällen müssen sich die Lernenden ihn erst suchen, sofern sie kein eigenes Zimmer haben. Auch hier gilt es, alles bereitzuhalten und den Schreibtisch übersichtlich zu halten. Ablenkendes wird beiseite geräumt. Man sollte

auch nicht erst aufstehen müssen, um etwas zur Verfügung zu haben, sondern alles sollte griffbereit an seinem Platz stehen.
Das Lernen kann auch außerhalb des heimischen Lernortes stattfinden, z. B. in einer Bibliothek, wo man etwas nachlesen oder aus Büchern herausschreiben möchte.
Für das Englischlernen sind darüber hinaus öffentliche Plätze wie Flughäfen, Bahnhöfe oder internationale Ausstellungen und Messen von Bedeutung. Hier kann man durch genaues Hinhören und manchmal auch durch Sprechen Englisch lernen, da viele ausländische Besucher zu hören sind, englischsprachige Aufschriften und Informationen aufgenommen werden können und man hier und da auch Gelegenheit hat, jemandem auf Englisch eine Auskunft zu geben oder etwas zu fragen.

Das Papierchaos meistern

Will man seinen Schreibtisch übersichtlich halten und der Flut von unterschiedlichsten Papieren entgegentreten, gilt es, sich ein gutes Ablagesystem zu überlegen. Für die Lernenden bedeutet es, sich durch ein System verschiedener Hefte, Kladden und Ringbücher hindurchzufinden und diese außerdem sorgfältig zu führen. Haushefte, Merkhefte, Übungshefte, Klassenarbeitshefte usw. verlangen jeweils die volle Aufmerksamkeit ihres Besitzers (vgl. hierzu auch die Lerneinheit ↑*Merkhilfen*). Auch die Verwaltung von Sammlungen, z. B. einer Lernkartei, gehört hierher. Bei der Heftführung sollten die Schüler wissen, dass Datum und Überschriften eine Selbstverständlichkeit sind, da man nur mit ihrer Hilfe leicht etwas wieder finden kann.
Wenn man unnötiges Suchen vermeiden kann, wird die persönliche Leistungsfähigkeit deutlich gesteigert.

Voraussetzung für ein sinnvolles Ordnen der Arbeitsmittel ist aber, dass man sie alle mit ihren Funktionen kennt. Hier ist eine Aufgabe, die helfen kann, sich darüber im Einzelnen klar zu werden:

INFOS, TIPPS UND TOOLS VON A–Z
ORGANISIEREN DES LERNENS

Hilfen beim Englischlernen

Was kann ich zum Lernen benutzen?	Wozu kann ich es nutzen?	Wie gehe ich vor?
Englischbuch	Texte lesen, Vokabeln nachschlagen, Übungen machen, ...	lautes Lesen, Notizen anfertigen, Vokabel-Verzeichnis aufschlagen, Lösungen notieren
Hausheft		
Merkheft		
Vokabelheft		
Lernkartei		
Aufgabenbuch		
Kassettenrekorder und Tonkassette		
Lernposter		
Merkzettel		

Lernzeiten

Unter „Lernzeiten" beim Englischlernen ist zum einen der Zeitpunkt gemeint, zu dem man am leichtesten lernt. Dieser liegt gewiss nicht unmittelbar nach einem guten Mittagessen oder nach vorausgehender anstrengender Denkarbeit. Wir wissen inzwischen, dass es Menschen gibt, die vor allem am Morgen gut lernen können („Morgentypen") und andere, die am späten Nachmittag oder am Abend mehr Erfolg beim Lernen haben („Abendttypen"). Darüber hinaus gibt es im Tagesablauf einer Schülerin oder eines Schülers durchschnittliche Leistungshöhepunkte und Leistungstiefs. Die Hoch-Zeiten liegen oft um ca. 10.00/11.00 Uhr und um 18.00 Uhr/18.30 Uhr. Die ungünstigste Zeit liegt etwa um 14.00 Uhr. Stellt man sich das als Kurve vor, so ergeben sich daraus Zwischenstufen, in denen natürlich auch erfolgreich gelernt werden kann. Für die Lernenden ist wichtig herauszufinden, wann sie ihre günstigsten Lernzeiten haben. Dies sollte daher in der Nachhilfestunde besprochen werden.

Mit „Lernzeiten" ist aber auch der Zeitumfang gemeint, der zum Lernen verwendet wird. Sind es zehn Minuten, eine halbe Stunde oder gar mehrere Stunden täglich?
Für das Lernen neuer Vokabeln weiß man, dass die Zahl von 10–12 neuen Wörtern nicht überschritten werden sollte, also etwa die Zeit von maximal 20–30 Minuten eingeplant werden muss – wenn man sie schon recht sicher beherrschen will. An diesem Beispiel wird deutlich, dass zwar einerseits die Lernzeit geplant werden muss, dass diese jedoch abhängig ist von den konkreten Zielen, vom Lerngegenstand, von der persönlichen Lerndisposition, vom Umfang anderer Aufgaben und Aktivitäten usw.
Wichtig ist, dass man sich bei der Planung der Lernzeiten darüber im Klaren ist, welches die realistisch erreichbaren Ziele sind, welche ‚Zeitfresser' man ausschalten sollte (wie z. B. ein unaufgeräumter Schreibtisch oder nicht auffindbare Arbeitsmaterialien) und welche schlechten Gewohnheiten man ablegen sollte (z. B. Radiohören beim Lernen oder Hausaufgaben liegend oder kniend am/auf dem Sofa machen usw.) Schließlich sollte man wissen, dass ein Wechsel der Lerntechniken und Lernstrategien maßgeblich die Motivation zum Lernen – und damit auch den Erfolg – beeinflussen kann.

Lernen im Team
Gerade das Fremdsprachenlernen fordert zum Lernen zu zweit oder in einer kleinen Gruppe heraus, da ja so viel wie möglich gesprochen werden sollte. Die gute Absicht, sich mit anderen zum Lernen zu verabreden, reicht aber nicht aus. Man muss wissen, dass es eine Reihe von ungeschriebenen Regeln gibt, die dabei zu beachten sind. Einige seien hier aufgeführt und könnten Grundlage für ein Gespräch mit den Lernenden sein:
- Lass die anderen auch zu Wort kommen und rede sie nicht „tot".
- Frage die anderen nach ihrer Meinung, ihren Lösungen, ihren Antworten.
- Bitte andere um Erklärungen und Erläuterungen.
- Erkläre anderen den Lernstoff, so wie du ihn verstanden hast.
- Verhalte dich partnerschaftlich, wenn es darum geht, Aufgaben gemeinsam zu lösen.
- Versetze dich in die Situation der anderen während des gemeinsamen Arbeitens.
- Lass anderen auch mal den Vortritt.
- Sei nicht beleidigt, wenn andere dich kritisieren, sondern versuche dich konstruktiv zu verhalten.

ORGANISIEREN DES LERNENS

Praxistipp

Es ist ganz nützlich, gemeinsam mit dem Nachhilfeschüler bzw. der -schülerin einen persönlichen Arbeitsplan zu erstellen und zu besprechen. Die Vielzahl der Aktivitäten, die die Lernenden täglich vollziehen, lässt dies ratsam erscheinen. Dazu reicht ein einfacher Raster mit den Wochentagen auf der einen Achse und den Uhrzeiten von 14.00 Uhr bis 18.00 Uhr auf der anderen Achse. In die entstehenden Felder wird eingetragen, was in der nächsten Woche wann an Lernaufgaben und anderen Dingen ansteht (vgl. S. 271).

Geht es nicht nur um die reine Lernzeit, sondern auch um ein überlegtes Verteilen der einzelnen Lernschritte, dann kann z. B. ein Übungs- und Wiederholungsplan erarbeitet werden. Das Beispiel auf der nächsten Seite ist lediglich ein Muster.

- Trage mit dazu bei, dass das Ziel der Zusammenarbeit, z. B. das Erledigen einer gemeinsamen Aufgabe, erreicht wird.
- Überlege, ob und wie Arbeitsergebnisse für alle festgehalten werden können.
- ...

Probleme

Oft kennen die Schülerinnen und Schüler gar nicht die vielfältigen Möglichkeiten, die ihnen zu effektivem Lernen zur Verfügung stehen. Daher sollte man mit ihnen z. B. den Test bezüglich der Arbeitsmittel machen. Auch eine Lehrwerk-Rallye ist zu empfehlen. Schließlich sollte man Ihnen zeigen, wie man Lernmittel und ↑*Merkhilfen* auch selbst herstellen und verwalten kann. Gleichzeitig ist aber auch Vorsicht geboten, um eine Überorganisation durch zu viele Arbeitsmittel zu vermeiden.

Lektüretipp

Rampillon, Ute (2000): *Englisch lernen – aber clever!* Stuttgart: Klett Verlag.

Mein persönlicher Wiederholungsplan

Was will ich wiederholen?   Wie will ich es tun?   Bis wann will ich es erledigen?

Grammatik
( ) im Grammatikteil des Englischbuches nachsehen
( ) Merkzettel schreiben
( ) Grammatikregeln und Beispielsätze ins Grammatikheft eintragen
( ) Übungen im Englischbuch nochmals bearbeiten.
( ) …

Wortschatz
( ) Vokabeln konzentriert durchlesen und einprägen
( ) sich schwierige Schreibweisen merken
( ) Sätze mit neuen Vokabeln bilden
( ) Vokabeln in Vokabelkartei lernen und Karteikarten umordnen
( ) …

Sprechen / Schreiben
( ) Fragen zum Text mündlich/schriftlich beantworten
( ) schwierige Wörter mehrmals schreiben
( ) Lektionstext zweimal laut und fehlerfrei lesen
( ) …

Hören / Lesen
( ) Notizen zum Hörtext machen
( ) Lektionstext von Kassette anhören und Nachsprechen
( ) Stichwörter zum Lesetext herausschreiben
( ) unbekannte Wörter aus Lesetext nachschlagen
( ) …

Lerntechniken
( ) Vokabelkartei ergänzen
( ) beim Lesen Markierungstechniken anwenden
( ) einen Lernplan machen
( ) …

deine persönlichen Ergänzungen
( ) ……………………………
( ) ……………………………
( ) ……………………………

INFOS, TIPPS UND TOOLS VON A–Z
PROJEKTE

Projekte im Nachhilfeunterricht

Was ist gemeint?
Projektunterricht ist eine Form des ↑*offenen Unterrichts*, in der es darum geht, ein Thema differenziert und detailliert zu behandeln. Ziel ist es, am Ende ein vorführbares Produkt zu haben oder/und einen relevanten Erfahrungsprozess zu vollziehen. Letzterer wird oft als wichtiger angesehen als das sprachliche Ergebnis, denn es geht im Projektunterricht um das *learning by doing*.

Eine Meinung zur Diskussion
„Projektunterricht braucht viel Zeit und die ist im Nachhilfeunterricht knapp bemessen!"

Praxistipp

Beim Projektunterricht handelt es sich um eine relativ neue Arbeitsform, die daher den meisten Eltern nicht immer bekannt sein dürfte. Ihr spielerischer Charakter könnte sie, die sie ja die Nachhilfestunden bezahlen, eventuell irritieren. Daher sind oft vor Projektbeginn ein paar klärende Worte mit den Eltern recht nützlich.

Kommentar
Diese Meinung muss kritisch hinterfragt werden, denn im Projektunterricht werden viele unterschiedliche Ziele erreicht, die – wollte man sie im traditionellen Unterricht anstreben – auch viel Zeit beanspruchen würden.
Folgende Vorteile können registriert werden:
- Die Lernenden sind nicht nur rezeptiv, sondern selbstinitiativ und selbstbestimmt.
- Die Arbeit in Projekten fördert die Motivation und die Freude am Lernen.
- Die geistige, künstlerisch-ästhetische und die sprachliche Kreativität der Lernenden wird herausgefordert.
- Die Teamfähigkeit der Lernenden wird trainiert, sofern das Projekt nicht in der selteneren Form der Einzelarbeit durchgeführt wird.
- Die Autonomie der Lernenden im Lernprozess wird durch den selbstständigen Einsatz von Lerntechniken und Lernstrategien weiterentwickelt.
- Die Kommunikationsstrategien der Lernenden werden verfeinert, wenn sie ihre Ergebnisse präsentieren, über ein (Teil-)Thema referieren oder in der Gruppe den Arbeitsprozess moderieren.

- Alle Kenntnisbereiche und alle sprachlichen Fertigkeiten werden in der Projektarbeit benötigt, da sie sich aus echten Lernbedürfnissen ergeben.
- Fast alle Lernertypen finden die ihnen angemessene Lernweise. Sowohl der kommunikativ-kooperativ Lernende wie auch der haptisch Orientierte, der systematisch-analytische, der visuelle oder der auditive Lernertyp kommt zu seinem Recht.
- Die Arbeit wird bestimmt durch eine Vielfalt von Medien bis hin zum Einsatz von PC und Internet und wirkt damit motivierend.
- Die Verantwortung für den Erfolg der Arbeit liegt fast ausschließlich bei den Lernenden, die ihre Arbeitsergebnisse selbstständig kontrollieren, sie in ihrer Bedeutung bewerten und die Perspektiven für ein Weiterlernen aufdecken.
- Projektarbeit geschieht in einem Schonraum, da eine hohe Fehlertoleranz angesagt ist.

Was kann Gegenstand von Projekten sein?

Es kann sich vom Inhaltlichen her um Fragen der Gesellschaft handeln, etwa den Bau von Autobahnen, die Umweltverschmutzung oder die Atomkraft. Es kann aber auch um persönliche Interessen oder Probleme gehen, etwa: „Wie erlebe ich meinen Englischunterricht?" oder „Mein persönliches Bildwörterbuch." Auch Utopien passen gut hierher, z. B. „Mein Traumjob" oder „Mein Traumhaus" oder „Ich baue einen Zoo".

Die Formen, in denen diese Themen bearbeitet werden, können Kollagen sein, etwa das Anfertigen einer Lernlandschaft zum eigenen Englischlernen. Auch Sammlungen sind eine geeignete Form, wie etwa das Herstellen einer E-Mail-Zeitung und deren Versand an einen oder mehrere ausländische Partner oder Partnerinnen.

Probleme

In den meisten Fällen arbeiten mehrere Lernende in einem Projekt zusammen. Beim Nachhilfeunterricht, der als Einzelunterricht durchgeführt wird, fehlen diese Lernpartner und -partnerinnen. Das bedeutet jedoch nicht, dass Projekte nicht auch im Alleingang von den Lernenden durchgeführt werden können. Die Mehrzahl der genannten Vorteile dieser Arbeitsform bleibt auch bei Einzelarbeit erhalten.

Lektüretipp

Dietrich, Ingrid (1995): Übungen und Arbeitsformen im Projektunterricht. In: Bausch, Christ, Krumm (Hg.) (1995): *Handbuch Fremdsprachenunterricht.* Tübingen/Basel: Francke, S. 255–258.

INFOS, TIPPS UND TOOLS VON A–Z
QUIZ UND ANDERE RÄTSEL

Quiz und andere Rätsel

Was ist gemeint?
Hierunter verstehen wir Rätselfragen zu den beliebigsten Lebensbereichen und Themen, die dazu dienen können, den Nachhilfeunterricht aufzulockern, die Lernenden zu motivieren und dabei trotzdem Englisch zu lernen.
Die folgenden acht Beispiele können in die verschiedenen Nachhilfestunden eingestreut werden.

Breaking a thread in a sealed bottle

You will need:
* an empty bottle and a cork
* a hook
* a length of thread
* a small weight

1 Screw the hook into the cork and hand the weight from it, using the thread.

2 Fix the cork firmly in the bottle with the weight hanging down inside.

Now challenge your friend to break the thread without removing the cork or shaking or breaking the bottle.

When they have tried and failed, show them how it is done. Take the bottle into the sunlight and use a magnifying glass to concentrate the sun's rays onto the thread until it burns through. Easy!

Robertson, Jane (1995): *101 Ways To Test Your Friends*. London: Watts Books, S. 3.
Illustration: „Diagram Visual Information LTD."

INFOS, TIPPS UND TOOLS VON A–Z
QUIZ UND ANDERE RÄTSEL

Animal families

A male seal is called a bull. A female seal is called a cow. A baby seal is called a pup. Here are the names of many animals – males, females and their young. Test your friends by asking, for example, "What is a female sheep called?" and see how many right answers they give.

Animal	Male	Female	Young
Kangaroo	buck	doe	joey
Elephant	bull	cow	calf
Lion	lion	lioness	cub
Deer	buck	doe	fawn
Hare	buck	dow	leveret
Tiger	tiger	tigress	cub
Bear	bear	she-bear	cub
Fox	fox	vixen	cub
Pig	boar	sow	piglet
Goat	billy	nanny	kid
Donkey	donkey	jennet	foal
Dog	dog	bitch	puppy
Sheep	ram	ewe	lamb
Horse	stallion	mare/dam	foal
Cattle	bull	cow	calf
Seal	bull	cow	pup
Whale	bull	cow	calf
Goose	gander	goose	gosling
Duck	drake	duck	duckling
Most birds	cock	hen	chick

Music quiz

1 Which of these instruments is not a wind instrument: trombone, clarinet, flute, violin, bassoon, piccolo?
2 What is the name given to a group of singers in a church?
3 Which musical instrument are you mostly likely to find in a church?
4 What do you call a group of four musicians playing together?
5 What is the name of the stick used by a conductor?
6 Name five string instruments.

INFOS, TIPPS UND TOOLS VON A–Z
QUIZ UND ANDERE RÄTSEL

7 What does a conductor sometimes do to get the attention of the orchestra before a performance?
8 Which country do bagpipes come from?
9 Which country do castanets come from?
10 What does a tambourine consist of?

Shapes

Can you and your friends name these 20 shapes?

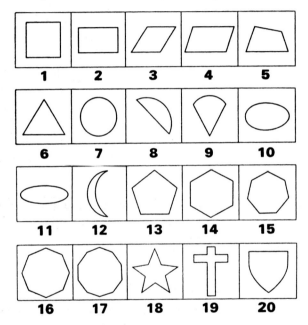

Robertson, Jane (1995): *101 Ways To Test Your Friends*. London: Watts Books, S. 23.
Illustration: „Diagram Visual Information LTD."

London quiz

1 Where does the Queen live?
2 Which river flows through London?
3 What is the name of the bridge that opens to let ships pass?
4 Whose column is in Trafalgar Square?
5 What is Big Ben?
6 London has a famous observatory for looking at the stars. Where is it?
7 Covent Garden was once famous as a market. What was sold there, meat, fish or fruit and vegetables?

INFOS, TIPPS UND TOOLS VON A–Z
QUIZ UND ANDERE RÄTSEL

8 Complete this nursery rhyme: „…….. ……….. is falling down, my fair lady!"
9 What are the colours of the Union Jack flag?
10 What is a cockney?

Food and feeding

This picture shows some animals that live in and around an oak tree. The arrows point to what each animal eats. For example, a caterpillar eats oak leaves and a bird eats the caterpillar.

1 What does the owl eat?
2 What does the vole eat?
3 What does the mouse eat?
4 Who eats voles and mice?
5 Who eats caterpillars?
6 Which animal eats the greatest number of different types of food?
7 Name three things that are eaten that are not animals.

Robertson, Jane (1995): *101 Ways To Test Your Friends*. London: Watts Books, S. 39. Illustration: „Diagram Visual Information LTD."

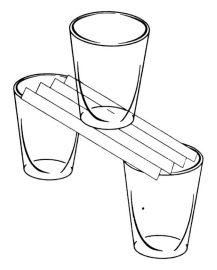

Balancing act

For this you will need three glasses (unbreakable ones are best!) and a piece of paper (not newspaper) about the size of a banknote.

Ask your friends to use the paper to make a bridge between two of the glasses and then to balance the third glass on top. Can they do it?

Robertson, Jane (1995): *101 Ways To Test Your Friends*. London: Watts Books, S. 71.
Illustration: „Diagram Visual Information LTD."

Answers

Music quiz
1. The violin. It is a string instrument.
2. A choir.
3. An organ.
4. A quartet.
5. A baton.
6. Violin, viola, cello, double bass, guitar, zither, harp, banjo, lute.
7. Taps the baton against the music stand.
8. Scotland.
9. Spain.
10. A drum skin stretched over a hoop and surrounded by tiny cymbals.

Shapes
1. Square.
2. Oblong.
3. Rhombus.
4. Rhomboid.
5. Trapezoid.
6. Triangle.
7. Circle.
8. Segment.
9. Sector.
10. Oval.
11. Ellipse.
12. Crescent.
13. Pentagon.
14. Hexagon.
15. Heptagon.
16. Octagon.

London quiz
1. Buckingham Palace.
2. The Thames.
3. Tower Bridge.
4. Lord Nelson's.
5. The clock and clocktower of the Houses of Parliament.
6. Greenwich.
7. Fruits and vegetables.
8. London Bridge.
9. Red, white and blue.
10. Someone born in London, within the sound of the Bow Bells.

Food and feeding
1. Rabbits, voles and mice.
2. Acorns.
3. Acorns.
4. The weasel and the owl.
5. The fly and the bird.
6. The weasel. It eats voles, mice, rabbits and birds.
7. Oak leaves, acorns, grass.

Regeln zur englischen Sprache

Was ist gemeint?
Unter „Regeln" versteht man kurzgefasste, prägnante Beschreibungen sprachlicher Phänomene, z. B. sprachlicher Formen im Bereich des Wortschatzes, der Grammatik oder der Aussprache. Die Funktion von Regeln besteht darin, ein System zu durchschauen, die Kommunikation zu unterstützen, Fehler zu vermeiden und das Behalten zu erleichtern.
Im Englischen spricht man von *rules*.

Eine Meinung zur Diskussion
„Bei der Auswahl der Regeln orientiere ich mich immer an einer Grammatik der englischen Sprache. Da bin ich dann auch sicher, dass sie wissenschaftlich unangreifbar ist."

Kommentar
Dieser Wunsch des Kollegen nach Korrektheit und Vollständigkeit einer Regel ist zwar nachvollziehbar, jedoch für den Englischunterricht, insbesondere für Nachhilfestunden, nicht immer die angemessene und ausschließliche Norm.

Regeln verstehen
Übergeordnete Kriterien sollten die Verständlichkeit für die Lernenden und ihre Einprägsamkeit sein. Daher ist es völlig legitim, Verkürzungen, Unvollständigkeiten und damit eine eingeschränkte Gültigkeit einer Regel zugunsten ihrer Einfachheit in Kauf zu nehmen.
Bezogen auf die Entscheidung für die Muttersprache oder Englisch kann der folgende Grundsatz gelten: Solange der Nachhilfeschüler bzw. die -schülerin englischsprachige Erklärungen mit Sicherheit versteht, kann auch die Regel auf Englisch abgefasst werden. Ist aber das Verständnis auch nur minimal beeinträchtigt, sollte – insbesondere in der Nachhilfestunde – das Deutsche gewählt werden.
Bezüglich der gewählten Fachterminologie ist zu empfehlen, mit dem Lernenden gemeinsam eine Liste grammatischer Fachbegriffe aufzustellen,

INFOS, TIPPS UND TOOLS VON A–Z
REGELN ZUR ENGLISCHEN SPRACHE

die er im Laufe der Folgestunden immer wieder ergänzen kann. Dabei sollte stets geprüft werden, ob der Schüler bzw. die -schülerin nicht nur den Begriff kennt, sondern ihn auch in seiner Bedeutung versteht. Hier sind manchmal selbst in der Muttersprache große Verständnislücken zu erkennen.

Regeln, die die Lernenden verstehen können müssen, sind zum einen diejenigen, die der Lehrer im Unterricht formuliert. Zum anderen sind es diejenigen, die die Lernenden im Englischbuch, in einer Grammatik oder auch im ↑Wörterbuch finden. Sie alle haben den Nachteil, dass sich die Lernenden nicht leicht mit ihnen identifizieren können. Daher wird empfohlen, sie so weit wie möglich die Regeln selbst formulieren zu lassen.

> **Praxistipp**
> Lehren sie ihre Nachhilfeschüler und -schülerinnen nichts, was diese nicht auch selbst herausfinden könnten!

Regeln formulieren

Wenn die Lernenden selbst Wortbildungsgesetze ausdrücken, Gesetzmäßigkeiten zur Aussprache oder Grammatikregeln formulieren sollen, so müssen sie dazu schrittweise angeleitet werden. Folgende Lernstufen sind dabei vorstellbar:

- Vorlegen einer Musterregel und Ausdrücken einer analogen Formulierung.
- Den Anfang einer Regelformulierung vorlegen und von den Lernenden vervollständigen lassen.
- Eine Regelformulierung mit Wortlücken vorlegen und ergänzen lassen.
- Wichtige Begriffe einer Regel geben und diese formulieren lassen.

Das Endergebnis einer Regelformulierung kann unterschiedlichste Ausprägungen haben. Sie sind hier nach Einfachheit und Einprägsamkeit aufgeführt:

- Eselsbrücken
- Merkverse
- Formeln
- Grafiken
- Tabellen
- Satzbautafeln
- Bilder, Zeichnungen
- Beispielsätze
- Beschreibungen

Welche dieser Formen für den Lernenden jeweils am besten geeignet ist, hängt von seinem Lernertyp und von seinen sonstigen Dispositionen ab. Daher sollten die Lernenden möglichst oft die Chance haben, ihre persönlichen Grammatikregeln selbst auszudrücken.

Um das leisten zu können, wenden sie unterschiedlichste Lernstrategien an, die sie im Unterricht zuvor kennen gelernt und mit dem Nachhilfeleh-

rer bzw. der -lehrerin besprochen haben. Sie erproben sie aufs Neue bei jeder Regelformulierung. Zu diesen Strategien gehören die folgenden:
- Sammeln
- Vergleichen
- Markieren
- Kontrastieren
- Analogien herstellen
- Notieren/Exzerpieren
- Ordnen
- Systematisieren
- Kategorisieren
- Vernetzen

Sich Regeln merken
Vergleichen Sie bitte hierzu die Lerneinheiten ↑*Merkhilfen* und ↑*Mit Karteien lernen*.

Probleme
Leider besteht immer noch die schlechte Tradition, die Lernenden zu veranlassen, die gefundenen oder vorgelegten Regeln auswendig zu lernen. Ihre auswendig gelernte Wiedergabe ist – abgesehen von Eselsbrücken und Merkversen – jedoch höchst unzuverlässig und trügerisch; die Beherrschung des jeweiligen sprachlichen Phänomens kann davon nicht abgeleitet werden. Daher sollte auf das Abfragen von Regeln zugunsten von freiformulierten Schülererklärungen gänzlich verzichtet werden.

Lektüretipp

Tönshoff, Wolfgang (1995): *Entscheidungsfelder der sprachbezogenen Kognitivierung.* In: Claus Gnutzmann, Königs, Frank G. (Hg.) (1995): *Perspektiven des Grammatikunterrichts.* Tübingen: Narr Verlag, S. 225–246.
Bosewitz, René/Kleinschroth, Robert (1994): *Joke Your Way Through English Grammar. Wichtige Regeln zum Anlachen.* Reinbek: Rowohlt.

Reime und Gedichte

Was ist gemeint?
Unter Reimen und Gedichten werden hier lyrische Texte verstanden, die weniger der analytischen Betrachtung, sondern vielmehr dem *reading for fun* dienen. Sie sprechen vor allem die affektive Seite der Lernenden, ihre Gefühle und Sinne, an und rufen Freude am Englischlernen und am Gebrauch dieser Sprache hervor. Sie regen gleichzeitig aber auch ihren Intellekt an. Sie animieren die Fantasie und ↑*Kreativität* der Lernenden und reizen zum Nachgestalten, zum selbstständigen Handeln. Gedichte und Reime unterstützen das Sprachtraining und die Automatisierung von Artikulationsprozessen. Schließlich rufen sie langfristiges Erinnern hervor, denn die meisten Lernenden werden sich noch lange nach dem Unterricht mit Gedichten an diese erinnern.

Eine Meinung zur Diskussion
„Ich dachte immer, dass Gedichte , wenn sie einmal gelesen wurden, ihren Reiz verlieren."

Kommentar
Das Gegenteil ist der Fall. Nach dem Hören oder Lesen eines Gedichtes und der Freude an ihm kommt die Phase, in der man gerne mehr davon hätte. Die Lernenden dann zu beauftragen, selbst ein ähnliches Gedicht zu schreiben, stößt meistens zuerst auf Verwunderung, dann auf große Resonanz, insbesondere, wenn sich zum Schluss bei der Präsentation herausstellt, dass die meisten Ergebnisse außergewöhnlich gut sind.
Wir können die unterschiedlichsten Arten von Gedichten und Reimen unterscheiden.
- Zum einen sind es die einfachen Merkverse, manchmal in deutscher, manchmal in englischer Sprache geschrieben:

INFOS, TIPPS UND TOOLS VON A–Z
REIME UND GEDICHTE

Beispiele:

*Einfaches Perfekt wird gewählt,
wenn einzig das Ergebnis zählt.
Es ist egal zu welcher Zeit
vollendet war die Tätigkeit.*

Bosewitz, René/Kleinschroth, Robert (1994): *Joke Your Way Through Englisch Grammar. Wichtig Regeln zum Anlachen.* Reinbek: Rowohlt. S. 48.

*Use „present simple"
If you're clever
With always, often,
sometimes, never.*

*An „s" must sit
With he, she, it.
In questions, too
it's does, not do.*

- Zum anderen gibt es Schnellsprechverse, die helfen können, die Artikulation und die Zungenfertigkeit zu trainieren.

Beispiele:

*„Should shrimps be served with stew at
Shrewsbury?" asked the waiter.
„Absolutely!' said the frog, and grey cheese,
greasy grasshoppers and some gorgeous green grass, please!"*

*The sheik sat on the thick tips of six thorny thistles.
This made the sheik's signature shaky and his guests thought he
was sickening for sleeping sickness.*

Robertson, Jane (1995): *101 Ways To Test Your Friends.* London: Watts Books. S. 32.

- Die dritte Art von Reimen und Gedichten, die hier aufgeführt werden sollen, sind *action rhymes*.

Praxistipp

In jeder Nachhilfestunde sollte mindestens einmal gelacht werden. Reime und Gedichte können dabei helfen.

INFOS, TIPPS UND TOOLS VON A–Z
REIME UND GEDICHTE

Beispiel:

Who stole the cookies from the cookie jar?
It's you!
Who? Me?!
Yes, you.
Couldn't be.
Then who
stole the cookies from the cookie jar?

Dieser Reim kann als Sprechgesang rhythmisch gesprochen werden, begleitet von Fingerschnipsen, Händeklatschen und sich auf die Schenkel schlagen. Wird er mehrfach wiederholt, kann man den Text im Rollenwechsel mit dem Nachhilfeschüler bzw. der -schülerin sprechen.

In die Kategorie der *action rhymes* fällt auch der Rap. Er wird nicht nur sprachlich von den Lernenden selber formuliert, sondern auch von ihnen laut vorgesprochen und tanzend aufgeführt.

- Kalligramme sind Gedichte, die in zeichnerischer Form abgedruckt werden. Sie sind nur zum Lesen und Sehen gedacht – und natürlich zum Nachmachen.

Hier einige Beispiele:

INFOS, TIPPS UND TOOLS VON A–Z
REIME UND GEDICHTE

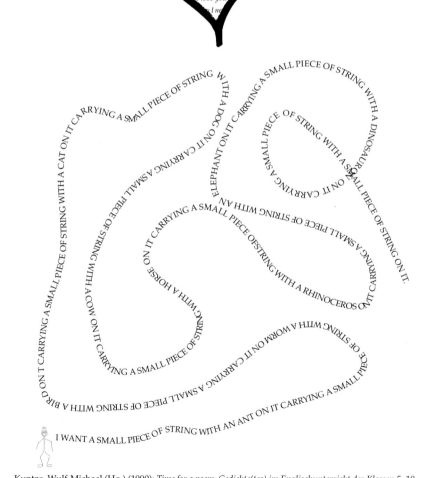

Kuntze, Wulf-Michael (Hg.) (1990): *Time for a poem. Gedichte(tes) im Englischunterricht der Klassen 5–10.*
Frankfurt: Diesterweg. S. 70 und S. 143.

INFOS, TIPPS UND TOOLS VON A–Z
REIME UND GEDICHTE

Eine Aufgabe zum Nachgestalten könnte hier z. B. die Überschrift „A strong poem" tragen oder „A busy day".

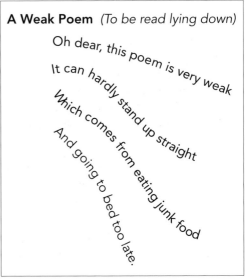

A Weak Poem *(To be read lying down)*

Oh dear, this poem is very weak
It can hardly stand up straight
Which comes from eating junk food
And going to bed too late.

Reprinted by permission of PFD on behalf of:
Roger McGough © 1997, Roger McGough

- Gedichte, die man vor allem aus Freude am Reim sowie an seinem Inhalt liest, sind z. B. Limericks (vgl. Lerneinheit ↑*Jokes and more*). Vielleicht freuen sich Ihre Nachhilfeschüler und -schülerinnen jedoch auch über die beiden folgenden Reime:

My Brilliant Friend

He's brilliant at karate
He's brilliant at darts
He's brilliant at acting
He gets all the best parts

He's brilliant at swimming
He's brilliant at skates
He's brilliant at juggling
With real china plat

He's brilliant at poetry
He's brilliant at rhyme
He's brilliant at lessons
He comes top every time

He's Brilliant just Brilliant
With a capital B
(Although he's only averge
In comparison with me).

Reprinted by permission of PFD on behalf of:
Roger McGough © 1997, Roger McGough

INFOS, TIPPS UND TOOLS VON A–Z
REIME UND GEDICHTE

Three Young Rats

Three young rats in satin suits
　Three young cats in leather boots
　　Three young ducks in gaberdines
　　　Three young dogs in denim jeans
　　　　Went out to walk with two young pigs
　　　　　In miniskirts and orange wigs
　　　　　　But suddenly it chanced to rain
　　　　　　　And so they all went home again.

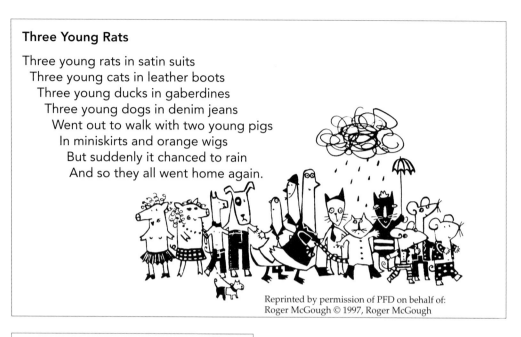

Reprinted by permission of PFD on behalf of:
Roger McGough © 1997, Roger McGough

Besonders bei obigem Gedicht bietet es sich an, die Lernenden selbst eine passende Zeichnung dazu herstellen zu lassen.
Für ältere, landeskundlich informierte Lernende könnte vielleicht das links stehende Gedicht von Interesse sein:

One More Battle

*Who`s that sailor
stern and solemn?
'Tis Lord Nelson
down from his column.*

*Why goes he limping
up the street?
In search of a long-lost
English Fleet.*

*Why driven now
fo such despair?
The need to breathe
some clean fresh air.*

Reprinted by permission of PFD on behalf of:
Roger McGough © 1997, Roger McGough

Lektüretipp

Kuntze, Wulf-Michael (Hg.) (1990): *Time for a poem.* Frankfurt: Moritz Diesterweg Verlag.

Richtlinien und Lehrpläne

Was ist gemeint?
Unter Richtlinien und Lehrplänen versteht man staatliche Vorgaben von Lehr- bzw. Lernzielen und manchmal auch von Lerninhalten für den Unterricht. Sie bilden eine Grundlage bei der Entwicklung neuer Lehrwerke, da Schulbücher vor ihrer Einführung staatlich genehmigt werden müssen.

Die Methoden des Unterrichts werden nicht in Lehrwerken festgeschrieben; sie liegen im Ermessen der Lehrerinnen und Lehrer. In den übergeordneten Richtzielen werden jedoch oft Hinweise gegeben, die bestimmte Orientierungen bis hin zu den Methoden nahe legen. Lautet ein übergeordnetes Lernziel z. B. „Emanzipation" oder „Selbstständigkeit", so weiß man als Lehrer, dass dann besonders ↑*offene Unterrichtsformen* geeignet sind.

Die „Richtlinien" oder „Lehrpläne" werden manchmal auch als „Bildungsplan" oder als „Curriculum" bezeichnet.

Eine Meinung zur Diskussion
„Wenn man so enge Vorschriften beachten muss, dann kann man doch eigentlich gar nicht auf die Bedürfnisse eines einzelnen Nachhilfeschülers eingehen."

Praxistipp
Um die Lernziele einer Schulbuchlektion herauszufinden, lohnt sich oft ein Blick ins Inhaltsverzeichnis, das diese in vielen modernen Englischbüchern bereits aufführt. Manchmal findet man die Lernziele auch als Überschrift eines (Teil-)Kapitels einer Lektion, auch wenn sie manchmal in Schülersprache verklausuliert sind.

Kommentar
So eng, wie manchmal angenommen wird, sind die Lernziele in den Plänen gar nicht. In der Regel sind sie so offen formuliert, dass man vielfältige Konkretisierungsmöglichkeiten hat. Ein übergeordnetes Richtziel zum Englischunterricht könnte zum Beispiel lauten:

„Die Lernenden sollen in der Lage sein, einen mittelschweren Gebrauchstext lesend zu verstehen."

Mögliche Grob- oder Feinziele, die sich hieraus ableiten lassen, könnten z. B. die folgenden sein:

- Die Lernenden sollen den Beipackzettel einer Medikamentenpackung lesen und verstehen.
- Sie sollen Wichtiges im Text markieren.

- Sie sollen unbekannte Wörter und Wendungen nachschlagen.
- Sie sollen eine Zusammenfassung über die Anwendungsbereiche formulieren.
- Sie sollen ...

Diese Liste von möglichen Lernzielen ließe sich problemlos verlängern oder auch durch andere Lernziele ersetzen. In jedem Fall tragen diese untergeordneten Lernziele stets dazu bei, das übergeordnete Lernziel in kleinen Schritten oder Stufen zu erreichen.
Bei den Lernzielformulierungen zum Englischunterricht wird unterschieden zwischen drei Kategorien:

Kognitive Lernziele	(Denken, Wissen, intellektuelle Fähigkeiten)
Affektive Lernziele	(Gefühle, Einstellungen, Wertungen)
Psychomotorische Lernziele	(manipulative und motorische Fähigkeiten)

Bei der Beschreibung der gewünschten Verhaltensdispositionen der Lernenden kann dann nochmals unterschieden werden zwischen dem Wissen und dem Können.

Lernzielbereich	**Lerninhaltsbereich**
„Die Lernenden sollen wissen, dass ..."	Grammatik, Orthographie, Wortschatz, Aussprache, Landeskunde,
„Die Lernenden sollen ... kennen."	Lerntechniken und -strategien.
„Die Lernenden sollen ... können."	Hören, Lesen, Sprechen, Schreiben, Lerntechniken und -strategien.

Die hier getroffenen Unterscheidungen sind rein theoretischer Art. Für den unterrichtenden Lehrer oder die Lehrerin sind sie insofern nützlich, als sie eine Orientierung darstellen, um alle Dimensionen des Lernens auch tatsächlich zu berücksichtigen und nicht die eine oder andere aus dem Blick zu verlieren. In der Praxis des Lernens fließen diese Kategorien ineinander und unterstützen sich gegenseitig.

INFOS, TIPPS UND TOOLS VON A–Z
RICHTLINIEN UND LEHRPLÄNE

Übungsaufgabe

Bitte kreuzen Sie in der folgenden Lernzielliste an, ob es sich um ein kognitives, ein affektives oder um ein psycho-motorisches Lernziel handelt.
Es könnte sinnvoll sein, für einzelne Lernzielformulierungen mehrere Dimensionen anzukreuzen.

Lernziel	kognitiv	affektiv	psycho-motorisch
Die SchülerInnen sollen lernen, dass wissenschaftliche Arbeit Gründlichkeit und Wahrhaftigkeit erfordert.			
Die SchülerInnen sollen sich mithilfe gelernter Bewegungsfertigkeiten ihrer motorischen Grundeigenschaften bewusst werden und sie verbessern. Sie sollen imstande sein, leichte rhythmische Bewegungsabfolgen zu gestalten.			
Die SchülerInnen sollen Sensibilität für physische, psychische und gesellschaftliche Beeinträchtigungen der Freiheit entwickeln.			
Im Interesse des notwendigen Selbstverständnisses des Schülers bzw. der Schülerin wird angestrebt, durch die Selbstreflexion zu Einsichten in die allgemeinen Bedingungen von Selbstverwirklichung zu verhelfen.			
Die SchülerInnen sollen zur Wahrnehmung eigener Interessen fähig sein.			

nach: Meyer, Hilbert L. (1975): *Trainingsprogramm zur Lernzielanalyse. Frankfurt: Athenäum Fischer Taschenbuchverlag. S. 88*

RICHTLINIEN UND LEHRPLÄNE

Probleme

Als Nachhilfelehrer könnte man zu der Ansicht gelangen, dass einen die Lehrpläne eigentlich nichts angehen, sondern dass sie lediglich ein „Muss" für Lehrkräfte an staatlichen Schulen sind. Dies wäre jedoch zu kurz gegriffen. Zwar wird in dieser Hinsicht der Nachhilfeunterricht von keinem Außenstehenden kontrolliert. Es wäre jedoch nicht im Sinne der Förderung der Nachhilfeschülerin bzw. des -schülers, würde man den Unterricht ohne Rücksicht auf die Lehrpläne gestalten. Zwar würden sie auch Englisch lernen, einen Niederschlag in der Leistungsmessung würde es jedoch nicht zwingend geben. Daher ist die Orientierung am Lehrplan bzw. an dem eingeführten Schulbuch zu empfehlen. Das bedeutet jedoch nicht, dass man keine Gelegenheiten verpassen sollte, um wohl überlegt von diesen Vorgaben abzuweichen. Diese Freiheit hat bereits jeder Englischlehrer bzw. -lehrerin und sie sollte erst recht im Nachhilfeunterricht genutzt werden.

Lektüretipp

Meyer, Hilbert L. (1975): *Trainingsprogramm zur Lernzielanalyse.* Frankfurt: Athenäum Fischer Taschenbuchverlag.

Schreiben

Was ist damit gemeint?
Unter Schreiben verstehen wir hier das gelenkte oder selbstständige Erstellen englischsprachiger Texte durch die Lernenden. Neben dem Sprechen ist es eine der beiden produktiven Fertigkeiten beim Fremdsprachenlernen.

Eine Meinung zur Diskussion
„Das Schreiben braucht man meines Erachtens nicht extra zu üben. Das können die Schüler ja von der Muttersprache her und machen es in der Fremdsprache automatisch."

Kommentar
Leider ist die Sache mit dem Schreiben nicht ganz so leicht, wie diese Kollegin vermutet. Beim fremdsprachlichen Schreiben geht es zum einen um das orthographisch richtige, das formal korrekte Schreiben. Zu anderen müssen die Lernenden in die Lage versetzt werden, auch etwas mit dem Ziel der Kommunikation, der Information und manchmal sogar zur künstlerischen Gestaltung zu schreiben. Alle drei Bereiche finden sich im alltäglichen Leben wieder und sind somit auch Gegenstand des Unterrichts. In der Schule kommt dann noch der Bereich des Schreibens zum Spracherwerb als Ziel hinzu.

Um die Fertigkeit des Schreibens zu bewältigen, müssen die Lernenden zusätzlich vier verschiedene Kompetenzbereiche beherrschen:

a) die sprachliche Kompetenz: Hierzu gehören Wortschatz, Grammatik, Orthographie, Zeichensetzung, Hörverstehen und Leseverstehen.

b) die Sachkompetenz Die Lernenden müssen ein Sachwissen zum Thema haben.

c) die mentale Kompetenz Sie müssen das Ideenfeld zum Thema aktivieren und ordnen und dabei begriffliche Verknüpfungen herstellen.

d) die soziale Kompetenz Sie müssen Situationsverständnis und Rollenverständnis aufbringen.

Diese Komplexität beim Schreiben wird erleichtert durch die Langsamkeit der sprachlichen Produktion. Schreibende haben die Möglichkeit, ihre Formulierungen, ihre Schreibweise ständig selbst zu kontrollieren, denn sie sind ja ihre eigenen Leser.

Das Schreiben gewinnt derzeit im Vergleich zu den anderen sprachlichen Fertigkeiten (Hören, Lesen, Sprechen) an Bedeutung, da sich durch den Einfluss der neuen Medien eine neue Schreibkultur entwickelt. Durch das Schreiben von E-Mails, das „Chatten" oder das Versenden von Faxen wird die Häufigkeit des Schreibens deutlich erhöht. Darüber hinaus handelt es sich – neben computerspezifischen Ausdrücken und Symbolen – oft um eine sehr legere Ausdrucksweise, bei der es auch auf Rechtschreibfehler nicht immer genau ankommt. Daher sollte bei diesen Textsorten auch eine gewisse Fehlertoleranz geübt werden.

Unterrichtliche Schreibanlässe spiegeln sich in den folgenden Textsorten wider:

Information und Kommunikation:
Briefe, Faxe
E-Mails
Nachrichten, Notizen
Gebrauchsanweisungen
Beschreibungen
Annoncen
Stellungnahmen
Zeitungsartikel
Rezepte
…

Spracherwerb:
Zusätzlich zu den oben genannten Textsorten:
note-taking und *note-making practice*
Exzerpte herausschreiben
Diktate
Sprachübungsaufgaben
…

> **Praxistipp**
>
> Die Einbeziehung neuer Medien motiviert die Lernenden zum kommunikativen Schreiben. Haben sie die Aufgabe, eine Mail zu verfassen oder im Internet zu „chatten", so ist das für die meisten eine reizvolle Aufgabe. Aber auch die äußere, formale Gestaltung von geschriebenen Texten mithilfe der unendlichen Möglichkeiten des Computers veranlasst viele Lernende, mehr auf die äußere Form ihrer Texte zu achten. Diese Chancen sollten für den Nachhilfeunterricht genutzt werden!

Vom gelenkten zum freien Schreiben

Die oben genannten Textsorten können zu den unterschiedlichsten Übungen auf den verschiedenen Kompetenzstufen genutzt werden:

SCHREIBEN

Stufe I:
Das Abschreiben und Aufschreiben ist von seiner Qualität her imitativ und dient vor allem dem formal korrekten Schreiben. Es ist keineswegs so, dass die Lernenden dies sofort fehlerfrei beherrschen. Es sollte daher immer wieder geübt und kontrolliert werden.

Stufe II:
Das reproduktive Schreiben ist in Ansätzen ein freieres Schreiben. Hier ergänzen die Lernenden entweder nach Vorgaben durch den Lehrer bzw. durch die Aufgaben oder auch schon aus eigenem Wissen heraus englischsprachige Texte, z. B. in Form von Lückendiktaten, von Lückentexten, Vervollständigungsaufgaben, *substitution tables*, Redebäumen.

Stufe III:
Freieres Schreiben fordert von den Lernenden eigene Formulierungen beim Schreiben, wobei die Inhalte und die Schreibabsichten vorgegeben werden.
Hierzu gehören Aufgaben wie etwa das Ergänzen von Sätzen oder von Texten (z. B. einer Kurzgeschichte), das Schreiben aus einem Perspektivenwechsel heraus, das Schreiben mit Textsortenwechsel, z. B. vom Interview zum Bericht, vom Comic zur Erzählung, vom Telegramm zum Brief.

Stufe IV:
Das Schreiben von appellativen Texten ist – abgesehen von thematischen Vorgaben – nur wenig gelenkt. Hier formulieren die Lernenden selbstständig Verbotsschilder, Zeitungsannoncen, Gebrauchsanweisungen, persönliche Briefe, Geschäftsbriefe, Leserbriefe, Ratgeber usw.

Stufe V:
Das Schreiben erzählender Texte kann in Form von Tagebucheinträgen, von Tagesabläufen, von Biografien oder von persönlichen Briefen stattfinden.

INFOS, TIPPS UND TOOLS VON A–Z
SCHREIBEN

Stufe VI:
Noch freier ist das Schreiben nach Bildimpulsen, z. B. zu Comics, zu Bildergeschichten, zu Einzelbildern, zu Fotoreihen, zu Sprechblasen.

Stufe VII:
Das kreative Schreiben verlangt den Einsatz der eigenen Fantasie und Kreativität, sowie der eigenen Sprachkompetenz (vgl. hierzu das Kapitel ↑*kreatives Lernen*).

Probleme
Die Lernenden orientieren sich in der Regel allzu stark an der formalen Richtigkeit des Geschriebenen und sehen weniger seine kommunikative Bedeutung. Daher sollte das Diktat als Übungsform zugunsten anderer Aufgabentypen seltener eingesetzt werden.

Lektüretipp

Kast, Bernd (1999): *Fertigkeit Schreiben*. München: Goethe Institut.

Illustration: Andi Wolff, Lemgo

Schülerorientierung

Was ist damit gemeint?
Schülerorientierter Unterricht bedeutet einen Unterricht vom Schüler aus. Die Fähigkeiten und Fertigkeiten von Schülerinnen und Schülern sowie ihre Bedürfnisse werden berücksichtigt; vom Methodischen her werden die Lernenden zu mehr Eigeninitiative veranlasst und zunehmend zum selbstständigen Lernen geführt.

Eine Meinung zur Diskussion
„Der Nachhilfeunterricht ist meist ein Einzelunterricht, in dem es ja ausschließlich um die Belange des jeweiligen Schülers bzw. der Schülerin geht. Noch schülerorientierter geht es ja wohl nicht!"

Kommentar
Der Nachhilfeunterricht als Einzelunterricht ist in der Tat eine optimale Voraussetzung zur individuellen Förderung der Lernenden. Sie sollte nicht durch eine Engführung und ausschließliche Fremdsteuerung des Lernprozesses außer Kraft gesetzt werden. Anstatt die Lernenden von Schritt zu Schritt zu gängeln sind hier ↑*offene Lernformen* angesagt. Sie lassen sich wie folgt kennzeichnen:
- Die Ziele des Unterrichts werden zunehmend von den Lernenden bestimmt.
- Die Lernenden nennen Themen und Inhalte und stellen sich Aufgaben für die verschiedenen Lernprozesse. Zur Hinführung erhalten sie anfänglich ein Angebot von Alternativaufgaben durch den Nachhilfelehrer bzw. die -lehrerin.
- Die Lernenden werden veranlasst, ihre Lernergebnisse selbstständig zu evaluieren.
- Sie werden auch veranlasst, über ihre Lernverfahren zu reflektieren.
- Zum Training der verschiedenen Fertigkeiten werden die Schülerinteressen in den Mittelpunkt gestellt.
- Die Lernenden entwickeln Strategien, um ihr Lernen auch langfristiger zu planen, z. B. mithilfe eines Lern- und Arbeitsplanes.

SCHÜLERORIENTIERUNG

Im schülerorientierten Nachhilfeunterricht übernimmt der Nachhilfelehrer bzw. die -lehrerin die folgenden Rollen:

- Initiator und Impulsgeber
- Bereitsteller von Aufgaben und Materialien
- Motivierer und Tröster
- Evaluator
- Wegweiser

Damit nimmt sich die Lehrkraft als steuernde Instanz des Lernprozesses zurück und überlässt diese Aufgabe zunehmend dem Lernenden. Dadurch führt der schülerorientierte Nachhilfeunterricht zu mehr Eigenverantwortung der Lernenden und geht damit über die spezifische Lehr- und Lernsituation hinaus und befähigt die Lernenden zum selbstständigen Lernen auch außerhalb des Unterrichts.

Probleme

Die Zurücknahme der Steuerung durch den Nachhilfelehrer bzw. der -lehrerin kann von den Lernenden und auch von deren Eltern als mangelndes Engagement oder mangelnde Vorbereitung missverstanden werden. Daher sollte vor oder zu Beginn eines eher schülerorientierten Unterrichtens ein Informationsgespräch geführt werden.

Praxistipp

Um gezielt auf die Bedürfnisse und auf die Wünsche der Lernenden eingehen zu können, kann eine vorangehende Befragung nützlich sein, die nicht nur die notwendigen Informationen liefert, sondern auch gleichzeitig Gespräche über diese Art des Lehrens und Lernens nahe legt. Vgl. dazu den Erhebungsbogen auf S. 232 f.

Lektüretipp

Hameyer, Uwe (1994): *Ideenkiste*. Kronshagen: Körner Verlag.

INFOS, TIPPS UND TOOLS VON A–Z
SCHÜLERORIENTIERUNG

Fragebogen zur Bedarfserhebung

1. Welche der folgenden Kenntnisse und Fertigkeiten möchtest du am dringendsten im Nachhilfeunterricht üben und wiederholen?

Lernbereich: **genauere Angaben dazu:**

( ) Vokabeln

( ) Grammatik

( ) Aussprache

( ) Rechtschreibung

( ) Hörverstehen

( ) Leseverstehen

( ) Sprechen

( ) Schreiben

( ) Lernstrategien

( ) Landeskunde

Nummeriere deine Angaben in einer Rangreihenfolge nach ihrer Dringlichkeit.

2. Welche dieser Aufgaben würdest du gerne einmal bearbeiten?

Lernbereich: **genauere Angaben dazu:**

( ) einen Songtext genau verstehen

( ) eine E-Mail formulieren und senden

( ) einen englischen Schulfernsehfilm ansehen

( ) eine englischsprachige Zeitung lesen

( ) eine englische Lektüre lesen

( ) englische Gedichte lesen und selbst schreiben

( ) …

INFOS, TIPPS UND TOOLS VON A–Z
SCHÜLERORIENTIERUNG

3. Schlage dein Englischbuch auf und finde heraus, welche Lektionen bzw. welche Lektionsteile du gerne wiederholen möchtest. Notiere hier die sechs wichtigsten Kapitel:

    a) _____   d) _____

    b) _____   e) _____

    c) _____   f) _____

4. Die folgenden Lernmittel zum Englischlernen sollten dir vertraut sein. Über welches möchtest du im Nachhilfeunterricht mehr erfahren? Kennzeichne es mit einem Leuchtstift oder unterstreiche es farbig.

    – das Wörterbuch
    – das Englischbuch
    – deine Vokabelsammlung/Heft
    – eine englische Grammatik
    – das Workbook
    – die Kassette/CD-ROM zum Buch

Schulfernsehen und andere Programme

Was ist damit gemeint?
Bei Schulfernsehsendungen handelt es sich um Filme oder Filmsequenzen, die gezielt zum Fremdsprachenlernen konzipiert wurden. Daneben kann im Nachhilfeunterricht bzw. beim individuellen Lernen der Schüler und Schülerinnen aber auch manches andere Fernsehprogramm aus dem regulären Angebot genutzt werden.

Eine Meinung zur Diskussion
„Zum Fernsehen habe ich in meiner Nachhilfestunden nun wirklich keine Zeit!"

Kommentar
Gegen diese Meinung spricht, dass man mithilfe einer Fernsehsendung den Nachhilfeunterricht mit größerer Schüler- und Lebensnähe gestalten und außerdem durch einen methodischen Wechsel und die Abkehr vom Schulbuch mit mehr Interesse rechnen kann. Schließlich ist das Fernsehen ein beliebtes Medium, das insbesondere diejenigen Lernenden anspricht, die besonders gut über das Auge lernen. Es gibt also genügend gute Gründe, englischsprachige Fernsehprogramme mit in den Unterricht einzubeziehen.
Von allen sprachlichen Fertigkeiten werden vor allem das Hör- und Sehverstehen, das Sprechen und das Schreiben trainiert. Insbesondere das Schulfernsehen ist für den Nachhilfeunterricht geeignet, da jedes Programm für eine bestimmte Zielgruppe entwickelt wurde und daher das geeignete Anspruchsniveau ausgesucht werden kann.
Allerdings werden Schulfernsehsendungen nicht immer ausgestrahlt. Daher sollte man sie als Nachhilfelehrer aufzeichnen, sobald sie angeboten werden, sodass man sie zur Hand hat, wenn man mit dem Schulfernsehen arbeiten möchte.
Aber auch andere Programme können von Interesse sein. Die folgenden englischsprachigen Programmtypen sind zum Lernen geeignet:

INFOS, TIPPS UND TOOLS VON A–Z
SCHULFERNSEHEN UND ANDERE PROGRAMME

Spielfilme   Kommentare

Serien   Nachrichten

(Musik-)Shows   Talkshows

Berichte/Reportagen   Quiz-Sendungen

Alle genannten Typen können einerseits zum Hör- und Sehverstehen genutzt werden, sie können aber gleichermaßen auch eine Textsorte sein, die die Lernenden – je nach Leistungsniveau – selbst produzieren. In diesem Fall dient die Sendung als Modell.

Hat man sich für ein Programm entschieden und es aufgezeichnet, muss man es für den Unterricht vorbereiten. Dazu muss die gesamte Sendung segmentiert werden, d. h. man zerlegt sie in inhaltliche Teilsequenzen, die relativ kurz sind, notiert sich ein Stichwort oder eine Zwischenüberschrift sowie die Angaben des Zählwerks auf dem Videorekorder und die Dauer der Spielzeit in Minuten.

Ihr Notizzettel zu einer Sendung könnte z. B. so aussehen:

Prisma Magazin (NDR)   *29.3.01*

(Titel der Sendung)   (Datum der Aufzeichnung)

Zählwerk	Sequenz	Dauer in Minuten
000-005	Dinos/Einführung	2
005-023	Geschichte der Dinos	4
023-138	Werbung mit Dinos	3
138-279	zu Spielbergs Film	5
279-351	Meinungen zum Thema	4
359-...	die Grippewelle	
...	...	

Auf diese Weise hat man einen raschen Zugriff auf eine bestimmte Teilsequenz und kann sie leicht zum Üben einsetzen. Je kürzer die Sequenzen sind, desto weniger wird das Gedächtnis der Zuschauenden beansprucht.

SCHULFERNSEHEN UND ANDERE PROGRAMME

Untersuchungen haben nämlich gezeigt, dass die meisten Zuschauer von den gezeigten Informationen nur wenig aufnehmen und behalten. Es liegt unter anderem daran, dass Bild und Ton gleichzeitig ausgestrahlt werden und sich nicht immer gegenseitig unterstützen, sondern unterschiedliche Informationen vermitteln. Mehrfaches Sehen derselben Szene ist daher manchmal nicht nur vertretbar, sondern auch notwendig. Andererseits kann es je nach Unterrichtsziel auch sein, dass man mehrere Sequenzen miteinander kombiniert und gemeinsam behandelt.

> **Praxistipp**
>
> Erkunden Sie die Interessen der Lernenden und finden Sie diejenigen Fernsehsendungen heraus, die sie besonders gerne anschauen. Prüfen Sie dann, ob Sie Ähnliches im englischsprachigen Programm finden.

Aufgaben im Anschluss an das Sehen einer Sequenz

Aufgabentyp 1: Erstellen von Transkriptionen als Rechtschreibe- und Wortschatzübung

Für diese Aufgabe sind besonders Berichte und Kommentare geeignet, aber auch Musiksendungen, da hier ein klar strukturierter und kontinuierlicher Text gesprochen bzw. gesungen wird. Die Lernenden schreiben unter Benutzung der Stopptaste den gehörten Text auf. Mithilfe der Rückspultaste spulen sie die Sequenz so oft wie nötig zurück und hören sie wiederholt an. Beim Auftreten unbekannter Wörter ziehen sie ein Wörterbuch hinzu.

Aufgabentyp 2: (Re-)Produktion von Texten

Nachdem die Lernenden eine Sequenz bereits einmal gesehen und vielleicht auch den Text notiert haben (vgl. Aufgabentyp 1), starten sie das Band erneut und stellen dabei den Ton ab. Sie betrachten die Bilder und versuchen den Text dazu zu rekonstruieren. Dabei kommt es nicht auf Vollständigkeit an und der Text darf sich auch vom Original unterscheiden. Sie können sich – als Aufgabe für Fortgeschrittene – sogar vornehmen, ganz bewusst einen anderen Text zu produzieren. Dies lässt sich besonders gut mit Tiersendungen machen. Wichtig ist in jedem Fall, dass der gefundene Text zu den Bildern passt und einen Sinn ergibt.

Die Lernenden können ihren Text schriftlich formulieren und/oder laut zum Ablauf der Bilder sprechen. Schließlich besteht die Möglichkeit, den Text auf ein Tonband zu sprechen und es parallel zu den Bildern der Filmsequenz laufen zu lassen.

Aufgabentyp 3: Rollenspiele (für Nachhilfestunden mit mehreren Lernenden)

Es bietet sich besonders bei Filmserien an, mit einem oder mehreren Partnern eine kleine Szene nachzuspielen. Dazu schauen die Lernenden zuvor den Abschnitt des Films einmal an und verteilen danach die Rollen untereinander. Jeder macht sich beim nochmaligen Betrachten Notizen, die er beim anschließenden Rollenspiel nutzen darf. Besonders viel Spaß macht diese Aufgabe, wenn man von der eigenen Darstellung eine Ton- oder noch besser: eine Videoaufzeichnung macht.

Aufgabentyp 4: Sehen und Notieren

Will man beim Hören und Sehen einer Videokassette einen ganz bestimmten und vorher überlegten Aspekt erfassen, dann können Raster helfen, die sich die Lernenden dazu vorbereiten.

Geht es z. B. um zwei verschiedene Personen und ihre Handlungen, so ist dieser Raster nützlich:

Person A	Person B

Will man unterschiedliche Argumente festhalten, dann ist dieses Schema hilfreich:

pro	kontra

Die Lernenden tragen während bzw. nach dem Hören und Sehen ihre Notizen in das jeweilige Feld ein. Auf dieser schriftlichen Grundlage können sie danach selbst schriftlich und/oder mündlich einen neuen Text in der Fremdsprache erstellen, zum Beispiel eine Zusammenfassung, einen Kommentar, einen Bericht oder eine Stellungnahme zu einer Perspektive.

SCHULFERNSEHEN UND ANDERE PROGRAMME

Probleme

Nicht nur für den Nachhilfeunterricht, sondern auch generell gilt, dass Menschen, die sich vor einen Fernseher setzen, von ihren persönlichen Fernsehgewohnheiten geprägt werden, die ihrerseits mit den Lerngesetzen im Widerspruch stehen: Bewusst oder unbewusst stellt man sich auf Unterhaltung und Abwechslung ein, nicht jedoch auf Lernen. Darüber hinaus benötigt man zu einer intensiven Auseinandersetzung mit einer Fernsehsendung auch eine entsprechende Vor- und Nachbereitung durch Nachschlagen, Notieren, Diskutieren, durch Zeitungslektüre und Sachbuchartikel, durch die Anfertigung von Illustrationen und Kollagen usw. In jedem Fall müssen die Lernenden auf diese andere Art des Fernsehens vorbereitet werden.

Lektüretipp

Lonergan, Jack (1987): *Fremdsprachenunterricht mit Video. Ein Handbuch mit Materialien.* Ismaning: Max Hueber Verlag.

Sprechen

Was ist gemeint?
Sprechen bedeutet hier die Umsetzung von Redeabsichten eines Sprechers oder einer Sprecherin in die lautliche, englischsprachige Form. Die Gedanken werden dabei ohne den Umweg über die Muttersprache formuliert und alle verfügbaren englischen Redemittel, z. B. Wortschatz und Grammatik dazu eingesetzt. Diese Form der Kommunikation wird von Fremdsprachenlernenden in der Regel nicht zu einem Perfektionsgrad erreicht; sie bleiben meist auf einer Vorstufe stehen.
Das Sprechen kann in unterschiedlichen Formen stattfinden: als didaktischer Dialog, als Konversation, als Diskussion bzw. Debatte, als Gespräch, als Referat oder Vortrag.
Kapitel, die in engem Zusammenhang mit diesem stehen, sind: ↑*der didaktische Dialog* und ↑*Konversation*.

Eine Meinung zur Diskussion
„Die Nachhilfeschüler, die ich habe, können ja oft nicht einmal in der Muttersprache reden. Wie sollen sie das dann auf Englisch können?!"

Kommentar
Mit anderen reden, Gespräche führen, ist eine Fertigkeit, die – auch in der Muttersprache – geübt werden muss. Sie kann stufenweise aufgebaut werden:

1. Stufe: Die Lernenden sprechen imitativ wortwörtlich Sätze oder kurze Texte nach.
2. Stufe: Nach vorgegebenen Satzmustern produzieren sie eigene Äußerungen.
3. Stufe: Sie sprechen frei, ohne Vorgaben und Hilfen, in Unterrichtssituationen.
4. Stufe: Sie wenden die englische Sprache in echten, d. h. nicht unterrichtsgesteuerten, sondern sach- und interessegeleiteten Kommunikationssituationen an, die in der Regel außerhalb der Schule stattfinden, aber auch in einer Nachhilfestunde entstehen können.

INFOS, TIPPS UND TOOLS VON A–Z
SPRECHEN

Drei wichtige Grundvoraussetzungen, um die letzten beiden Stufen zu erreichen, sind die folgenden:

- Die Lernenden müssen die grundsätzliche Bereitschaft zum Sprechen generell und insbesondere zum Sprechen in der englischen Sprache mitbringen. Themen, die für sie von Bedeutung sind, die sie interessieren, können dazu beitragen.
- Sie müssen in der Gesprächssituation unterscheiden können, als wer sie sprechen, mit wem sie dies tun, über was sie sprechen und wozu sie dies tun.
- Sie müssen das Bewusstsein haben, sich in einem druck- und stressfreien Raum zu äußern, um Hemmungen und Ängste zu verlieren. Größte Fehlertoleranz ist daher beim Üben angesagt.

Übungsvorschläge für die Praxis

In Ergänzung zu den Vorschlägen im Kapitel ↑*Didaktischer Dialog* können die folgenden Aufgabenstellungen helfen, das Sprechen der Nachhilfeschüler und -schülerinnen zu trainieren:

pros & cons	In einer Pro- und Kontra-Diskussion werden die unterschiedlichsten Argumente für bzw. gegen eine Aussage oder Meinung geäußert. Ein zusammenfassender Bericht kann sich danach anschließen.
Übersetzung	Der Schüler/Die Schülerin überträgt für einen Dritten die Äußerungen seines Gesprächspartners aus der Muttersprache in die Zielsprache.
Perspektivenwechsel	Die Lernenden stellen eine Geschichte, einen Bericht usw. aus einer anderen Perspektive dar.
Assoziogramme	Die Lernenden notieren in Stichworten in Form einer *mind map* (Wortigel) Stichworte zu dem, was sie sagen möchten. Sie sammeln und gliedern dabei ihre Gedanken.
Mutmaßungen, Fantasiegeschichten	Die Lernenden entwickeln im Sprechen eine Geschichte und erzählen sie dem Gesprächspartner. Dieser findet Ungereimtheiten, Lügen und Unwahres heraus.

INFOS, TIPPS UND TOOLS VON A–Z
SPRECHEN

Rastertechnik   Die vorgegebenen sprachlichen Elemente können – je nach Vermögen der Lernenden – muttersprachlich oder besser: englisch sein.

Beispiel:

the house	is	belongs	has	costs
	nice	to Mr. Black	a nice garden	much money
	near the station		a big sitting-room	
			a swimming-pool	

Mr. Black	is	has	knows	wants
	in the garden	a dog	play tennis	a tennis court
	at the door	two cats		to feed
		a bike		to make a tour

Strategien zum Sprechen

Um beim Sprechen nicht zu verstummen, weil sie sich unsicher fühlen oder gerade eine Vokabellücke haben, sollten die Nachhilfeschülerinnen und -schüler Strategien kennen lernen, die sie in kritischen Situationen einsetzen können. Hier ist eine kleine Auswahl:

Umformulieren
Sobald man merkt, dass der Gesprächspartner etwas nicht verstanden hat, kann man seine Gedanken umformulieren, d. h. mit anderen Worten sagen.

SPRECHEN

Umschreiben
Fehlt einem ein ganz bestimmtes Wort, so kann man dem Gesprächspartner durch Umschreiben und Beschreiben erklären, was gemeint ist. Fehlt einem z. B. das Wort *a donkey* könnte man sagen: *a big, grey animal like a horse with long ears.*

Leere Wörter
Bei Vokabellücken sind Ersatzwörter nützlich, die inhaltsneutral sind, es aber ermöglichen, einen Satz zu Ende zu bringen. Beispiel: *Please give me the what's-it over there.*

Anlehnung an andere Sprachen
In vielen Fällen kann man sich erfolgreich helfen, indem man versucht, eine Vokabellücke mit einem Wort aus dem Lateinischen, dem Französischen oder einer anderen Sprache zu füllen und dieses dabei englisch ausspricht. Auch Fremdwörter aus der Muttersprache sind manchmal nützlich.

Wörter erfinden
Manchmal ist man auch erfolgreich, indem man aus bekannten englischen Worten/Wortelementen ein neues Wort prägt. Dies gilt insbesondere für zusammengesetzte Wörter.

Diese und weitere Strategien müssen den Lernenden beschrieben werden. Danach sollten sich Übungen mit zahlreichen Beispielen dazu anschließen. Zu einem späteren Zeitpunkt, am besten in einer Übungssituation, sollten sie wieder daran erinnert werden.

> **Praxistipp**
>
> Um die Sprechfertigkeit Ihres Nachhilfeschülers rasch und gezielt zu überprüfen, sollte man sich zuvor eine Checkliste machen, deren Kriterien man anlegt, zu denen man sich nach der Stunde Notizen macht und die man zur gegebenen Zeit mit dem Lernenden bespricht. Der folgende Bewertungsbogen kann dazu nützlich sein.

Probleme
Viele Nachhilfeschüler und -schülerinnen neigen dazu, das, was sie sagen wollen, unter lexikalischen oder grammatischen Gesichtspunkten zuerst vorzuformulieren. Dadurch wird die Flüssigkeit des Sprechens eingeschränkt und außerdem leicht der umständliche Weg über die Muttersprache eingeschlagen. Das Auswendiglernen von Texten kann hierbei abhelfen.

Bewertungsbogen zum Sprechen

Stufe 1: Formales Üben

Lautbildung: gut, verständnisfördernd
einige Fehlaussprachen
stark beeinträchtigende
Fehlaussprachen

Intonation: sinnangemessen,
verständnisfördernd
verständnishemmend

Flüssigkeit: sicher, situationsgerecht
schleppend, stockend
spürbar beeinträchtigend

Stufe 2: Funktionales Üben

Der Schüler/Die Schülerin ist gesprächsoffen und sicher, geht auf Partner voll ein, spricht Partner an und lässt sich ansprechen.

Der Schüler/Die Schülerin reagiert im Ganzen sicher, nimmt Gesprächsanstöße des Partners auf, verhält sich situationsangemessen.

Der Schüler/Die Schülerin reagiert teilweise unsicher; das Gespräch ist z. T. beeinträchtigt, weil er/sie dominieren oder ausweichen will. Nimmt Redeabsichten der Partner nicht voll auf und braucht Hilfen.

Der Schüler/Die Schülerin nimmt kaum am Gespräch teil, stellt keinen Bezug zum Partner her, verschließt sich.

INFOS, TIPPS UND TOOLS VON A–Z
SPRECHEN

Stufe 3: Intentionales Üben
Gestaltet das Gespräch mit, nennt weitere Aspekte; widerspricht, relativiert, korrigiert, stellt inhaltliche Zusatzfragen.

Trägt zur Aufrechterhaltung des Gesprächs bei, verhindert Stillstand, knüpft an und führt fort, stellt Sinnzusammenhänge her, wählt eigene Formulierungen.

Reagiert richtig; reagiert zumindest mit einer Äußerung; übernimmt stets Formulierungen des Vorredners.

Kann nicht folgen, leistet keinen Beitrag.

nach Böttcher u. a. (1982): *Talking Points*. Hamburg: Petersen & Macmillan, S. 47 f.

Lektüretipp

Häussermann/Piepho (1996): *Aufgabenhandbuch*. iudicium Verlag, München.

Illustration: Andi Wolff, Lemgo

Tonkassetten und andere Tonträger

Was ist gemeint?
Es geht hier um den Einsatz von Kassetten, Tonbändern und CD-ROMs zum Hör- und Sprechtraining in der Zielsprache Englisch. In den meisten Fällen handelt es sich bei diesen Tonträgern um Zusatzmaterial zum Englischbuch; sie sind somit auf das Lernniveau der Schüler und Schülerinnen abgestimmt. Mit deren zunehmender sprachlicher Kompetenz können jedoch auch außerschulische Materialien eingesetzt werden, von Hörspielen über Hörbücher bis hin zu gesprochenen literarischen Texten.

Eine Meinung zur Diskussion
„Die Schüler und Schülerinnen haben die Kassetten in der Regel nicht zur Verfügung, daher brauche ich gar nicht mit ihnen über den Kassetteneinsatz zu sprechen."

Kommentar
Vielleicht haben die Lernenden die Kassetten (oder andere Tonträger) zum Englischbuch oft deswegen nicht zur Verfügung, weil sie seitens der Schule nicht nachdrücklich als Lernmaterial gefordert werden. Der Einsatz der Kassette zum Schulbuch bleibt meist beim einmaligen Vorspielen eines Lektionstextes durch den Lehrer bzw. die Lehrerin stehen. Als Arbeits- und Lernmittel für die Zeit außerhalb des Schul- und Nachhilfeunterrichts spielt sie für die Lernenden somit keine Rolle und sie wüssten daher wohl auch kaum, wie sie zum Lernen mit ihr umgehen müssen.
Lehrkräfte sollten den Lernenden jedoch die Anschaffung einer Kassette empfehlen, da es sich um ein wichtiges Lernmittel handelt, und ihre Benutzungsmöglichkeiten mit den Lernenden besprechen. Ihr Einsatz ist für die Lernenden motivierend, die gehörten Texte prägen sich leichter ein. Das Lernen mit Kassette ist lernertypenspezifisch und spricht auch diejenigen an, die im üblichen Unterricht rasch zu kurz kommen. Das Lernen mit der Kassette ist abwechslungsreich, sie bietet sprachliche Vorbilder, an denen sich die Lernenden orientieren können und schließlich hat sie Muttersprachler als Modell für die gesprochene Sprache.

TONKASSETTEN UND ANDERE TONTRÄGER

Strategien zum Hören der gesprochenen Sprache

Wenn die Lernenden eine Kassette einsetzen bzw. im Nachhilfeunterricht anhören, sollten sie zuvor einige Hörstrategien kennen lernen. Die Strategien, die im Folgenden aufgeführt werden, müssen jedoch nacheinander vermittelt und jeweils geübt werden.

Erschließen aus dem Kontext	Die Lernenden benutzen den Kontext (Geräusche, Stimmlage, Sprechtempo, Situation, Thema usw.) um mit dessen Hilfe zum Verständnis des Textes zu gelangen.
Erschließen mithilfe anderer Sprachen	Die Lernenden nutzen ihr Wissen aus der Muttersprache, aus muttersprachlichen Dialekten, aus anderen Fremdsprachen, um den Sinn des Gehörten zu ergründen.
Konzentration auf Schlüsselwörter	Die Lernenden achten beim Hören insbesondere auf bedeutungsträchtige Wörter wie z. B. Substantive, Verben und Adjektive. Auch persönliche oder geografische Eigennamen sind oft sehr aufschlussreich für das Verstehen.
Signalwörter nutzen	Die Lernenden schlussfolgern aufgrund gehörter Konjunktionen (*and, but, therefore* usw.), dass es sich im folgenden Text um eine Gedankenanreihung, um einen Gegensatz, eine Folgerung oder Ähnliches handelt.
Feststehende sprachliche Verbindungen nutzen	Die Lernenden können aus einem gehörten Teil einer festen sprachlichen Verbindung (z. B. Wortverbindungen wie etwa *outboard motor* oder Wendungen wie etwa *to shake hands*) auf den anderen nicht gehörten oder nicht verstandenen Teil schließen.
Advance organizing	Vor dem Hören eines Textes sammeln die Lernenden bereits Gedanken zum Titel/Thema des Hörtextes, die sie notieren, systematisieren und auf diese Weise sowohl sprachlich als auch inhaltlich die Hörbereitschaft und Verstehensfähigkeit erhöhen.

Aufgaben zum Hör- und Sprechtraining

Aufgabentyp I: Den Inhalt erfassen
Die Lernenden hören sich die Kassette an und versuchen den Inhalt des gesprochenen Textes möglichst umfassend zu verstehen (vgl. hierzu auch das folgende Merkblatt).

Aufgabentyp II: Nachsprechen
Nachsprechübungen dienen dem genaueren Verstehen und dem flüssigen Sprechen, tragen aber bei manchen Lernertypen auch zum besseren Behalten des Textes bei, vor allem wenn sie ihn auswendig lernen möchten. Schließlich bahnt das halblaute Nachsprechen auch die Entwicklung eines Sprachgefühls für die fremde Sprache an.
Die Lernenden hören – unter Einsatz der Stopp- oder Pausentaste – kurze Textabschnitte (manchmal auch nur Satzteile) an und sprechen sie unmittelbar darauf halblaut nach. Sie achten dabei auf die Intonation, die Tonhöhe, das Sprechtempo, den Rhythmus und die Lautstärke.
Diese Übung kann mehrfach mit demselben Text wiederholt werden.

Aufgabentyp III: Mitsprechen
Sofern man den Text schon mehrfach gehört und ihn sich schon ein wenig eingeprägt hat, kann man eine Nachsprechübung durchführen. Dabei versuchen die Lernenden, den Text zeitgleich mit dem Sprecher auf der Kassette mitzusprechen und dabei Sprechtempo, Stimmlage, Rhythmus usw. zu imitieren. Parallel zum Sprechen kontrollieren sie gleichzeitig ihre eigene Aussprache. Werden die Lernenden an einer Stelle des Textes unsicher, können sie sich an das Klangbild der Kassette anlehnen und kommen so im Bruchteil einer Sekunde wieder in den Sprechrhythmus hinein.
Die Hauptfunktion des Mitsprechens liegt in der Perfektionierung des flüssigen Sprechens.

TONKASSETTEN UND ANDERE TONTRÄGER

Probleme

Das ↑*Hören und Verstehen* von Kassetten ist eine komplexe Aufgabe, die nicht so leicht zu bewältigen ist und daher viel Übung benötigt. Es ist daher besonders anfänglich zu empfehlen, kleine und leicht verständliche Texteinheiten auszuwählen und das Hörtraining regelmäßig zu betreiben, damit die Lernenden Erfahrungen im Umgang mit Hörverstehensproblemen sammeln und Mut gewinnen, sich weiter auf das Hörverstehen einzulassen.

> **Praxistipp**
>
> Erarbeiten Sie gemeinsam mit Ihren Nachhilfeschülern und -schülerinnen ein persönliches Merkblatt zum Hörverstehen. Eine Vorlage ist im Folgenden abgedruckt.

> **Lektüretipp**
>
> Solmecke, Gert (1993): *Texte hören, lesen und verstehen.* Berlin/München: Langenscheidt.

INFOS, TIPPS UND TOOLS VON A–Z
TONKASSETTEN UND ANDERE TONTRÄGER

Merkblatt zum Arbeiten mit Kassetten

1. Höre dir den Text von der Kassette einmal ganz an und versuche dabei, den roten Faden bzw. den Handlungsverlauf zu erfassen. Lass dich dabei nicht von äußeren Geschehnissen ablenken (z. B. störende Geräusche oder die Aufmerksamkeit auf sich ziehende Gegenstände in deiner Umgebung). Konzentriere dich auf den Text!

2. Wenn du unbekannte Wörter hörst, versuche nicht krampfhaft, jedes einzelne zu entschlüsseln, sondern versuche, sie aus dem Kontext heraus zu verstehen.

3. Höre dir den Text ein weiteres Mal an. Das grobe Verständnis dieses Textes erreichst du leichter, indem du nach einzelnen Abschnitten die Pausentaste an deinem Gerät bedienst und dich dann fragst, was du alles verstanden hast. Das kannst du, brauchst du aber nicht unbedingt aufschreiben.

4. Wenn du deine Aufmerksamkeit beim Hören ein wenig steuern willst, so gehe nach den W-Fragen vor:
   - Wer handelt in dem Text?
   - Was wird getan, gesagt?
   - Wozu? Welche Absichten und Gründe stehen hinter den Handlungen?
   - In welcher Rolle handeln die Personen?
   - Wo spielt die Handlung?
   - Wann passiert das Ganze?
   - Höre dir den Text so oft an, bis du alle Fragen beantworten kannst.

5. Generell kannst du dir den Text so oft anhören, wie du möchtest. Bei jedem weiteren Durchgang hörst du bestimmt etwas Neues heraus.

6. Wenn du gleichzeitig mit dem Hören üben möchtest, Notizen zum Text anzufertigen, dann hast du zwei Möglichkeiten:
   - Du fertigst sie während des Hörens an. Dann must du sehr rasch schreiben und dich auf das Allerwichtigste beschränken.
   - Du fertigst sie nach dem Hören an. Dann musst du dich sehr konzentrieren, da dein Gedächtnis dabei eine große Rolle spielt.

Üben

Was ist gemeint?
Üben ist ein intentionales Lernen, das das Ziel hat, das Wissen, was man bereits aufgenommen und angelernt hat, zu wiederholen, zu speichern und zu verinnerlichen, zu automatisieren und anzuwenden, zu erproben und damit zu experimentieren, zu evaluieren und in Lern-/Lehrsituationen anzuwenden.

Es geht also weder um die rezeptive Aufnahme noch um die aktive Erarbeitung neuen Wissens, sondern um die Verarbeitung und Sicherung bereits vorhandenen Wissens. Es geht beim Üben auch nicht um die Anwendung neuen Wissens in *real-life*-Situationen, sondern es führt lediglich bis zum simulativen, erprobenden Anwenden in „Als-ob-Situationen".

Eine Meinung zur Diskussion
„Ich mache mit meinen Nachhilfeschülern und -schülerinnen immer alle Übungen aus dem Englischbuch. Damit muss es dann gut sein."

Kommentar
Es gibt einige Gründe, die gegen diese Meinung sprechen:
In der Regel ist die Zahl der Übungen im Schulbuch begrenzt. Vielfältiges Üben ist aber eine wichtige Bedingung, um die genannten Ziele auch zu erreichen.

Die meisten Übungen aus dem Englischbuch werden auch im Schulunterricht bearbeitet. Die Lernenden können somit in der Nachhilfestunde vieles aus der Erinnerung leisten, ohne einen eigentlichen Lerneffekt dabei zu haben. Darüber hinaus ist das Wiederholen von Übungen ein langweiliges Lernen, was wiederum nachteilig für die Wirksamkeit ist.

Nicht immer enthält das Buch genügend Übungen, die für den Lernertyp und den Lernstil Ihres Nachhilfeschülers besonders geeignet sind. Daher ist es manchmal unvermeidlich, weitere Übungen aus anderen Materialien zu entnehmen oder sie selbst zu erstellen.

Übungen aus dem Schulbuch führen zu einem fremdgesteuerten Unterricht. Anzustreben ist es aber, dass die Lernenden in die Lage versetzt werden, weitgehend selbstständig zu üben. Auf diese Weise haben sie die

Chance, auch außerhalb von Schule und Nachhilfeunterricht eigenständig weiterzuüben.
Dazu gehören aber die Kenntnis der Übungsziele, die Wahrnehmung der stattfindenden Prozesse, die Fähigkeit zur Bewertung der Übungsergebnisse, Einsichten zum weiteren Üben.
Nicht alles, was übungswürdig ist, wird durch Schulbuchübungen abgedeckt. Hier finden sich in der Regel nur Übungen zum Sprachtraining. Daneben sollte jedoch auch die Lernkompetenz der Schülerinnen und Schüler beachtet werden. Es gilt daher, auch die verschiedenen Lernstrategien zu üben, damit sie danach von den Lernenden selbstständig eingesetzt werden können.
Ebenso wichtig ist es, das soziale Lernen zu üben. Dies geschieht implizit und nur in begrenztem Maße durch das Schulbuch. Will man jedoch bewusst machen, worauf man achten muss, wenn man mit einem Partner zusammenarbeitet oder an Stationen lernt, so müssen Prinzipien und Grundsätze explizit gemacht und diese Formen bewusst geübt werden.
Schließlich darf auch der Einsatz von Lernmitteln durch die Lernenden nicht vergessen werden. Es ist notwendig, die Benutzung eines Wörterbuches zu üben, oder immer wieder neu zu überlegen, wie man sein Hausheft führt und wie man eine Lernkartei verwaltet.
Diese Themen sind auch Gegenstand des Nachhilfeunterrichts und bedürfen eines bewusstmachenden Trainings. Dazu können die folgenden Tipps nützlich sein.

> **Praxistipp**
>
> Sprechen Sie mit Ihren Nachhilfeschülern und -schülerinnen regelmäßig über die Ziele und die Qualität der Aufgaben, die Sie z. B. aus dem Schulbuch nehmen und in den Nachhilfeunterricht einbauen. Auf diese Weise gewinnen sie allmählich eigene Beurteilungskriterien, die sie später selbstständig anlegen können.

Zehn Tipps zum selbstständigen Üben

1. Konzentriertes Üben ist gewonnene Zeit. Vermeide daher alles, was dich ablenken könnte.
2. Übe nicht nur einmal, sondern lege lieber häufigere und kürzere Übungsphasen zum gleichen Thema ein.
3. Wähle unterschiedliche Übungsorte aus. Sonst könnte es passieren, dass du z. B. beim Üben am eigenen Schreibtisch noch alles kannst, in der Schule oder im Nachhilfeunterricht aber plötzlich Probleme hast.
4. Üben ist dann erst erfolgreich, wenn man auch wirklich die innere Bereitschaft dazu aufbringt. Diese kannst du so erreichen:
   - Überlege dir, was dir erfolgreiches Üben an Positivem bringen könnte.

INFOS, TIPPS UND TOOLS VON A–Z
ÜBEN

- Stelle dich vorher darauf ein, dass das Üben – wie jedes Training – einige Anstrengungen mit sich bringen wird. Wenn du dazu nicht bereit bist, brauchst du eigentlich gar nicht erst zu beginnen.
- Kläre, was du überhaupt üben möchtest und setze dir erreichbare Übungsziele.
5. Wechsle beim Üben unterschiedliche Methoden miteinander ab. Übe z. B. mündlich, nachdem du etwas geschrieben hast; bastle oder zeichne etwas, nachdem du Übungen aus dem Englischbuch gemacht hast usw.
6. Erkläre anderen, was du geübt hast und wie du vorgegangen bist. So kannst du feststellen, ob du den Stoff wirklich beherrschst und auch geeignete Lernstrategien angewandt hast. Außerdem wird einem beim Erklären manches erst richtig klar.
7. Prüfe, ob du beim Üben Unsicherheiten verspürst. Stelle fest, um welchen Stoff es dabei genau geht und konzentriere dein weiteres Üben besonders auf diesen.
8. Überlege einmal, zu welchen Tageszeiten du meistens erfolgreich geübt hast. Eher morgens oder mittags oder eher nachmittags oder abends? Richte deinen künftigen Tagesverlauf so ein, dass du zu günstigen Zeiten üben kannst.
9. Mache dir nach jedem Üben klar, in welchem Maße du sicherer geworden bist. Frage dich: „Was kann ich/weiß ich jetzt mehr?" Nichts ist so gut wie die Feststellung des eigenen Erfolgs!
10. Übe so lange weiter, bis du sicher bist, dass du den Stoff „im Schlaf" beherrschst, also gar nicht mehr lange darüber nachdenken musst.

Rampillon, Ute 2000: *Lernbox. Üben*, S. 29 f.

Probleme
Manche Ihrer Nachhilfeschüler und -schülerinnen könnten von der Erwartung ausgehen, dass nicht sie selbst, sondern der Nachhilfelehrer ausschließlich die Verantwortung für das Üben übernimmt. In Gesprächen sollte versucht werden zu klären, dass langfristig eine Verschiebung auf die Lernenden stattfinden muss, damit sie auch nach dem oder ohne den Nachhilfeunterricht in der Lage sind, ihr Lernen und Üben selbstständig zu steuern.

Lektüretipp

Friedrich Jahresheft 2000: *Üben und Wiederholen. Sinn schaffen – Können entwickeln.* Friedrich Verlag.
Rampillon, Ute (2000): *Lernbox. Üben.* Seelze: Friedrich Verlag.

Unterrichtsabläufe

Was ist damit gemeint?
Mit einem Unterrichtsablauf ist die Folge von Lern- und Lehrschritten gemeint, die im Rahmen einer Unterrichtsstunde oder einer anderen Zeiteinheit den Lernprozess regelt. In der Unterrichtspraxis haben sich verschiedene Standardabläufe herausgebildet, die für bestimmte didaktisch-methodische Orientierungen und Konzepte des Unterrichts stehen.

Eine Meinung zur Diskussion
„Ich habe ein Unterrichtsschema gefunden, das sich bewährt hat. Danach gehe ich grundsätzlich vor."

Kommentar
Sicherlich ist es völlig legitim, sich im Alltag das Unterrichten zu erleichtern, indem man sich auf bestimmte Unterrichtsroutinen stützt. Es wird von niemandem erwartet, dass er oder sie aus jeder Unterrichtsstunde eine „Vorzeigestunde" macht. Auch ein Unterricht, der standardisiert ist, kann ein guter Unterricht sein.

Und dennoch sollte davor gewarnt werden, sich ein für alle Mal auf ein einziges Unterrichtsschema zu beschränken. Dies führt rasch zur Ermüdung aller Beteiligten und zur Langeweile. Darüber hinaus wird dadurch eine Einseitigkeit hervorgerufen, die dazu beitragen kann, dass bestimmte Lernende mit ihren Lernstilen nicht genügend berücksichtigt werden. Ausschlaggebend für die Dramaturgie des Lernens und Lehrens ist die übergeordnete Philosophie des eigenen Unterrichts und das pädagogische Verständnis, das man vom Nachhilfeschüler hat.

Will man einen Unterricht, der eher dozierend, belehrend und lehrergesteuert ist, dann ist mit Sicherheit das Schema 1 das geeignete:

> **Praxistipp**
>
> Jede zweite, spätestens aber jede dritte Unterrichtsstunde sollte nach einem anderen Ablaufschema oder nach einer der vielen denkbaren Varianten stattfinden. Beobachten Sie daher kritisch ihren Unterricht und wechseln Sie die Unterrichtsabläufe ab!

INFOS, TIPPS UND TOOLS VON A–Z
UNTERRICHTSABLÄUFE

Schema 1: Schrittfolge im traditionellen Frontalunterricht

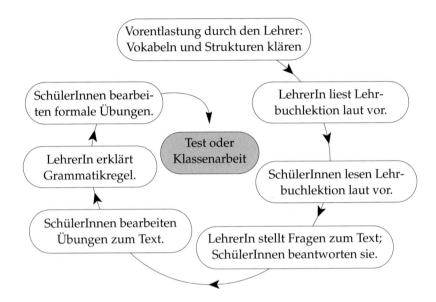

Strebt man aber einen Unterricht an, der durch ein entwickelndes Unterrichtsgespräch gekennzeichnet ist und der die Schülerwelt, die reale Welt, in den Blick nimmt und der schließlich die Lernenden zum Handeln führt, dann ist Schema 2 angemessen. Das Lernen geschieht hier auf der Basis des vorhandenen Schülerwissens; Assoziogramme, Brainstorming und andere Techniken werden dazu herangezogen. Die Lernenden formulieren Hypothesen und Mutmaßungen; sie entdecken Neues im Lernmaterial und bilden Regeln, machen Zusammenfassungen usw. Ihre Arbeitsergebnisse werden am Ende präsentiert und besprochen. Schließlich werden Überlegungen zum Lernprozess angestellt, z. B. über den Erfolg des Lernens.

INFOS, TIPPS UND TOOLS VON A–Z
UNTERRICHTSABLÄUFE

Schema 2: Lebenswelt- und schülerbezogene Schrittfolge

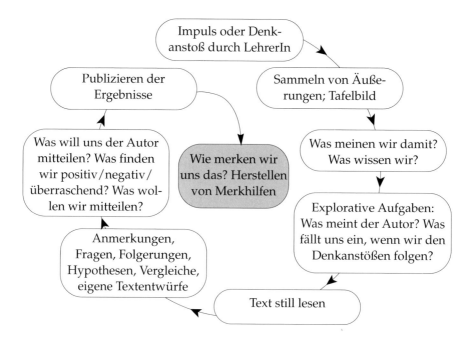

Orientiert man die Lern-/Lehrprozesse verstärkt an den Lernenden selbst, dann stehen die verschiedenen Konzepte offenen Unterrichts im Hintergrund. Auch hier gibt es trotz der Offenheit standardisierte Abläufe der Arbeitsschritte, die der Selbstständigkeit der Lernenden keineswegs im Weg zu stehen brauchen.

INFOS, TIPPS UND TOOLS VON A–Z
UNTERRICHTSABLÄUFE

Schema 3: Schrittfolge im selbstgesteuerten (offenen) Unterricht

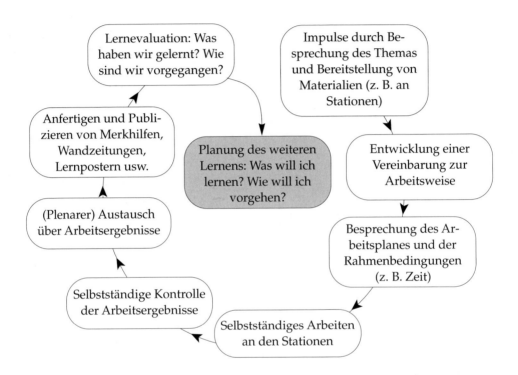

Probleme

Da diese Unterrichtsabläufe unterschiedliche Konzepte des Lernens vertreten und auch von allen Beteiligten ein anderes Rollenverhalten verlangt wird, ist es notwendig, besonders das dritte Schema mit den Lernenden zu besprechen und die Funktion der veränderten Verantwortung zu erläutern.

Vokabellernen

Was ist gemeint?
Nach Meinung der meisten Lernenden ist das Vokabellernen eine der wichtigsten Aufgaben beim Fremdsprachenlernen. Wir verstehen darunter die verstehende Aufnahme, das Speichern, das Üben und das Anwenden zielsprachlicher Wörter und Wendungen. Hinzu kommen Begriffe zum *classroom talk*, zur Textarbeit und zur Sprachbeschreibung.

Eine Meinung zur Diskussion
„Ich bin ja schon froh, wenn meine Nachhilfeschüler und -schülerinnen überhaupt ihre Vokabeln lernen. Wie sie dabei vorgehen, ist mir eigentlich gar nicht so wichtig."

Kommentar
Man sollte sich vor Augen führen, dass tatsächlich viele Schülerinnen und Schüler keine Vokabeln lernen, und falls sie dies doch tun, dann oft auf eine Art und Weise, die nicht sehr lernförderlich ist. Sie bleiben in der Regel beim Lernen mit der zweisprachigen Vokabelgleichung aus dem Schulbuch stehen. Andere komplementäre Lernstrategien, die sich anschließen sollten, um das angelernte Wissen zu festigen und zu sichern, werden in der Regel nicht angewandt. Dabei bietet sich gerade beim Vokabellernen eine Fülle unterschiedlichster Vorgehensweisen an:

Praxistipp
Es empfiehlt sich, ab und zu eine Vokabellernphase in den Nachhilfeunterricht einzubauen.

INFOS, TIPPS UND TOOLS VON A–Z
VOKABELLERNEN

Das Aufnehmen und Speichern von Vokabeln

Lernen nach Vokabellisten, z. B. aus dem Schulbuch oder dem traditionellen Vokabelheft (einsprachig/zweisprachig)	die gängigste, aber nur bedingt wirksame Methode
Lernen mit dem Vokabelringbuch, in dem die Wörter inhaltlich nach Wortfeldern geordnet und immer ergänzbar sind.	Hier entstehen im Gedächtnis semantische Netze, die das Vergessen einzelner Wörter einschränken.
Lernen mit Merkzetteln	eine ökonomische und flexible Lernweise
Lernen mit der Vokabelkartei (↑*Mit Karteien lernen*)	eine spielerische und effektive Lernweise, besonders für haptisch orientierte Lernertypen
Lernen mit dem Wörterbuch	Gemeint ist hier das interessegeleitete Lesen im Wörterbuch, das aufgrund von Erstaunen, Humor, Wiedererkennen usw. zum Behalten führt.
Lernen mit dem Kassettenrekorder oder Walkman	Ein Lernverfahren, das besonders für akustisch orientierte Lernertypen von Bedeutung ist.
Lernen mit dem PC	Spielerisch oder systematisch Lernende finden hierin eine gute Lernhilfe.

Alle genannten Verfahren sind geeignet die Gedächtnisleistungen beim Vokabellernen zu unterstützen. Strategien, in denen es jedoch nicht allein um das mechanische Erinnern geht, sondern auch um Einsichten und Verständnis und die daraus resultierende größere und langlebigere Behaltensleistung, sind die folgenden:

Lernen mithilfe von Wortbildungsgesetzen	Das Durchschauen von Wörtern und Wortformen, das Ableiten und das Erkennen von Wortfamilien aus der Zielsprache gehören hierher.

INFOS, TIPPS UND TOOLS VON A–Z
VOKABELLERNEN

Lernen mithilfe von Internationalismen	Ähnlichkeiten zu international benutzen Wörtern wie s*ofa, tennis, sport* sind hier maßgeblich.
Lernen mithilfe der Muttersprache	Ähnlichkeiten zu Wörtern aus der Muttersprache, oft gleicher etymologischer Herkunft, können das Behalten fördern. Einbezogen werden können auch muttersprachliche Dialekte.
Lernen mithilfe anderer Fremdsprachen	Analogien zwischen Wörtern verschiedener Sprachen stützen die Erinnerung. Dabei kann es sich auch um Sprachen handeln, die man nicht als Ganzes gelernt hat, sondern von denen man nur Brocken kennt.

Der Vorteil dieser Strategien besteht darin, dass Lernende die Chance haben, sich durch Reflexion an eine Vokabel erinnern zu können. Darüber hinaus erweitern diese Lernstrategien das Vokabelwissen erheblich, da ein großer potenzieller Wortschatz hinzugewonnen wird. Denn die Lernenden können durch Einsichten in Sprachgesetze für sie neue Wörter der Zielsprache selbst finden.

Bei allen diesen Lernstrategien kann es für den Nachhilfeschüler oder die Nachhilfeschülerin nicht darum gehen, sich für eine zu entscheiden, sondern darum, sich gemäß dem eigenen Lernertyp und dem persönlichen Lernstil eine hilfreiche Kombination verschiedener Varianten herauszusuchen.

VOKABELLERNEN

Das Üben und Wiederholen von Vokabeln

Zum Vokabellernen gehört nicht nur die Aufnahme und die Speicherung von Vokabelwissen, sondern auch die Phase des Übens und Wiederholens. Sobald sich die Lernenden entscheiden, ihre Vokabeln selbstständig zu üben bzw. zu wiederholen, sollten Sie Kenntnis von einigen Prinzipien haben:

Grundregeln beim Vokabellernen:

1. Verteiltes Lernen ist besseres Lernen. Die Menge der zu übenden und zu wiederholenden Vokabeln sollte begrenzt bleiben. So sollten bei neuen Wörtern die Zahl von zwölf Items nicht überschritten werden; bei bereits angelernten Vokabeln liegt die obere Grenze bei etwa 20 Wörtern.
2. Dieselben Vokabeln sollten in immer größer werdenden Abständen wiederholt werden, und zwar so lange bis sie völlig sicher beherrscht werden. Beispiel: Tag 1 – Tag 2 – Tag 4 – Tag 16 – Tag 32 usw.
3. Die Kenntnis der Vokabeln sollte sich auf die Bedeutung, aber genauso auch auf die richtige Aussprache, die Rechtschreibung und die Verwendung in Sätzen oder Wendungen beziehen.
4. Die Vokabeln sollten nicht in der letzten Minute vor dem (Nachhilfe-)Unterricht gelernt werden, sondern zu Uhrzeiten, die für den Lernenden erfahrungsgemäß lernförderlich sind.
5. Das Vokabellernen sollte sich stets unterscheiden von der Art des vorangehenden Lernens. Vorher also z. B. etwas Abschreiben, eine Grammatikübung machen, ein englisches Lied singen usw., aber nichts anderes vorher auswendig lernen.

Üben die Schülerinnen und Schüler anhand von Aufgaben, die ihnen der Nachhilfelehrer bzw. die Nachhilfelehrerin stellt, so bieten sich die vielfältigsten Aufgabenformen an. Hier einige Beispiele:

- Das Aufstellen von Wortreihen (Rängen, Skalen) einschließlich des neuen Wortes
  aufsteigend: *tiny – small – big – huge – enormous*
  absteigend: *excited – nervous – calm – relaxed*
  Was passt (nicht)? *Record player – radiorecorder – microwave – CD-player*

- Kreuzworträtsel

- Gegenstücke *(opposites): full – empty, thick – thin*

- Teil – Ganzes: *cup + tea = teacup, bottle + milk= milkbottle*

- Entsprechungen finden:
  When I wanted to open the door I couldn't find the key.
  When I wanted to comb my hair ...
  When I wanted to ride my bike ...
  When I wanted to write a letter ...

- Wortstufen: *I'm not Picasso, I'm only a hobby painter.*
  I'm not a saint, I'm only ...

- Wortwaage: *No day without*   *a teacher*
               No table without   *wheels*
               No car without   *evening*
               No school without   *legs*
               No bike without   *window*

Vokabelwissen überprüfen
Will man schließlich den Sprachstand des Nachhilfeschülers bzw. der -schülerin testen, so bietet sich z. B. der C-Test an:
Wählen Sie einen authentischen Text von ca. 60–70 Wörtern aus. Es kann auch der Anfang eines längeren Textes oder Textabschnittes sein. Lassen Sie den ersten und evtl. auch den zweiten Satz vollständig, damit das Thema klar wird. Entfernen sie bei den folgenden 40 Wörtern von jedem zweiten die zweite Hälfte (oder die zweite Häfte plus einen Buchstaben), sodass im Text 20 Lücken entstehen.

Häussermann, Ulrich/Piepho, Hans-Eberhard (1996): *Aufgabenhandbuch. Deutsch als Fremdsprache. Abriss einer Aufgaben- und Übungstypologie.* München: indicium Verlag. S. 99.

Probleme
Das Vokabellernen geschieht in der Regel nicht im Nachhilfeunterricht selbst, sondern vor- und nachher. Daher ist es schwierig, Einblicke in die Lernweisen des Nachhilfeschülers bzw. der -schülerin zu gewinnen. Dies ist dann nur im Gespräch über das Lernen möglich, in dem die Lernenden auch auf Lernstrategien hingewiesen werden können, die ihnen bisher unbekannt waren.

Lektüretipp

Der fremdsprachliche Unterricht Englisch: Heft Nr.17, 1/95, Themenheft „Workshop Words", Friedrich Verlag.

Wörterbücher benutzen

Was ist damit gemeint?
Darunter verstehen wir das Nachschlagen in einer der verbreitetsten Lernhilfen beim Fremdsprachenlernen, dem Wörterbuch. Nachgeschlagen wird die zielsprachliche oder auch die muttersprachliche Bedeutung, die Aussprache, die Schreibweise eines Wortes sowie Angaben zur Silbentrennung, zur Betonung, zur Grammatik, zum Gebrauch und zu Wendungen mit diesem Wort.

Eine Meinung zur Diskussion
„Meine Nachhilfeschüler und -schülerinnen benutzen ihre Wörterbücher überhaupt nicht. Daher hat es gar keinen Sinn, im Unterricht darauf einzugehen."

Praxistipp

Es ist zu empfehlen, in jeder Nachhilfestunde Wörterbücher zur Verfügung zu haben und diese auch zu nutzen, sobald sich eine Möglichkeit bzw. ein Anlass dazu bietet. Auch der Lehrer benutzt es ab und zu, um zu demonstrieren, dass selbst Experten immer wieder Nachschlagebedarf haben.

Kommentar
Gerade dass die meisten Schülerinnen und Schüler über ein eigenes Wörterbuch verfügen, es aber dennoch oft nicht genügend nutzen, weist darauf hin, dass sie damit Schwierigkeiten haben. Daher muss die Benutzung eines Wörterbuches im (Nachhilfe-)Unterricht besonders dringend thematisiert und geübt werden.

Die Schwierigkeiten beim Nachschlagen resultieren aus der Komplexität und Dichte der Informationen auf engstem Raum. Hier sind die wichtigsten Problemfelder bei der Wörterbuchbenutzung:

Die Wörterbuchtechnik	■ Zeichen und Symbole kennen und interpretieren können
	■ ausgewählte Abkürzungen verstehen können
	■ die wichtigsten grammatischen Begriffe und Abkürzungen kennen und verstehen können

WÖRTERBÜCHER BENUTZEN

Die Anordnung der Wörter	▪ Reihenfolge des Alphabetes beherrschen ▪ Wörter alphabetisch ordnen können (mindestens bis zum 3. Buchstaben) ▪ zusammengesetzte Wörter ordnen können, u. a. auch Wörter mit Vor- und Nachsilben
Die Aussprache der Wörter	▪ einzelne Lautschriftzeichen mit Lauten verbinden können ▪ lautschriftliche Umschreibungen von Wörtern aussprechen können ▪ die Betonung eines Wortes erkennen
Die Bedeutung der Wörter	▪ die Bedeutung eines englischen Wortes herausfinden ▪ die Bedeutung einer englischen Wendung herausfinden ▪ die Bedeutung eines muttersprachlichen Wortes herausfinden ▪ Gefundenes durch die „Gegenprobe" kontrollieren

Für den Fall, dass die Lernenden noch nicht über ein eigenes Wörterbuch verfügen, sollten ihnen einige Auswahlkriterien gegeben werden, z. B. die folgenden:

- Die Menge des aufgenommenen Wortschatzes sollte für Lernende der Sekundarstufe I bei ca. 30.000 Wörtern liegen. Schulwörterbücher enthalten zwischen 20.000 und 80.000 Wörter.
- Wortgleichungen sollten vermieden, stattdessen mehrere unterschiedliche Bedeutungen aufgeführt werden.
- Die Auswahl des Wortschatzes sollte sich an anerkannten Minimallisten orientieren, wie z. B. „Waystage".
- Zur Darstellung der Aussprache sollte die internationale Lautschrift benutzt werden und keine anderen Zeichensysteme.
- Vom Layout her sollten die allgemein üblichen Symbole und Drucktypen benutzt werden. Dabei gilt der Grundsatz: So wenig Symbole wie möglich, aber so viele wie nötig.
- Die Drucktechnik sollte sich nicht von der „großer" Wörterbücher unterscheiden.

- Es sollten landeskundliche Informationen enthalten sein, z. B. in Form von Statistiken, Übersichten, Landkarten und Bildern.

Ausgewählte Übungsvorschläge zur Wörterbuchbenutzung

- Verwürfelte Wörter mit demselben Anfangsbuchstaben werden in einem Kasten vorgegeben. Die Lernenden ordnen sie alphabetisch nach der ersten, zweiten oder dritten Stelle des maßgeblichen Buchstabens.
- Fünf Wörter auf einer Zeile müssen alphabetisch geordnet werden durch Kennzeichnen mit Ziffern von 1–5.
- (vergrößerte) Kopie einer Wörterbuchspalte oder eines längeren Eintrags auf die Mitte eines Blattes. Die Erklärungen für die Zeichen und Symbole sowie für die Abkürzungen werden von den Lernenden durch eine Linie verbunden darum herum notiert.
- Die Kopie einer Wörterbuchseite wird vorgegeben. Die Schüler erhalten eine Liste von 5–10 Wörtern und sollen mithilfe der Leitwörter dieser Seite entscheiden, ob sie dort zu finden sind oder nicht.
- Die Lernenden erhalten etwa 5–6 Suchwörter und sollen zu jedem alle dazu passenden zusammengesetzten Wörter herausschreiben. Beispiel: finger – *finger tip*.
- Die Lernenden erhalten eine Liste von 10–12 Wörtern in ihrer lautschriftlichen Umschreibung. Sie sollen zu jeder das englische Wort herausschreiben.
- Die Lernenden erhalten eine Liste mit 5–6 Wörtern und sollen deren verschiedene Bedeutungen herausfinden. Beispiele: *drive, match, dress, care, fair*.
- Die Lernenden erhalten eine Liste mit 5–6 muttersprachlichen Begriffen und sollen dazu die verschiedenen englischen Bedeutungen heraussuchen und die Unterschiede erklären. Beispiel: Schrank – *cupboard, wardrobe, locker, book-case, safe ...*
- Die Lernenden erhalten einen deutschen Begriff und dazu in Klammern die spezifische Bedeutung des zu suchenden englischen Wortes. Beispiel: Folge (Wirkung) – *consequence*
- Die Lernenden erhalten eine Liste von Stichworten, die sich auf Bestandteile bzw. Funktionen des Wörterbuches beziehen. Sie erklären, wozu diese benötigt werden. Beispiel: Leitwörter auf jeder Wörterbuchseite, die Lautschrift, Liste der Zeichen und Symbole, Anhänge usw.

INFOS, TIPPS UND TOOLS VON A–Z
WÖRTERBÜCHER BENUTZEN

Probleme

Beim Nachschlagen im Wörterbuch nehmen die Lernenden oft unkritisch gleich das erste Wort auf, das sie finden, obgleich das richtige erst an späterer Stelle im Wörterbucheintrag auftritt. Hierzu sollten gezielt Übungen angeboten werden.

Im fortgeschrittenem Stadium sollten die Lernenden erkennen, dass Übersetzungen als Wortgleichungen zu Missverständnissen führen können, da vor landeskundlichem Hintergrund die Bedeutung eines Wortes eine ganz andere Rolle spielen kann.

Lektüretipp

Rampillon, Ute (2001): „Dictionary Training. Übungsprogramm zur Benutzung zweisprachiger Wörterbücher Englisch-Deutsch/Deutsch-Englisch ab Klasse 5." In: *Der Fremdsprachliche Unterricht Englisch:* Heft 51, 3/2001: Themenheft „Dictionary Skills". Friedrich Verlag. S. 27–58.

Illustration: Andi Wolff, Lemgo

Xenophobie – Befremdliches im Englischunterricht

Was ist gemeint?
Unter Xenophobie verstehen wir hier Ängste von Schülerinnen und Schülern, die beim Kennenlernen des Englischen als fremde Sprache und fremde Kultur ausgelöst werden können.

Eine Meinung zur Diskussion
„Meine Nachhilfeschüler und -schülerinnen haben eigentlich keine Angst vor dem Fremdartigen beim Englischlernen, sondern vielmehr vor ihren schlechten Noten."

Kommentar
Möglicherweise hängt beides ja miteinander zusammen. Schlechte Noten können die Lernenden zu Einstellungen zum Englischen bringen, die nicht immer positiv sind. Mit der Note wird manchmal eine Haltung entwickelt, mit deren Hilfe man die Sprache abtut und als nicht lern-würdig betrachtet. Verspürt man als Lernender obendrein auch noch Eigenschaften, die einem selbst unbekannt und ungewohnt sind, so zieht man sich zurück oder rettet die Situation, in der man sich dann befindet, indem man Negativurteile und in der Folge auch eine schlechte Meinung und auch Ängste vor der englischen Sprache, den Menschen, englischen Verhaltensnormen usw. entwickelt.

Im konkreten Unterricht können unterschiedliche Laute zum Deutschen solche Ängste auslösen. Bei der Benutzung des „th" ([θ] oder [ð]) geniert sich mancher, weil es dem deutschen Lispeln nahe ist. Auch die Intonation des Englischen klingt für manche Ohren affektiert und wenig angenehm. Daher scheut man sich davor, sie im eigenen Sprachgebrauch zu übernehmen.

Mit fortgeschrittenem Lernen gewinnen die Schülerinnen und Schüler auch Einsichten über interkulturell unterschiedliche Verhaltensweisen. Dazu gehören z. B. das *queuing up* an Haltestellen, was einen im eigenen Verhalten verunsichern kann. Auch die sehr subtilen Unterscheidungen, wann man sich die Hand gibt und wann nicht, können eine solche Verunsicherung vergrößern. Auch die frühe Benutzung des Vornamens des Gesprächspartners und damit die englische Form des Duzens ist für Deutsche gewöhnungsbedürftig.

Schließlich sind es auch fremde Routinen und Rituale, die bei dem einen oder anderen Unsicherheiten und danach vielleicht Abneigungen entstehen lassen. Es gehört ein breites Erfahrungswissen dazu, wenn man jemanden auf angemessene Weise mit *love* oder mit *dear* ansprechen möchte. Auch die häufigere Benutzung von *Madam* bzw. *Sir* unterscheidet sich vom Deutschen und beim Telefonieren muss man auch unterschiedliche Verhaltensweisen zeigen.

Diese genannten und weitere Unterschiede können Misstrauen und Furcht erwecken und Ängste gegenüber der Zielkultur entstehen lassen. In den Fällen, in denen dieses auftritt, gilt es, mit den Lernenden darüber zu sprechen, sie veranlassen, sich ihrer Gefühle bewusst zu werden, Gründe dafür zu erkennen und zu versuchen, sie zu verändern. Übungen wie Rollenspiele, Standbilder oder Partneraufgaben können dazu eine Hilfe sein.

Probleme

In der Regel sind den Lernenden ihre Abneigungen und Ängste nicht bewusst. Daher wird es notwendig, bewusst machende Übungen anzubieten.

> **Lektüretipp**
>
> Rampillon, Ute (1990): *English Beyond the classroom. Unterrichtsvorschläge und Materialien zur Förderung der interkulturellen Gesprächsfertigkeit im Englischunterricht der Sekundarstufe I.* Bochum: Kamp.

Yowerle – und andere Eselsbrücken

Was ist damit gemeint?
Mit Eselsbrücken sind Merkverse, Reime, Merksprüche und Regeln gemeint, die durch ihre Art die Lernenden in einer Weise ansprechen, dass sie sie lange in Erinnerung behalten.

Eine Meinung zur Diskussion
„Solche Eselsbrücken sind oft unzulänglich, da sie manchmal nur einen bestimmten Aspekt einer Sache herausgreifen. Ich halte nicht viel davon."

Kommentar
Mit Eselsbrücken verhält es sich so ähnlich wie mit theoretisch abgesicherten Regeln: Es geht immer um einen spezifischen Aspekt eines Problems und nicht um das Gesamtphänomen. Wenn wir aber Regeln im Unterricht einsetzen, z. B. bei der Grammatikvermittlung, warum dann nicht auch vermehrt Eselsbrücken? Haben diese doch einen viel motivierenderen Charakter, denn Eselsbrücken anzuwenden macht Freude und fördert die Behaltensleistungen deutlich. Das Gedächtnis wird entlastet und durch mnemotechnische Anreize unterstützt.

Darüber hinaus sind für Eselsbrücken keine Grenzen gesetzt, denn die Lernenden machen sie oft selbst. Mal sind diese ausformulierte Reime, manchmal nur Formeln oder auch nur ein mentales Bild.

Praxistipp
Legen Sie im Nachhilfeunterricht zusammen mit den Lernenden eine persönliche Eselsbrückensammlung an. Dies kann z. B. in Form einer Kartei geschehen, kann aber auch als Collage von vielen Zetteln als Lernposter erscheinen, das immer wieder ergänzt wird.

Illustration: Andi Wolff, Lemgo

INFOS, TIPPS UND TOOLS VON A–Z
YOWERLE – UND ANDERE ESELSBRÜCKEN

Hier ein paar Beispiele für Eselsbrücken:

yowerle (y – ow – er – le)
Adjektive mit diesen Endungen
werden romanisch *(-er, -est)* gesteigert.

believe – receive → *i before e, except after c!*

Person: → *who*
Ding/Tier: → *which*

Who? Antwort: You!
Where? Antwort: There!

Sometimes, always, never, just
Am besten v o r das Zeitwort passt!

With yesterday, ago and last
You must always use the past.

An ‚s' must sit
With he, she, it;
In questions, too
It's does, not do!

Probleme
Werden Regeln auf diese humorvolle Weise verpackt, kann bei den Lernenden rasch der Eindruck entstehen, als handele es sich nicht um ernsthaftes Lernen. Daher sollte die Funktion von Eselsbrücken zu Beginn mit ihnen besprochen werden.

Lektüretipp

Bosewitz, René/Kleinschroth, Robert (1994): *Joke Your Way Through English Grammar. Wichtige Regeln zum Anlachen.* Reinbek bei Hamburg: Rowohlt Taschenbuch Verlag.

Zeit zum Lernen

Was ist gemeint?
Bei diesem Stichwort geht es um das selbstständige Planen, das zeitökonomische Gestalten und das optimale Nutzen der verfügbaren Zeit für das persönliche Lernen der Schülerinnen und Schüler.

Eine Meinung zur Diskussion
„Die kurze Zeit des Nachhilfeunterrichts reicht ja kaum aus für die nötigen Übungen und Wiederholungen. Wie soll ich da noch Zeit für Gespräche über die Zeit haben!?"

Kommentar
Es muss sich nicht um langatmige Gespräche handeln, aber ein waches Auge auf das Zeitverhalten der Nachhilfeschülerin bzw. des -schülers weist oft auf Probleme hin. Dann sind ein paar kurze Tipps, die man über mehrere Unterrichtsstunden verteilt, willkommen.

Für die Selbstbeobachtung der Lernenden ist das Führen eines Lerntagebuches recht nützlich. Dabei berücksichtigt der Schüler oder die Schülerin stets den Zeitaspekt bei ihren Eintragungen. Im Rückblick wird er/sie selbst feststellen können, ob und wo eventuell Probleme vorliegen.

Die Lernenden sollten angeleitet werden, einen Zeitplan zu machen, in dem sie sämtliche Aktivitäten berücksichtigen, die sie außerhalb der Schulzeit ausführen werden. Dahin gehört dann auch der Klavierunterricht oder der Sportverein. Auch Pausenzeiten sollten bewusst eingebaut werden, damit man sich selbst nicht überfordert. Ein solcher Plan kann ein Tagesplan sein, in dem die Nachmittagszeit auf die verschiedenen Stunden verteilt aufgeführt wird. Dieses Vorgehen ist besonders in Krisenzeiten nützlich, wenn die Menge der Lernarbeit droht, die Schülerin oder den Schüler zu überrollen.

Eine andere Form ist das langfristige Planen. Hier sorgt der Schüler im Selbstmanagement dafür, dass die verfügbare Zeit sinnvoll verteilt und gestaltet wird. Der Wochenplan ist eine günstige Form der langfristigen Planung.

INFOS, TIPPS UND TOOLS VON A–Z
ZEIT ZUM LERNEN

Mein Wochenplan

Woche vom _____ bis zum _____

	Montag	Dienstag	Mittwoch	Donnerstag	Freitag	Samstag
14.00						
15.00						
16.00						
17.00						
18.00						

Ein solches Instrument alleine reicht für die meisten Lernenden jedoch nicht aus. Sie benötigen Tipps für ihre Lernplanung, z. B. die folgenden:

- Lege keine Mammutsitzungen ein; verteiltes Lernen ist besseres Lernen! Nimm dir auch Zeit für kleine Lernpausen. Sie brauchen ja nur ein paar Minuten zu dauern!

- Sorge dafür, dass du auch noch Zeit zum Faulenzen hast oder zum Besuch von Freunden oder einfach nur zum Musikhören oder Ähnlichem. Das muss auch sein!

- Sorge dafür, dass du zu den Tageszeiten lernst, an denen du fit bist. Es ist meist nicht ergiebig, die Hausaufgaben unmittelbar nach dem Mittagessen zu machen; warte lieber eine Stunde. Beobachte dich über 14 Tage und finde heraus, wann deine Leistungshochs und deine Tiefs sind. Verteile dein Lernen dementsprechend.

- Wechsle beim Lernen die Methoden und die Aufgaben ab. Kopf und Hand sollten sich immer abwechseln, also z. B. zuerst etwas auswendig lernen, dann etwas abschreiben und wieder etwas lesen und so weiter.

INFOS, TIPPS UND TOOLS VON A–Z
ZEIT ZUM LERNEN

Auch seitens des Nachhilfelehrers bzw. der Nachhilfelehrerin kann einiges getan werden, um die Lernzeit der Lernenden ergiebiger werden zu lassen. Ein Weg besteht darin, ihre Lernkompetenz zu steigern, indem man ihnen Lerntechniken und Lernstrategien vermittelt. Sind sie einmal in der Lage, viele Lernaufgaben selbstständig zu bewältigen, gewinnt man im Nachhilfeunterricht Zeit für anderes. Darüber hinaus vermeiden die Schülerinnen und Schüler, die über eine hohe Lernkompetenz verfügen, Zeitdruck und Stress, da sie in der Lage sind zu überschauen, wie viel Zeit sie zur Bewältigung einzelner Lernaufgaben benötigen. Ihr Zeitmanagement wird dadurch noch exakter.

Schließlich ist vom Methodischen her zu empfehlen, einen möglichst schüleraktivierenden Unterricht zu gestalten. Je mehr Aktivitäten die Lernenden selbst übernehmen, desto höher wird die Zeit des angeleiteten oder selbstständigen Lernens.

Probleme

Bei der Zeitplanung muss der Schüler bzw. die Schülerin auch das häusliche Lernen mit einbeziehen, das mit dem Schulunterricht zusammenhängt. Hierin hat der Nachhilfelehrer jedoch nicht immer genügenden Einblick. Eine Koordination lässt sich daher vor allem durch gezielte Gespräche erreichen.

Lektüretipp

Rampillon, Ute (2000): *Englisch lernen – aber clever! Lerntechniken zum selbstständigen Lernen.* Stuttgart: Klett.

3. Nützliche Anschriften

3.1. Fachpublikationen

Bibliographie Moderner Fremdsprachenunterricht
Herausgeber: Informationszentrum für Fremdsprachenforschung der Philipps-Universität Marburg (IfS).
Bestellung: ifs@uni-marburg.de

Der fremdsprachliche Unterricht Englisch
Herausgeber: Werner Kieweg, Ute Rampillon, Helmut Reisener
Bestellung: aboservice@friedrich-verlag.de

Fremdsprachen Lehren und Lernen (FluL)
Herausgeber: Gert Henrici, Ekkehard Zöfgen
Bestellung: Ekkehard.Zoefgen@Uni-Bielefeld.de

Fremdsprachenunterricht
Herausgeber: Pädagogischer Zeitschriftenverlag GmbH & Co, Berlin
Bestellung: info@pzv-berlin.de

Neusprachliche Mitteilungen aus Wissenschaft und Praxis
Herausgeber: Fachverband Moderne Fremdsprachen
Bestellung: info@pzv-berlin.de

Praxis des neusprachlichen Unterrichts
Herausgeber: Reinhold Freudenstein, Klaus Hinz, Christine Michler
Bestellung: info@pzv-berlin.de

3.2. Verbände

DGFF   Deutsche Gesellschaft für Fremdsprachenforschung (DGFF)
Universität Koblenz-Landau, Abt. Koblenz
Rheinau 1
D-56075 Koblenz
Tel.:+49 – 261 9119 212
Fax: +49 – 261 9919 218

FMF   Fachverband Moderne Fremdsprachen (FMF)
      Von-Graevemeyer-Weg 33
      D-30539 Hannover
      Tel.: +49 – 511 952 37 46
      Fax: +49 – 511 952 37 56

GAL   Gesellschaft für Angewandte Linguistik (GAL)
      Martin-Luther-Universität Halle-Wittenberg
      Luisenstr. 2
      D-06099 Halle/Saale
      Tel.: +49 – 345 55 23 600
      Fax: +49 – 345 55 27 107

4. Glossar

Affektiv
Dieses Adjektiv bezeichnet Lerninhalte und -prozesse, die die Lernenden gefühlsmäßig ansprechen, sie dies manchmal durch unangenehme Emotionen oder häufiger durch Humor, Freude oder Begeisterung usw. Daneben spielen auch Einstellungen, Haltungen und Wertungen eine Rolle.

Authentisch
Unter authentischen Materialien für den Englischunterricht versteht man solche Texte und Abbildungen, die für Muttersprachler und deren Gebrauch entwickelt worden sind.
Sie sind nicht für unterrichtliche Zwecke entstanden und sind auch nicht für den Unterricht bearbeitet worden.

Assoziogramm
Vergleiche hierzu: *mind map*

Brainstorming
Das Brainstorming ist eine Kreativitätstechnik, die zumeist in einer kleinen Gruppe in fünf Schritten vollzogen wird:
– Nennen aller Stichworte zu einem Thema, die einem in den Sinn kommen.
– Notieren dieser Stichworte auf kleine Zettel.
– Ordnendes Offenlegen der Zettel, gegenseitiges Ergänzen.
– Erklärungen zu unverstandenen oder missverständlichen Stichworten.
– Erneutes Ordnen der Zettel zu Sinngruppen, Formulieren von Überschriften.

Cluster
Cluster bedeutet so viel wie Menge, Bündel, Gruppe. Im Fachgespräch meint man damit die Bündelung von Ideen, Aspekten oder Gesichtspunkten zu einer Einheit.

Eingangskanal
Im Englischunterricht sind darunter die Zugangsweisen zu verstehen, die jemand wählt, um Wissen aufzunehmen und zu verarbeiten. Man unter-

scheidet die folgenden Sinne: das Hören, das Sehen, das Riechen, das Schmecken und das Fühlen.

Exzerpte
Hierbei handelt es sich um Stichworte, die man aus einem Text herausschreibt. Dabei kann es sich um einzelne Wörter oder auch um längere Textpassagen handeln.

Evaluation
Damit ist – in Abhebung von der Leistungsmessung und Benotung – die Würdigung und Wertschätzung von Schülerleistungen gemeint. Sie zieht als Vergleichsmaßstab nicht nur die Klassennorm, sondern auch die Individualnorm hinzu und weist auch Perspektiven für das weitere Lernen aus.

Fantasiereisen
Hierbei handelt es sich um Handlungsabläufe, die den Lernenden langsam vorgetragen werden, die diese auf sich selbst beziehen und zu denen sie hörend ihrer Fantasie freien Lauf lassen. Dabei entstehen im Kopf mentale Bilder, über die die Lernenden nach Abschluss der Fantasiereise berichten können. Beispiele: Eine Fantasiereise in eine Blume oder die Reise in eine Traumwelt.

Fehlertoleranz
Sie fordert vom Lehrer bzw. von der Lehrerin eine relative Zurückhaltung bei der Korrektur und Bewertung von Schülerleistungen. Nicht immer ist es gut, jeden kleinen Fehler anzuprangern. Oftmals kann dies sogar lernhinderlich sein, z. B. bei zusammenhängenden mündlichen Äußerungen von Schülerinnen und Schülern. Es ist oft günstiger, sich relevante Fehler zu merken und sie zu einem anderen, geeigneten Zeitpunkt einzubeziehen.

Folien
Bei Folien für Unterrichtszwecke handelt es sich um transparente Blätter im DIN-A4-Format, die zur Visualisierung des Lernstoffes eingesetzt und durch die mithilfe eines Tageslichtprojektors (Overheadprojektor) Darstellungen an die Wand projiziert werden. Zu vielen Lehrwerken existieren ganze vorgefertigte Foliensätze. Der Lehrer bzw. die Lehrerin, aber ebenso

die Lernenden stellen Folien im Rahmen ihrer Lehr- bzw. Lernprozesse auch selbst her. Der Folieneinsatz ist weniger für den Einzelunterricht als vielmehr für den Unterricht in größeren Gruppen gedacht.

Kommunikationsfähigkeit, kommunikativ
Sprechen wir von der Kommunikationsfähigkeit der Lernenden, von ihrer kommunikativen Kompetenz, dann meinen wir damit die sprachpraktische, pragmatische Seite ihrer Sprachkompetenz. Analysiert man diese genauer, dann stellt man fest, dass zur Verständigung in der Fremdsprache vier grundlegende Kompetenzen gehören. Es handelt sich um das Hören, das Lesen, das Sprechen und das Schreiben – je nachdem, welche Rolle der Lernende in der Verständigung einnimmt. Mit diesen vier Fertigkeiten ist nicht ein mechanisches Produzieren von Lauten, Wörtern oder Sätzen gemeint, sondern stets ein Vollzug sprachlichen Handelns und sprachlicher Akte. Dazu kann z.. B. gehören: einen Gast begrüßen, jemanden nach der Uhrzeit fragen, jemandem etwas erklären usw.

Kopfwörter
Damit sind die Wörter an der linken bzw. rechten oberen Ecke von Wörterbuchseiten gemeint. Sie dienen dem raschen Auffinden eines Suchwortes im Wörterbuch.

Lautschrift
Darunter verstehen wir in der Regel die Zeichen der internationalen phonetischen Lautschrift. Sie ist eine Umschreibung und Sichtbarmachung der englischen Aussprache. Sie wird in Wörterbüchern stets hinter dem Suchwort in einer eckigen Klammer [...] angegeben. Schülerinnen und Schüler brauchen sie nicht selbst schreiben zu können, sollten jedoch in der Lage sein, sie zu verstehen.

Learning by doing
Damit ist ein Unterrichtsprinzip gemeint, das handelndes Lernen zur Norm erhebt. Es entspricht Lernertypen, die kommunikativ oder haptisch orientiert sind, in besonderer Weise, da sie durch ihre Handlungen lernen.

Lernkultur

Unter Lernkultur versteht man Gewohnheiten und Traditionen, die das Lernen von Schülern und Schülerinnen prägen und die einen bestimmten Lernstil darstellen. So gibt es z. B. eine Lernkultur, in der die Lernenden in der Regel durch die Lehrerin bzw. den Lehrer fremdbestimmt werden. Eine Alternative stellt diejenige Lernkultur dar, in der die Lernenden weitgehend selbstständig (autonom) ihre Lernschritte vollziehen.

Lernposter

Der Lernposter ist ein Lernmittel, das vom Lehrer, häufiger aber von den Lernenden hergestellt wird. Es stellt eine externe, systematisierende Speicherungsmöglichkeit von Wissen dar, indem es z. B. eine Grammatikregel, ein Wortfeld oder landeskundliche Fakten präsentiert. Es kann als Plakat an der Klassenwand ausgehängt werden oder auch als Wandfries, wenn es sich um längere Informationen handelt. Andere Lernhilfen, die die Lernenden selbst herstellen können, sind z. B. Lernblumen, Lernmobile oder Lernwürfel.

Mind map

Unter einer *mind map*, auch Wortigel oder Assoziogramm genannt, versteht man eine Gedächtnishilfe, wörtlich übersetzt: die Landkarte, die man im Sinn hat. Ausgehend von einem zentralen Begriff werden mit ihm beliebig viele verwandte Stichworte assoziiert und um das Kernwort herum auf einem Blatt notiert.

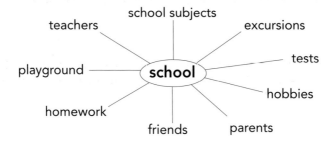

Die assoziierten Wörter können ihrerseits mit weiteren Stichworten verbunden werden, wobei diese auch um sie herum arrangiert werden. Im obigen Beispiel etwa:

holidays: sleep a lot, leisure time, travelling, friends …

Mind maps dienen dazu, Ideen zu sammeln, sie zu strukturieren und sie sich einzuprägen. Sie können im Zusammenhang mit den rezeptiven Fertigkeiten Hören und Lesen, aber auch vorbereitend für die produktiven Fertigkeiten Sprechen und Schreiben genutzt werden.

Mnemotechniken

Mnemotechniken sind aus der Antike stammende, überwiegend visuelle Gedächtnisstrategien. Dabei wird die Vorstellungskraft genutzt, um unterschiedlichste Gegenstände, Bezeichnungen, Orte usw. miteinander auf die fantasievollste Weise zu verbinden. Es entstehen im Gehirn konkrete mentale Bilder, die das Einprägen eines Sachkomplexes unterstützen und die Erinnerung fördern.

Olfaktorisch

Den Geruchssinn betreffend.

Orthographie

bedeutet Rechtschreibung.

Open-ended stories

Open-ended stories sind Geschichten ohne Ende, also ohne einen bestimmten Ausgang. Im Englischunterricht haben die Lernenden die meist recht motivierende und kreative Aufgabe, das Ende selbst zu formulieren.

Peripherie

Damit meint man alle zusätzlichen Geräte, die zu einem Computer gehören, z. B. den Drucker, das Modem, den Scanner, den Brenner oder das CD-ROM-Laufwerk.

Satzbautafeln

Hierbei handelt es sich um das Schaubild mehrerer gleich gebauter englischer Sätze, deren Satzteile jeweils genau untereinander geschrieben werden. Auf diese Weise wird bereits visuell die Gleichartigkeit bzw. die Unterschiedlichkeit sprachlicher Formen deutlich gemacht. Sie dienen dem Durchschauen solcher sprachlichen Strukturen und der Regelformulierung bzw. der Beschreibung von Ausnahmen zur Regel.

Beispiel:
I saw him in his garden.
She called her across the street.
We met them at the disco.

Sek. I/Sek. II
Diese Abkürzungen stehen für „Sekundarstufe I" (Klassen 5–10) und „Sekundarstufe II" (Klassen 11–13).

Sentence switchboard
Vergleich auch: Satzbautafel

Signalwort
Das Signalwort ist ein Begriff aus dem Grammatikunterricht. Wenn es darum geht, bestimmte Grammatikregeln zu formulieren und zu behalten, kann es hilfreich sein, sich das dazu gehörige Signalwort zu merken. So kann man sich etwa merken, dass nach den Signalworten *already* und *just* oft das Perfekt gebraucht wird: *He has just arrived.*
Oder als Reim: *for, since, never*
So far, yet und *ever.*

Sozialformen
Insgesamt unterscheidet man vier Sozialformen:
Die Einzelarbeit: Jeder Schüler arbeitet unabhängig von anderen an einer Aufgabe. Die Partnerarbeit: Jeweils zwei Lernende arbeiten zusammen an einer Aufgabe. Gruppenarbeit: Drei und mehr Lernende arbeiten zusammen.
Lernen im Plenum der Klasse: Die Lernenden vollziehen gleichzeitig im Klassenverband bestimmte Lernschritte.

Standard English
Hierbei handelt es sich um die ‚Hochsprache' des Englischen. Sie ist Standard im Englischunterricht und Grundlage für alle Englischbücher. Das schließt jedoch keineswegs aus, dass im Unterricht mit fortgeschrittenen Lernenden auch sprachliche Varianten, z. B. Dialekte, hinzugezogen werden.

Substitution table
Vergleiche auch: Satzbautafel.

Szenisches Spiel
Darunter versteht man unterschiedliche Spielmöglichkeiten, die alle die Sprechfertigkeit der Lernenden üben sollen. Beispiele: das Spielen von Dialogtexten aus dem Englischbuch, das Aufführen einer Pantomime, Puppenspiele, Rollenspiele, Simulationen, das Aufführen eines Sketches oder eines kurzen Theaterstückes.

Transkription
Damit ist die Umschreibung der englischen Sprache durch die phonetische Lautschrift gemeint oder umgekehrt: die Notierung der englischsprachigen Ableitung aus der Lautschrift. Vergleiche auch: Lautschrift.

Wochenplan
Lernen nach dem Wochenplan signalisiert ein offenes Lernen, indem die Lernenden nicht von einem Schritt zum nächsten vom Lehrer gesteuert werden, sondern gemäß einem Plan, den entweder der Lehrer vorgegeben hat oder den sie selbst erstellt haben, ihr Lernen gestalten. Sie haben dabei die Freiheit der Entscheidung über die Zeitverteilung auf die gestellten Aufgaben, über die Reihenfolge ihrer Bearbeitung, oft auch über den Lernort und manchmal auch über die Sozialform (vergleiche das Stichwort ‚Sozialformen').

Workbook
Das Workbook ist eines der zum Englischbuch gehörenden Lernmittel. Es wird in der Regel von den Lernenden für den Unterricht angeschafft und bietet ihnen eine Fülle zusätzlicher Übungen zu den einzelnen Schulbuchlektionen.

5. Literatur

Ahlberg, Janet & Allan (1982): *The Ha Ha Bonk Book*. London: Puffin Books.
Bach, Gerhard/Timm, Johannes-Peter (Hg.) (1989): *Englischunterricht. Grundlagen und Methoden einer handlungsorientierten Unterrichtspraxis*. Tübingen: Francke Verlag.
Bach, Gerhard/Timm, Johannes-Peter (1989): Was ist „handlungsorientierter Englischunterricht"? In: Bach, Gerhard/Timm, Johannes-Peter (1989) (Hg.): *Englischunterricht*. Tübingen: Francke Verlag, S. 1–21.
Bausch, Karl-Richar/Christ, Herbert/Krumm, Hans-Jürgen (Hg.) 1995): *Handbuch Fremdsprachenunterricht*. Dritte, überarbeitet und erweiterte Auflage. Tübingen/Basel: Francke Verlag.
Bimmel, Peter/Rampillon, Ute (2000): *Lernerautonomie und Lernstrategien. Fernstudieneinheit 23*. München: Goethe Institut.
Börner, Wolfgang (1995): Ausspracheübungen. In: Bausch/Christ/Krumm (Hg.) (1995): *Handbuch Fremdsprachenunterricht*, S. 226–228.
Bosewitz, René/Kleinschroth, Robert (1994): *Joke Your Way Through English Grammar. Wichtige Regeln zum Anlachen*. Reinbek: Rowohlt.
Bosewitz, René/Kleinschroth, Robert (1989): *Joke Your Way Through English Grammar. Wichtige Regeln zum Anlachen*. Reinbek: Rowohlt Taschenbuch Verlag.
Böttcher u. a. (1982): *Talking Points*. Hamburg: Petersen & Macmillan.
Bundesarbeitsgemeinschaft Englisch an Gesamtschulen (Hg.) ([2]1996): *Kommunikativer Englischunterricht. Prinzipien und Übungstypologie*. Neue Ausgabe. München: Langenscheidt-Longman.
Dietrich, Ingrid (1995): Übungen und Arbeitsformen im Projektunterricht. In: Bausch/Christ/Krumm (Hg.) (1995): *Handbuch Fremdsprachenunterricht*. Tübingen/Basel: Francke, S. 255–258.
Doyé, Peter (1986): *Typologie der Testaufgaben für den Englischunterricht*. München: Langenscheidt-Longman.
Doyé, Peter/Rampillon, Ute (1986): *Vertretungsstunden für den Englischunterricht*. Ismaning: Max Hueber Verlag.
Erdmenger, Manfred (1984): Grammatikfehler und Grammatikunterricht in der Hauptschule. In: *Englisch*, Heft 3, S. 89 ff.
Der Fremdsprachliche Unterricht Englisch, Heft 17, 1/1995. Themenheft: „Workshop Words". Seelze: Friedrich Verlag.
Der Fremdsprachliche Unterricht Englisch: Heft 38, 2/1999. Themenheft „Mit Bildern lernen". Seelze: Friedrich Verlag.
Der Fremdsprachliche Unterricht Englisch: Heft 48, 6/2000. Themenheft: „Unterhaltungsliteratur". Seelze: Friedrich Verlag.
Der Fremdsprachliche Unterricht Englisch, Heft 49, 1/2000. Themenheft „Lernwelt Klassenzimmer – neue Medien". Seelze: Friedrich Verlag.

Der Fremdsprachliche Unterricht Englisch: Heft 51, 3/2001. Themenheft: „Dictionary Skills". Seelze: Friedrich Verlag.
Friedrich Jahresheft 2000: *Üben und Wiederholen. Sinn schaffen – Können entwickeln.* Seelze: Friedrich Verlag.
Gnutzmann, Claus/Königs, Frank G. (Hg.) (1995): *Perspektiven des Grammatikunterrichts.* Tübingen: Narr Verlag.
Graham, Carolyn (1978): *Jazz Chants.* New York: Oxford University Press.
Hameyer, Uwe (1994): *Ideenkiste.* Kronshagen: Körner Verlag.
Henry, Ernest (1997): *New Improved Limericks.* London: The Limerick Book Publishing Company
Haudeck, Helga (1998): Lernstrategien und Lerntechniken für Schüler. In: Johannes-P. Timm (Hg.) (1998): *Englisch lernen und lehren. Didaktik des Englischunterrichts.* Berlin: Cornelsen, S. 342–351.
Häussermann, Ulrich/Piepho, Hans-Eberhard (1996): *Aufgabenhandbuch. Deutsch als Fremdsprache. Abriss einer Aufgaben- und Übungstypologie.* München: iudicium Verlag.
Heygen, Heinz G./Küttner, Wolfgang P. (1984): *English for Runaways. Englisch für Fortgeschrittene.* Frankfurt: Eichborn Verlag.
Hilger, Sabine (1999): Lernen mit Bildern. In: *Der Fremdsprachliche Unterricht Englisch,* Heft 38, 3/99, Friedrich Verlag. S. 4–8.
Kast, Bernd (1999): *Fertigkeit Schreiben.* München: Goethe Institut.
Kieweg, Werner (2000): Worksheet-Activities. In: *Der Fremdsprachliche Unterricht Englisch,* Heft 44, 2/2000, Friedrich Verlag. S. 26–33.
Kieweg, Werner (2002): *Jokes. Witze im Englischunterricht.* Seelze: Friedrich Verlag.
Klein-Braley, Christine (1995): Leistungsmessung. In: Bausch/Christ/Krumm (Hg.) (1995): *Handbuch Fremdsprachenunterricht,* S. 499–502.
Kuntze, Wulf-Michael (Hg.): *Time for a poem. Gedichte(tes) im Englischunterricht der Klassen 5–10.* Frankfurt: Verlag Moritz Diesterweg.
Legenhausen, Lienhard (1998): Wege zur Lernerautonomie. In: Johannes-P. Timm (Hg.) (1998): *Englisch lernen und lehren. Didaktik des Englischunterrichts.* Berlin: Cornelsen, S. 78–85.
Löffler, Renate (1989): Ganzheitliches Lernen. Grundlagen und Arbeitsformen. In: Bach, Gerhard/Timm, Johannes-Peter (Hg.) (1989): *Englischunterricht. Grundlagen und Methoden einer handlungsorientierten Unterrichtspraxis,* S. 42–67.
Lonergan, Jack (1987): *Fremdsprachenunterricht mit Video.* Ismaning: Max Hueber Verlag.
McGough, Roger (1997): *Bad, Bad Cats.* London: Penguin Books.
Meyer, Hilbert L. (1975): *Trainingsprogramm zur Lernzielanalyse.* Frankfurt: Athenäum, Fischer Taschenbuchverlag.

LITERATUR

Nadzeika-Humbaraci (2000): Teamarbeit gefragt – Mitarbeit erwünscht. In: *Der Fremdsprachliche Unterricht Englisch,* Heft 44, 2/2000, Friedrich Verlag. S. 11–16.
Neuner, Gerhard (1995): Lehrwerke. In: Bausch/Christ/Krumm (Hg.) (1995): *Handbuch Fremdsprachenunterricht,* S. 292–295.
Pädagogik. Themenheft: *Imaginatives Lernen.* Heft 7–8/1999. Hamburg: Pädagogische Beiträge Verlag.
Pauels, Wolfgang (1998): Funktionen und Formen der Hausaufgabe. In: Johannes-P. Timm (1998) (Hg.): *Englisch lernen und lehren.* Berlin: Cornelsen Verlag, S. 185–191.
Pelshenke, Paul (1991): *Lehrer. Ein fröhliches Mini-Wörterbuch, nicht nur für Lehrer, sondern auch für alle, die mal mit Lehrern zu tun haben oder hatten.* München: Tomus Verlag.
Piepho, Hans Eberhard (1990): *Artikulation im Englischunterricht.* Unveröffentlichtes Manuskript.
Rampillon, Ute (1985): *Englisch lernen. Mit Tips und Tricks zu besseren Noten.* Ismaning: Max Hueber Verlag.
Rampillon, Ute (1990): *English beyond the classroom. Unterrichtsvorschläge und Materialien zur Förderung der interkulturellen Gesprächsfertigkeit im Englischunterricht der Sekundarstufe I.* Bochum: Kamp.
Rampillon, Ute (1998): *Lernen leichter machen. Deutsch als Fremdsprache.* Ismaning: Max Hueber Verlag.
Rampillon, Ute (2000): *Aufgabentypologie zum autonomen Lernen. Deutsch als Fremdsprache.* Ismaning: Max Hueber Verlag.
Rampillon, Ute (2000): *Englisch lernen – aber clever! Lerntechniken zum selbstständigen Lernen.* Stuttgart: Klett Verlag.
Rampillon, Ute (2000): *Lernbox. Üben.* Friedrich Verlag.
Rampillon, Ute (2001): Dictionary Training. Übungsprogramm zur Benutzung zweisprachiger Wörterbücher Englisch–Deutsch/Deutsch–Englisch ab Klasse 5. In: *Der Fremdsprachliche Unterricht Englisch,* Heft 51: Dictionary Skills. Friedrich Verlag, S. 27–58.
Robertson, Jane (1995): *101 Ways To Test Your Friends.* London: Watts Books.
Rohrer, Josef (1987): *Gehirn, Gedächtnis, Sprachenlernen.* Soest: Landesinstitut für Schule und Weiterbildung.
Roman, Christian (1987): *Englische Schülersprüche. All you need is love – all you get is video.* Frankfurt: Eichborn Verlag.
Solmecke, Gert (1993): *Hören, lesen und verstehen. Eine Einführung in die Schulung der rezeptiven Kompetenz mit Beispielen für den Unterricht Deutsch als Fremdsprache.* Berlin/München: Langenscheidt.
Speight, Stephen (^{3}1995): Konversationsübungen. In: Bausch/Christ/Krumm (^{3}1995) (Hg.): *Handbuch Fremdsprachenunterricht.* Tübingen/Basel: Francke.

Sperber, Horst G. (1989): *Mnemotechniken im Fremdsprachenerwerb mit Schwerpunkt „Deutsch als Fremdsprache".* München: iudicium Verlag.
Timm, Johannes-P. (Hg.) (1998): *Englisch lernen und lehren. Didaktik des Englischunterrichts.* Berlin: Cornelsen Verlag.
Timm, Johannes-Peter (Hg.): *Ganzheitlicher Fremdsprachenunterricht.* Weinheim: Deutscher Studien Verlag.
Tönshoff, Wolfgang (1995): Entscheidungsfelder der sprachbezogenen Kognitivierung. In: Gnutzmann/Königs: *Perspektiven des Grammatikunterrichts.* Tübingen: Narr, S. 225–246.
Vester, Frederic (^{9}1982): *Denken, Lernen, Vergessen. Was geht in unseren Köpfen vor, wie lernt das Gehirn, und wann lässt es uns im Stich?* München: dtv.

Zur Autorin:

Ute Rampillon, Regierungsschuldirektorin a.D., ist Lehrerfortbilderin für Fremdsprachen sowie Autorin verschiedenster Publikationen zur Methodik und Didaktik des Fremdsprachenunterrichts und zur Erwachsenenbildung. Sie ist außerdem Mitherausgeberin der Fachzeitschrift „Der Fremdsprachliche Unterricht Englisch".